À VOS MARQUES!

À Vos Marques!

An Accelerated French Course

Sandy Tippett-Spirtou,

Brigitte Edelston

and

Alison Andrews

First published 1999 by Routledge
11 New Fetter Lane, London EC4P 4EE

Simultaneously published in the USA and Canada
by Routledge
29 West 35th Street, New York, NY 10001

Routledge is an imprint of the Taylor & Francis Group

© 1999 Sandy Tippett-Spirtou, Brigitte Edelston and Alison Andrews
Illustrations by Andrew Hooper

Typeset in Goudy by Keystroke, Jacaranda Lodge, Wolverhampton
Printed and bound in Great Britain by TJ International Ltd, Padstow, Cornwall

British Library Cataloguing in Publication Data
A catalogue record for this book is available from the British Library

Library of Congress Cataloguing in Publication Data
A catalogue record for this book has been requested

ISBN 0-415-15728-5
ISBN 0-415-15729-3 (Teacher's book)
ISBN 0-415-15730-7 (Cassettes)

TABLE OF CONTENTS

CHAP	VOCABULARY	GRAMMAR	COMMUNICATION
Intro-duction	Essential phrases The alphabet Numbers 1–69	Explanation of grammatical terms	Getting by in France Keeping communication going Spelling your name Counting up to 70
1	Identity card Countries Nationalities Studies Professions	Nouns: gender and number Articles: **le**, **la**, **les** (the) **un**, **une**, **des** (a, some) Personal pronouns: **je**, **tu**, **il**, **elle**, **on** (I, you, he, she, one/ . . .) etc. Verbs: **être**, **avoir** (to be, to have)	Introducing yourself; greetings Introducing someone else Talking about yourself Filling in a form Using the correct register
2	Leisure Numbers 70–100	Present tense of **-er** verbs, e.g. **aimer** (to like) Irregular verbs: **faire** (to do/to make) and **aller** (to go) Asking questions Simple negatives Prepositions: **de** (of/from) and **à** (to/in/at)	Talking about leisure activities Talking about likes and dislikes Asking questions Counting up to 100
3	Family Numbers over 100	Question words **aller** + infinitive Irregular verbs: **tenir** (to hold), **venir** (to come), **dire** (to say) Possessive adjectives: my, your his, her Reflexive verbs: **s'appeler** (to be called), **se promener** (to go for a walk)	Talking about your family Asking questions about other people's families Counting from 100 Using ordinal numbers (first, second . . .)

CHAP	VOCABULARY	GRAMMAR	COMMUNICATION
4	Student life Telling the time Your studies Dates	Verbs: present tense: **-er** Irregular verbs: **vouloir** (to want), **pouvoir** (to be able to), **devoir** (to have to) Questions about the time and everyday activities More reflexive verbs: **se terminer** (to finish), **se lever** (to get up), **se laver** (to get washed), **s'habiller** (to get dressed), **se coucher** (to go to bed)	Invitations Replying/explaining Talking about times of day
5	People Clothes	Adjectives Demonstratives: **ce**, **cet**, **cette**, **ces** (this, that, these, those) Present tense of **-ir** verbs	Describing yourself Describing someone else/ Asking questions about other people
6	Accommodation Directions	Prepositions Present tense of **-re** verbs A few imperatives	Describing your house/a place/ a town Explaining where something is Finding your way/asking questions
7	Everyday life	Reflexive verbs Direct object pronouns (me, you, him, her, it, us, them) Possessive adjectives (my, your, his, her, our, their)	Talking about what you do every day Expressing an opinion Asking questions
8	Shopping	Perfect tense with **avoir** Partitive articles (some), the pronoun **en** (of something) **Il faut** (to need/to have to) Quantities Negative forms: **ne** . . . **plus** (no longer), **ne** . . . **jamais** (never) etc.	Choosing/refusing Asking/ordering Expressing an opinion Describing food
9	Holidays Means of transport	Perfect tense with **être** Indirect object pronouns (to me, to you, etc) The pronoun **y** Emphatic pronouns (**moi**, **toi** etc)	Buying a ticket Giving an opinion

CHAP	VOCABULARY	GRAMMAR	COMMUNICATION
10	Games and recipes Baby-sitting	The imperative (giving orders or instructions) Perfect tense of reflexive verbs Agreement of past participle with **avoir**	Giving instructions Explaining how to/how not to do something
11	The tourist information office Hotels	The future tense **Quand**, **si** (when, if) Writing a postcard	Getting information Descriptions Making a reservation Expressing an opinion
12	Regions Weather	Comparatives and superlatives (more, most) The imperfect tense (was doing/used to do) Adverbs	Finding out and explaining Descriptions Comparisons Expressing an opinion
13	Using the telephone The travel agency Holidays	The conditional tense (would) Relative pronouns: **qui**, **que**, **ce qui**, **ce que** (who, which) etc.	Getting information over the phone Fixing an appointment Choosing and refusing Saying what you want Writing a short informal letter Expressing an opinion
14	The telephone The doctor The chemist	Demonstrative pronouns: **ce**, **celui**, **celui-ci** etc. (this one, that one etc) Interrogative adjectives/pronouns (which/what, which one) Relative pronouns: **dont** and **où** (of which/whose/where)	Getting information over the phone Making an appointment Expressing an opinion
15	The telephone Employment	Comparing tenses Formal letter writing Special agreements with **être** and **avoir**	Phoning about a job Making an appointment Placing a personal advertisement Writing a more formal letter

ACKNOWLEDGEMENTS

We would like to acknowledge the invaluable help and support of the following in the production of this book:

Editor	**Dr. Robin Adamson**
Editorial Consultant	**Dr. Alison Borthwick**

We very much appreciated the time and effort taken by the following students who have taken part in the piloting of the Grammatical Guide:

Karen Boland
Janine Chesters
Wayne Harvey

We would also like to thank all our students at Dundee University who have made helpful suggestions about the material used in class; Robin Adamson who supplied the photographs and the budding artist, Arron Tippett whose drawings inspired the artwork throughout the book.

HOW TO USE THIS BOOK

The title of this book À Vos Marques! means 'On your marks!' and we hope that this will indeed mark the beginning of an enjoyable experience learning French. The book will provide all the necessary skills for coping in France or in various situations which demand the use of French. We hope that you will like the activities as much as our students have over the years. This book is based on a course taught and developed over several years at the Centre for Applied Language Studies at the University of Dundee. All the material has been piloted with students and, we hope, improved by their comments.

The Contents at the beginning of the book helps you to familiarise yourself with the progression of the course. It will prove useful if you need to refer back to topics and grammar points later. The Introduction may be worked through quickly if you already have some knowledge of French – your teacher is the best person to guide you in this respect. Fifteen chapters follow with the pace hotting up as you work your way through the material.

The storyline behind the book is set around five main characters who are all studying tourism in Paris. They are all native speakers of French except Annie, who is spending a year in Paris studying and capitalising on the opportunity to learn French. Her progression through the book will mirror your own, and by the end she is happily chattering away, thanks to her determination and the support of her friends. All the locations (except the houses) described in the text and shown on the simplified maps are real.

The two practical aspects of acquiring expertise in another language are included in the sections **Comment dire** (*How to say something*) and **Pour dire** (In order to say something). In À Vos Marques!, **Comment dire** is presented by the characters on cassette (indicated by the symbol) and the transcriptions appear in your book. The section, **Pour dire**, reflects the need for a shortcut into French grammar and the need to practise using it. In this section, explanations of grammatical points are in English and examples are given in French. Corrections for the activities in English in this section, which involve exploring grammar, are provided at the end of the book. All other corrections should be provided by your teacher. There is a Grammatical Guide – **Guide grammatical** – at the back of the book which is there for use as a reference tool if, like Annie, you need to locate more information about specific grammar points. (References to this section appear throughout the book prefaced by **GG**.)

Communication in this course involves you as well as the main characters. Your book is full of Activities – **Activités** – most of which involve you working in pairs or small groups and talking to each other, even when you then have to write the results down. At the end of each chapter there is a **Bilan** which will help you to gauge your own progress and have another look at areas which need more work before you progress. You will find the corrections at the end of your book, along with suggestions as to where to locate help for areas which may be proving problematic. The only exception to this occurs in Chapter 15, where the **Bilan** is longer as this is the last chapter. This **Bilan** brings together many different aspects of the topics covered in the book.

You will be given various helpful hints throughout the book on how to tackle different areas of language learning such as acquiring vocabulary (indicated by the symbol ☺). Lists of useful words – **Mots utiles** – are deliberately given to you in French after Chapter 3 to encourage you to explore the delights of a dictionary. If needed, there are also lists of words to give you the lexical support necessary to complete some of the activities – **Des mots pour vous aider**. A good dictionary is a necessary tool in your language-learning 'kit' and will be a very practical friend if you continue studying French. You are well advised to buy the best you can afford. Your teacher will be able to recommend one.

The cassettes will provide more listening material than you can possibly cover in class. They are ideal for listening practice to help with improving pronunciation. Opening your ears to the sounds and intonation of French as much as possible will pay off in the end, just as it does with Annie. The transcriptions of the tapes are included at the back of your book. You will also find specific pronunciation practice under the **Jeu de phonie** (indicated by the symbol Ⓟ) and, as the name indicates, they have been included because they are fun activities. The triangle symbol (△) draws your attention to particularly important points.

The **Index** at the back of the book should help you to locate specific points of language – it is in both English and French to try to make it easier to use from a learner's point of view.

As you work through the book we hope that, like Annie, you will acquire *la bosse du français*, in other words, a jolly good flair for French. *Bon Courage!*

INTRODUCTION

Se débrouiller en France

In this chapter you will:

I Learn how to get by with Annie's 'survival kit'

II Learn how to spell

III Have a gentle introduction to grammar

IV Learn how to count to 70

I COMMENT DIRE

. . . .

Comment se débrouiller en France

Philippe: Bonjour Annie! Ça va? How are you enjoying being in Paris so far?

Annie: It's great, but with the fees for the diploma course in tourism and the cost of accommodation I can't afford to enrol for a French course as well. Do you think you might help me out? Have you got any tips?

Philippe: Just ask me what you want to know. You could always carry a dictionary with you, or even start keeping your own phrase book . . .

Annie: How would you say: 'Can you speak more slowly please?'

Philippe: Well you can say:

> Vous pouvez parler plus lentement, s'il vous plaît?

or

> Vous pouvez répéter, s'il vous plaît? Je ne comprends pas.

which means: 'Can you repeat that please? I don't understand.'

If you speak to a friend or a fellow student you use '***tu***' instead of '***vous***'.

> **Tu** peux parler plus lentement, s'il te plaît?
> **Tu** peux répéter, s'il te plaît?

Philippe: There are other ways of asking questions, but I wouldn't worry too much about this now. You'll pick it up easily later. French grammar isn't that bad!

Annie: Louise has given me a list of basic vocabulary like 'bonjour', 'au revoir', 'je ne comprends pas', 'vous parlez anglais?' . . .

Philippe: Let's look at it then!

Le bloc-notes d'Annie

Hello!	*Bonjour!*
Goodbye	*Au revoir*
Please	*S'il vous plaît*
Thank you	*Merci*
Yes; no	*Oui; non*
Sorry? (= could you say that again?)	*Pardon?/Comment?*
Just a moment	*Un instant, s'il vous plaît*
Excuse me (to a man)	*Pardon, monsieur*
Excuse me (to a woman)	*Pardon, madame*
Can you help me?	*Vous pouvez m'aider?*
Can you help me? (to a friend)	*Tu peux m'aider?*
More slowly please	*Plus lentement, s'il vous plaît.*
I don't understand.	*Je ne comprends pas.*
Can you repeat that please?	*Vous pouvez répéter, s'il vous plaît?*
How do you say . . . in French?	*Comment dit-on . . . en français?*
What is that?	*Qu'est-ce que c'est?*
There is/there are . . .	*Il y a . . .*
I don't speak much French.	*Je parle très peu français.*
I'm a beginner in French.	*Je suis débutant en français. (male)*
	Je suis débutante en français.
	(female)
Thank you, sir. You're very kind.	*Merci, monsieur. Vous êtes très aimable.*
Thank you, madam. You're very kind	*Merci, madame. Vous êtes très aimable.*
Thank you very much	*Merci beaucoup.*
	Merci bien
You're welcome/Don't mention it	*Je vous en prie*

Philippe: Those are great! You can add a new phrase every time you learn one! There is something else you might like to know. If you are not sure how to pronounce a word, you can ask:

> Ça se prononce comment?

If you are not sure how to write or spell a word you can ask:

> Ça s'écrit comment?
> Ça s'épelle comment?

If you're still not sure what it means, you can ask:

> Qu'est-ce que ça veut dire?

Activité 1

(*Par paires*) Utilisez les expressions données ci-dessous pour la situation 1 et la situation 2. Utilisez les expressions données dans la liste d'Annie pour la situation 3 et la situation 4.

Demander/attirer l'attention et répondre

> Pardon monsieur/madame/mademoiselle!
> S'il vous plaît, monsieur/madame/mademoiselle!
> Monsieur/madame/mademoiselle, s'il vous plaît!
> Excusez-moi, monsieur/madame/mademoiselle!

Imaginez les situations suivantes:

Situation 1
Vous êtes dans la rue.
Vous voulez demander quelque chose à
quelqu'un.
Que dites-vous?

Situation 2
Vous êtes au café.
Vous voulez un café.

Que dites-vous?

Situation 3
Vous êtes dans la rue.
Une personne vous pose une question
 compliquée en français.
Que dites-vous?

Situation 4
Vous êtes dans le parc.
Un enfant vous demande:
«Tu parles français?»
Que dites-vous?

Activité 2

Associez la phrase française à sa traduction anglaise. Par exemple:
f et 3

a **Vous pouvez parler plus lentement, s'il vous plaît?** _2_	1 **I don't understand.**
b **Je ne comprends pas.** _1_	2 **Can you speak more slowly please?**
c **Répétez s'il vous plaît. Je ne comprends pas.** _4_	3 **What is it?**
d **Vous pouvez répéter, s'il vous plaît?** _7_	4 **Please can you say that again? I don't understand.**
e **Comment dit-on « . . . » en français?** _6_	5 **What are you doing?**
f **Qu'est-ce que c'est?** _3_	6 **How do you say ' . . . ' in French?**
g **Qu'est-ce que tu fais?** _5_	7 **Can you repeat that, please?**

☺ **Ce, c', ça**
See Grammatical Guide 3.3a
This Grammatical Guide (GG) can be found at the end of the book and you will find it useful as a reference tool.

11 *COMMENT DIRE*

Épeler en français

Philippe: Tu connais l'alphabet français?

Annie: Qu'est-ce que ça veut dire?

Philippe: Ça veut dire: «Do you know the French alphabet?»

Annie: No, not yet.

Philippe: Pas encore? Alors, allons-y . . . A, B, C, D, E, F, G, H, I, J, K, L, M, N, O, P, Q, R, S, T, U, V, W, X, Y, Z. Les voyelles sont très importantes.

Annie: Les voyelles?

Philippe: a, e, i, o, u.

Annie: a, e, i, o, u.

Philippe: Je m'appelle Philippe. Ça s'épelle P-h-i-l-i- deux p -e. Et Annie, ça s'épelle comment?

Annie: A- deux n -i-e.

Philippe: Tu es à Paris. Ça s'épelle comment?

Annie: P-a-r-i-s.

Philippe: C'est ça.

Activité 3
· ·

(*Par paires*) Épelez votre prénom, votre nom de famille, le nom de votre ville.

▎▎▎ *POUR DIRE*
· ·

Annie: I'm really worried about learning French grammar. When French people speak, their sentences don't seem to be in the same order as they are in English.

Philippe: Well, that's true. How much do you know about English grammar, Annie?

Annie: Not much – it's hardly my favourite topic.

Philippe: I bet you can think of lots of grammatical terms though.

Annie: I suppose I can. Do you mean things like noun, adjective, sentence?

Philippe: Exactly. Grammar is all about how these relate to each other. Once you know what the terminology means – what a noun is, or an adjective, you can go a lot faster. If you think about the way your own language works, then you can break it down. That can help you build up another language, like French!

Annie: Oh I see . . .

Philippe: Right then! What other words can you think of that are grammatical terms?

Annie: Verb, subject, object. What is a subject?

Philippe: Let's think of a sentence. 'You lost your bag.' You is the subject, lost is the verb and your bag is the object.

Annie: So, if I make a sentence like: 'I eat chips', I is the subject, eat is the verb and chips is the object.

See GG 7.2.

Activité 4

Find out where the verb, subject and object are in these sentences:

Annie is learning French.
She eats sweets.
Philippe adores snails.

Activité 5

1   Can you put these sentences back into the correct order?
   a.   you are how?
   b.   fine I am
   c.   please that you can repeat?
   d.   learning am French I
   e.   college is where the?

2   Can you find the verb and subject in the above sentences? Is there an object in all the sentences?

△ **Sentences do not always only consist of a subject, verb and object. As you have already seen they do not have to contain an object. They can also contain many other grammatical elements, which you will meet as you progress through the book. See GG 1.3 and 7.**

IV COMMENT DIRE

(Recording No. 4)

Compter jusqu'à 70

Zéro . . .

1 un	11 onze	21 vingt et un	31 trente et un
2 deux	12 douze	22 vingt-deux	32 trente-deux
3 trois	13 treize	23 vingt-trois	33 trente-trois
4 quatre	14 quatorze	24 vingt-quatre	34 trente-quatre
5 cinq	15 quinze	25 vingt-cinq	35 trente-cinq
6 six	16 seize	26 vingt-six	36 trente-six
7 sept	17 dix-sept	27 vingt-sept	37 trente-sept
8 huit	18 dix-huit	28 vingt-huit	38 trente-huit
9 neuf	19 dix-neuf	29 vingt-neuf	39 trente-neuf
10 dix	**20 vingt**	**30 trente**	**40 quarante**

41	quarante et un	51	cinquante et un	61	soixante et un
42	quarante-deux	52	cinquante-deux	62	soixante-deux
43	quarante-trois	53	cinquante-trois	63	soixante-trois
44	quarante-quatre	54	cinquante-quatre	64	soixante-quatre
45	quarante-cinq	55	cinquante-cinq	65	soixante-cinq
46	quarante-six	56	cinquante-six	66	soixante-six
47	quarante-sept	57	cinquante-sept	67	soixante-sept
48	quarante-huit	58	cinquante-huit	68	soixante-huit
49	quarante-neuf	59	cinquante-neuf	69	soixante-neuf
50	**cinquante**	**60**	**soixante**	**70**	**soixante-dix**

Activité 6

(*Par paires*)

1 Dites un chiffre en anglais. Votre partenaire dit l'équivalent en français.
2 Écrivez un chiffre et demandez: «c'est combien?» à votre partenaire.
3 Écrivez une liste de six chiffres. Ne montrez pas votre liste à votre. Lisez
   votre liste de chiffres à votre partenaire. Il (elle) doit écrire les chiffres.
   Comparez vos listes.

Activité 7

Écoutez la cassette (Recording No. 5) et associez les phrases françaises à leur traduction anglaise.
Par exemple: a et 5

△ **This activity is designed to recap some of the phrases you have already met and to introduce you to some new ones in preparation for Chapter 1. Some of the literal English translations may look odd, but they are the nearest equivalent to what you will be hearing in French.**

1 Goodbye, ladies and gentlemen.
2 Good morning/Good afternoon, madam.
3 Thank you, miss.
4 Welcome, sir and ladies.
5 Good morning, sir.
6 What would you like, lady and gentlemen?
7 Good evening, gentlemen.
8 Hi!/Hello!/Goodbye! (informal)
9 Thank you, young ladies.
10 See you soon, ladies.
11 Are you British, madam?
12 Where are you from?
13 Welcome to France!
14 Are you English, sir?
15 Have a nice evening!
16 See you soon!
17 See you later!
18 Have a nice day!

Activité 8

Bilan Introduction

1 Comment dit-on . . .
    a. Can you repeat that more slowly please? (formal)
    b. How do you say '. . .' in French?
    c. Can you help me please? (to a friend)
    d. Can you help me please? (more formal)
    e. What does that mean?
    f. Thank you very much.

2 Comment ça s'epelle . . .
    a. Annie
    b. Philippe
    c. Mesdemoiselles

3 Comment dit-on/écrit-on . . .
    a. 15, 26, 33, 19, 32, 53, 69, 70 en français
    b. Goodbye!

1

Faire connaissance

In this chapter you will:

I Learn to make introductions and learn about personal pronouns

II Learn to greet people using the appropriate register

III Fill in an identity form

IV Talk about countries, nationalities, studies and professions

V Learn the verbs *être* and *avoir*

VI Learn about articles, genders and plurals of nouns

I *COMMENT DIRE*

Les présentations

(*Nathalie arriving with Marc*)

Philippe: Voici mes amis . . . Je vais te présenter.
Salut! Ça va? (*kissing Nathalie and shaking hands with Marc*)

Nathalie: Oui, ça va bien et toi?

Philippe: Oui, ça va très bien. Je vous présente Annie. Elle fait des études de tourisme aussi.

Marc et Nathalie: Enchantés.

Philippe: Annie, je te présente Nathalie et voici Marc.

Annie: Enchantée.

Philippe: You should shake hands like the French. Vas-y, serre la main!

Annie: Enchantée Nathalie, enchantée Marc. (*shaking hands, mimicking*)

Philippe: When you know them well you can kiss* lots of handsome boys like Marc . . .

Marc: Tu es seule à Paris?

Annie: Euh . . . comment? Philippe . . . what does that mean?

Philippe: En français, Annie!

Annie: Tu peux répéter, s'il te plaît?

Marc: Tu es seule . . . euh . . . tu as des amis à Paris?

Annie: Oui, mon amie s'appelle Louise.

☺ ***Kissing: relatives normally kiss, but not all male friends kiss each other. You might be tempted to kiss the first person you meet, but you shouldn't. This would be quite rude and improper.**

Useful word: la bise, when you kiss people on the cheek.

Activité 1

a   Listen to the cassette while reading the dialogue «Les présentations».
Are the final consonants of all the words pronounced? Underline those
which are pronounced.

b   Listen to Part b of Recording No. 6 and check your pronunciation of the
following expressions:

1. Je vais te présenter.
2. Tu peux répéter, s'il te plaît?
3. mes amis
4. des études

5. vas-y,
6. seule à,
7. des amis,
8. mon amie

△ **As you have discovered, when you have a consonant at the end
of one word and a vowel at the beginning of the next word, the
two words 'run into' each other.**

Présentation des personnages

Activité 2

Utilisez la liste «des mots pour vous aider». Écoutez la cassette (Recording
No. 7) et essayez d'identifier les personnages. Écrivez le nom du personnage
qui parle au début de chaque paragraphe. Les personnages sont: Nathalie,
Philippe, Marc, Annie, Michel, Louise, Jean-Paul.

Des mots pour vous aider

Nom du personnage: _____

je m'appelle	my name is
je suis	I am
moitié anglaise	half English
martiniquaise	native of Martinique (West Indian island)
je parle anglais/français	I speak English/French
avec ma mère	with my mother
avec mon père	with my father
j'ai 26 ans	I am 26
étudiant(e)	student

FAIRE CONNAISSANCE

Nom du personnage: _____
français	French
couramment	fluently
étudiant en tourisme	tourism student

Nom du personnage: _____
un peu anglais	a little English
un peu allemand	a little German
j'étudie le tourisme	I am studying tourism

Nom du personnage: _____
j'habite (à) Paris	I live in Paris
chez mes parents	with my parents
italien	Italian

Nom du personnage: _____
l'amie de	friend of
britannique	British
j'apprends le français	I am learning French

Noms des personnages: _____ et _____
Salut!	Hi!
c'est mon frère	This is my brother
notre oncle	our uncle
il s'appelle	he is called
nous sommes	we are
nous habitons	we live

POUR DIRE

Pronoms personnels

Activité 3

Using both '*Des mots pour vous aider*' and the description of the characters on p.16, can you work out what the personal pronouns underlined in the grid opposite mean?

Activité 4

Can you now work out what the rest of the personal pronouns in the grid mean?

je	
tu	
△ il	
△ elle	
on*	
nous	
vous	
ils	
elles	

*This will be explained in Chapter 2.

△ **Please note that il and elle can also mean 'it' when referring to objects.**
Please refer to the GG 3.1 (a).

LOUISE
ANNIE
MICHEL
PHILIPPE
JEAN-PAUL
NATHALIE
MARC

Voici les personnages principaux de gauche à droite

1 **Voici Louise**
   Elle est moitié anglaise, moitié martiniquaise.
   Elle parle français avec sa mère, et anglais avec son
   père.
   Elle a 26 ans.
   Elle est étudiante.

2 **Voici Annie**
   C'est l'amie de Louise.
   Elle est britannique.
   Elle parle anglais, et elle apprend le français.
   Elle est en France pour la première fois.
   Elle a 19 ans.

3 **Voici Philippe**
   Il est français.
   Il parle couramment l'anglais.
   Il est étudiant en tourisme à Paris.
   Il a 22 ans.

4 **Voici Nathalie**
   Elle est française.
   Elle habite à Paris, chez ses parents.
   Elle parle anglais et italien.
   Elle est étudiante en tourisme.

5 **Voici Marc**
   C'est l'ami de Philippe.
   Il est français.
   Il parle un peu anglais et un peu allemand.
   Il étudie le tourisme.
   Il a 22 ans.

6 **Voici Michel** (*à gauche*) **et Jean-Paul** (*à droite*)
   Michel a sept ans, et Jean-Paul a quatre ans.
   Ce sont les neveux de Philippe.
   Ils sont français.
   Ils habitent (à) Paris.

△ **In French you say 'he/she is student' not 'he/she is a student ' as
in English.
You also use avoir (to have) to say how old you are, not être (to
be) as you may have thought.**

☺ As this is the beginning of your course you have been given some extra support with vocabulary. In later chapters you will need to use a dictionary to look
up new words. Why not start your own phrase book now, like Annie? Use a
dictionary to look up unknown words in the above six paragraphs and add
them to your phrase book.

II *POUR DIRE* 《bonjour》 et 《au revoir》 . . . et présenter quelqu'un
. . . .

Saluer

When people know each other well socially and at work:

Salut Annie! Salut Marc!
Bonjour Annie!

To be more formal:

> *Bonjour mademoiselle!*
> *Bonjour mesdemoiselles!*
> *Bonjour monsieur!*
> *Bonjour messieurs!*
> *Bonjour madame!*
> *Bonjour mesdames!*
> *Bonjour mesdames et messieurs!*

To be even more formal or specific their job title or their surname may be included:

> *Bonjour Monsieur le directeur!*
> *Bonjour Madame la directrice!*
> *Bonjour Monsieur Martin!*
> *Bonjour Madame Dupont!*

Registres

Vous	**Tu**
Bonjour madame	*Salut!*
Bonjour monsieur	
Bonjour mademoiselle	
Comment allez-vous?	*Ça va?*
Je vais très bien, merci.	*Ça va bien, merci.*
Au revoir!	*Salut!*
À demain	
À bientôt	
À tout à l'heure	

Présentations

	Vous		Tu	
	1 Before introducting someone:			
		Madame		*ma mère?*
		Monsieur		*mon oncle?*
Vous connaissez	*Mademoiselle?*	*Tu connais*	*Brigitte?*	
	mon mari?		*mon cousin?*	
	ma femme?		*ma copine?*	
	2 Introducing someone:			
Je vous présente	*Philippe*	*Je te présente*	*Philippe*	
	ma cousine		*mes neveux*	
	3 Replying:			
		Enchanté(e)		Bonjour!
		Bonjour!		Salut!

Activité 5

(*Par paires*) Look at the boxes above entitled '*Registres*' and '*Présentations*'. When do you use **vous** and when do you use **tu**?

Activité 6

(*Par groupes de trois ou quatre*) Présentez les membres de votre groupe au reste de la classe.

Activité 7

(*Par paires*)
Demandez à votre partenaire comment il/elle va:

1   de façon formelle
2   de façon amicale

❙❙❙ *REMPLIR UNE FICHE*

Carte de séjour

Annie: Louise says I may need a «*carte de séjour*» * if I'm going to be in France for a long time. Can you come and help me fill in the application form?

Philippe: Bien sûr!

Activité 8

Écoutez la cassette (Recording No. 8). Remplissez la carte de séjour d'Annie.

Carte de séjour

Nom:	
(Nom de jeune fille):	
Prénom(s):	
Né(e) le:	
Né(e) à:	
Département:	
Pays (pour les étrangers):	
Âge:	
Nationalité:	
Profession:	
Domicile:	

*All members of the European Union have to apply for a *carte de séjour* from their local *Préfecture* (regional administrative office) if they are going to stay in France for a period longer than three months.

IV COMMENT DIRE

Pays, nationalités

LES PAYS	LES NATIONALITÉS*
l'Allemagne	allemand(e)
l'Angleterre	anglais(e)
l'Australie	australien(ne)
l'Autriche	autrichien(ne)
la Belgique	belge
le Canada	canadien(ne)
l'Écosse	écossais(e)
les États-Unis	américain(e)
la France	français(e)
le Danemark	danois(e)
l'Espagne	espagnol(e)
la Finlande	finlandais(e)
la Grande-Bretagne	britannique
la Grèce	grec(que)
l'Irlande	irlandais(e)
le Luxembourg	luxembourgeois(e)
la Norvège	norvégien(ne)
le Pays de Galles	gallois(e)
les Pays-Bas, la Hollande	néerlandais(e), hollandais(e)
le Portugal	portugais(e)
la Suède	suédois(e)
la Suisse	suisse

Activité 9

(*Par paires*)

1   Écoutez la cassette (Recording No. 9) et dites si A, B, C, D, E, F, G sont
     des hommes ou des femmes. Par exemple:
     H est un homme. **I** est une femme.
2   Dites votre nationalité à votre partenaire. Parlez des personnages du livre
     et de leur nationalité.
     Parlez des pays de l'Union Européenne. Les pays sont . . .- Il y a les
     Français, les . . .-

△ ***Do you notice anything about the nationality column? When you write in French you use a lower-case letter to indicate your nationality:**
Je suis écossaise.
To indicate that you speak a language you also use a small letter, not a capital:
Je parle français.
But when writing about the inhabitants of the country you use a capital:
Les Français adorent le «Piat d'Or».
And you use a capital for the country:
J'aime la France. J'aime l'Espagne.

Études et professions

LES ÉTUDES	LES PROFESSIONS
l'architecture	un architecte
les beaux-arts	un(e) artiste
la biologie	un(e) biologiste
la chimie	un(e) chimiste
la comptabilité	un(e) comptable
le droit	un juriste, un juge, un notaire, un(e) avocat(e)
la dentisterie	un(e) dentiste
l'écologie	un(e) écologiste
l'économie	un(e) économiste
les études européennes	un professeur/un(e) spécialiste en études européennes
les études américaines	un professeur/un(e) spécialiste en études américaines
la géographie	un(e) géographe
la gestion	un(e) gestionnaire
l'hôtellerie	un(e) hôtelier(ère)
l'histoire	un(e) historien(ne)
l'informatique	un(e) informaticien(ne)
les mathématiques	un(e) mathématicien(ne)
la médecine	un médecin
la musique	un(e) musicien(ne)
la pharmacie	un(e) pharmacien(ne)
la philosophie	un(e) philosophe
la physique	un(e) physicien(ne)
la politique	un(e) politicien(ne)
la psychologie	un(e) psychologue
les sciences de l'éducation	un(e) éducateur(rice)
les sciences de l'environnement	un(e) environnementaliste
la sociologie	un(e) sociologue
le tourisme	un agent de voyages

Activité 10
....

 Ⓟ

a Écoutez la cassette (Recording No. 10). Associez les chiffres aux lettres de l'alphabet.

Par exemple: a et 1

a. M. Dupont est	**1.** professeur
b. Mme Renard est	**2.** hôtelier
c. Sophie est	**3.** juriste
d. Pierre est	**4.** physicienne
e. Mlle Dujardin est	**5.** sociologue
f. Jean-Louis est	**6.** psychologue
g. Julienne est	**7.** médecin généraliste

b (*Par petits groupes*) Dites ce que vous étudiez et ce que vous voulez faire. Par exemple:

Moi, j'étudie la psychologie et je veux être psychologue.

(Utilisez votre dictionnaire si le mot ne figure pas dans la grille.)

Activité 11
....

1 Voici le dossier de candidature (*application form*), rempli par Annie, pour l'école de tourisme. Remplissez votre dossier de candidature.

Dossier de candidature

2 (*Par paires*) Présentez-vous à votre partenaire. Voici quelques phrases utiles:

Je m'appelle . . .
Mon nom (de jeune fille) est . . .
Mon prénom est . . . Mes prénoms sont . . .
Mon adresse (mon code postal) est . . .
Mon numéro de téléphone est . . . (two numbers at a time. For numbers over 70, check Chapter 2)
J'étudie . . .
Je suis en . . . année.
Je parle . . .

ÉTAT CIVIL

Nom (en majuscules): ....

(Nom de jeune fille): ....

Prénom(s): . ...

Âge: ....

Adresse: ....

.... Ville: ....

Code postal: ....

Numéro de Téléphone: ....

No. de Sécurité Sociale: ....

Nationalité: ....

Études choisies:

Section: ....

Année: ☐ Première année   ☐ Deuxième année

          ☐ Troisième année   ☐ Quatrième année

Connaissance de langues étrangères

☐ anglais   ☐ italien

☐ espagnol   ☐ allemand

☐ russe   ☐ autre(s)

V POUR DIRE

Être et avoir

These two verbs are highly irregular. They are often used and you need to be able to use all their different parts. Unfortunately there is no magic way to learn irregular verbs!

être (to be)		avoir (to have)	
je	suis	j'	ai
tu	es	tu	as
il/elle/on	est	il/elle/on	a
nous	sommes	nous	avons
vous	êtes	vous	avez
ils/elles	sont	ils/elles	ont

être + profession	*Annie est étudiante en tourisme.*
	(no article)
être + nationalité	*Elle est anglaise.*
△ avoir + âge	*Elle a dix-neuf ans.*

△ **Note the difference between English and French.**

She *is* nineteen.   *Elle **a** dix-neuf ans.*

English uses the verb 'to be'.   French uses the verb 'to have'.

Activité 12
··

(*Toute la classe*) Jeu de mots: chaque personne prend une lettre de l'alphabet et trouve une profession et une nationalité qui commencent par la même lettre.

Alphabet + profession + nationalité
Par exemple:
A (*Anne*) *est architecte et américaine.*
B (*Bernard*) *est boulanger et belge.*

VI *COMMENT DIRE*

Les articles

Pour l'école de tourisme Annie a . . . dans son sac:

Activité 13

(*Par paires ou en petits groupes*) Regardez les images et
cherchez les mots inconnus dans le dictionnaire.

un b _ _ _ -n _ _ _ _
un c _ _ _ _ _ _ r
un p _ _ _ e-m _ _ _ _ _ e
une c _ _ _ e d'é _ _ _ _ _ _ t
un p _ _ _ _ _ _ _ t
des s _ _ _ _ s
un p _ _ n de P _ _ _ s
des p _ _ _ _ _ s d'i _ _ _ _ _ _ é
une e _ _ _ _ _ _ _ e
un c _ _ _ _ _ _ _ _ m v _ _ _ e
un d _ _ _ _ _ _ _ _ _ e
un b _ _ _ _ _ _ r
des p _ _ _ s

POUR DIRE

Les articles – le genre

You will have noticed that the things Annie needs have a variety of words in
front of them.

> Annie a **un** plan de Paris et **un** passeport.
> Annie has **a** street map of Paris and **a** passport.

> Elle a **une** carte d'étudiant et **une** enveloppe.
> She has **a** student card and **an** envelope.

*Elle a **des** stylos et **des** photos d'identité.*
She has **some** pens and **some** passport photos.

*Le plan de Paris, **le** passeport, **la** carte d'étudiant, **l'**enveloppe, **les** stylos, **les** photos d'identité sont dans **le** sac.*

The street map, **the** passport, **the** student card, **the** envelope, **the** pens and **the** passport photos are in **the** bag.

Activité 14

What is the difference between:

un and **le**?
une and **la**?
des and **les**?

Articles in French vary because all French nouns are either masculine or feminine.

masc sing	un (a/an)	le/l' (the)
fem sing	une (a/an)	la/l' (the)
pl (m & f)	des (some)	les (the)

△ **La or le become l' before a vowel or a silent 'h'.**

Articles are not always used in the same way in French as they are in English. Plural nouns that are on their own in English have **des/les** in front of them in French. Par exemple:

*Elle aime **les** pommes.* *Elle a **des** photos dans l'enveloppe.*
She likes apples. She has photos in the envelope.

les is used because she likes all types of apple. (general sense)
des is used because she has some photos in the envelope. (not specific photos)

If you want to list a number of items in French, the article has to be repeated, whereas in English it can sometimes be omitted. Par exemple:

*Annie a **une** carte d'étudiant, **un** passeport, **des** stylos et **des** photos dans son sac.*
Annie has a student card, passport, pens and photos in her bag.
See GG 2. (a) and (b).

Activité 15

(*Par paires*) Look at the words listed in Activité 13 and in the vocabulary list below. Note their genders (masculine or feminine). Are there words which are typically masculine or feminine? Can you work out any patterns?

Masculine nouns

l'argent français	French money
le baladeur	walkman
les bijoux	jewellery
la cassette	cassette
le billet	ticket
les chèques de voyage	travellers'cheques
le jeu	game
le journal	newspaper
le passeport	passport
le pique-nique	picnic
le portefeuille	wallet
le problème	problem
le pull-over	jumper
le régime	diet
le sac à dos	backpack
les stylos	pens
le yaourt	yogurt

Feminine nouns

la boîte de coca	can of coca-cola
la casquette de baseball	baseball cap
la carotte	carrot
les chaussettes	socks
les chausssures	shoes
la cuillère	spoon
la pile	battery
la pomme	apple
la trousse de toilette	sponge bag

Quelques conseils sur le genre

MASCULINE	FEMININE
men	women
most male animals	most female animals
traditionally masculine professions	traditionally feminine professions
languages colours days of the week months seasons	
fruits/vegetables that don't end in -e	fruits/vegetables ending in -e
countries that don't end in -e	countries ending in -e
words 'borrowed' from English and other foreign languages	

Sometimes a change of gender actually changes the meaning of a word.

le livre	book	*la livre*	pound
le mort	dead person	*la mort*	death
le physique	appearance	*la physique*	physics
le poste	extension no./job	*la poste*	post office

☺ **Normally in French, to make a noun plural, you simply add an 's':**
les livres, les morts, les postes, etc.

Sometimes the meaning of a word changes according to whether it is singular or plural.

la vacance	vacancy	*les vacances* (always in plural) holiday

See GG 2c for some irregular plural endings.

Activité 16
••

a   Écoutez la cassette (Recording No. 11a) et faites la liste des choses que Louise a dans son sac à dos. N'oubliez pas l'article.

Ⓟ

b   Écoutez la cassette (Recording No. 11b). Prononcez les mots et vérifiez leur signification si nécessaire (Activités 13 et 15).

Activité 17: Bilan Première Étape
••

Les présentations

1   Remplissez les blancs.
    a.   – Bonjour, je m'appelle _____ (nom et prénom)
        – Enchanté(e)
        – Enchanté(e). Comment vous appelez-vous?
    b.   – Je m' _____ x. Comment _____ -vous?
    c.   – Je vais _____, merci.
    d.   – Je vous _____ un(e) ami(e).
        – Enchanté(e)
    e.   – Il (elle) est _____ (English)
    f.   – Il (elle) est _____ (law student)

2   Comment dit-on?
    a.   I am a student.
    b.   You are a lawyer.

    c. He is a doctor.
    d. She is an accountant.
    e. We are Scottish.
    f. You are Irish.
    g. They are English.
    h. I am Welsh.
    i. She is British.

3   Utilisez les verbes **être** et **avoir** dans les phrases suivantes:
    a. J' _____ 35 ans.
    b. Nous _____ des amis à Paris.
    c. Vous _____ seul(e) à Paris.
    d. Annie _____ un sac à dos.

4   Ajoutez les articles:
    (un, une, des)
    a. Dans son sac il y a . . .
        _____ dictionnaire, _____ carte d'étudiant, _____ porte-monnaie, _____ passeport, _____ enveloppe et _____ photos.
    (le, la, les)
    b. J'aime _____ pommes, _____ coca, _____ bijoux.
    c. J'étudie _____ médecine.
    d. J'aime _____ français, _____ politique et _____ études européennes.

5   Comment dit-on/écrit-on:
    5, 13, 30, 15, 50, 57, 68, 70

2

Faire des projets

In this chapter you will:

I Ask lots of questions

II Use the verbs *faire* and *aller* and a few common
regular *-er* verbs

III Learn about some expressions using *de* and *à*

IV Use simple negatives

V Learn how to count from 70 to 100

All these will be looked at in the context of leisure.

I *COMMENT DIRE*

Poser des questions

Activité I

The dialogue below has had all the question marks and full stops removed.
1   Can you replace them by listening to the cassette?
2   Compare your completed version with your partner's.
    If you are still not sure, check your version with the correct version supplied in the Answers section for Chapitre 2.

Qu'est-ce qu'on fait ce soir?

Marc: Alors, on fait quoi ce soir Il y a un film de Jacques Tati au cinéma Ça t'intéresse, Nathalie

Nathalie: Oh oui, bien sûr J'adore les films de Tati Ils sont très amusants Et toi Louise

Louise: Moi*, j'aime bien, mais je ne suis pas libre ce soir

Marc: Et Annie Est-ce que tu aimes les comédies

Annie: Oui, j'aime bien C'est difficile à comprendre

Marc: Non, avec les images et les actions on devine facilement

Philippe: Moi*, je garde les enfants de ma sœur Aimes-tu les enfants, Annie

Annie: Euh, oui . . . les enfants . . . sympa, oui

Philippe: Alors tu vas aussi au cinéma

Annie: Non, je préfère rencontrer les enfants

Philippe: Alors, Nathalie et Marc, vous allez au cinéma, et moi, j'emmène Annie chez mes neveux Ils ont sûrement des magazines et des photos pour ton projet.

Marc: Et toi, Louise, qu'est-ce que tu fais

Louise: J'ai un rendez-vous important Je vous raconte ça demain

*Refer to GG 3.1 (e).

☺ **Here are some words which you may not have met before. Look them up in your dictionary. Add any 'new' words to your vocabulary notebook.**

Des mots pour vous aider

aimer	les comédies	amusant	aussi
aller	demain	difficile	chez*
comprendre	les enfants	facile	
deviner	les neveux	facilement	
emmener	un rendez-vous	libre	
garder	la sœur	sûrement	
rencontrer	le soir	sympathique (sympa)	

***'Chez'** in **'Chez mes neveux'** means at my nephews' house. **'Chez'** can only be used when you are talking about a person. You would say:

Je vais à la boulangerie.   I am going to the bakery.
Je vais <u>chez</u> le boulanger.   I am going to the <u>baker's</u>.

POUR DIRE
. . . .

Here are some questions from the above dialogue *'Qu'est-ce qu'on fait ce soir?'*

Qu'est-ce qu'<u>on</u> fait?/<u>On</u> fait quoi?   (What are we doing?/What shall we do?)
Qu'est-ce que tu fais?   (What are you doing?)

These are covered in more detail in Chapter 3.

△ **'On' is more widely used in French than the English pronoun 'one'. It can mean 'they', 'people', 'one', 'we', and is often heard in French conversation.**

Activité 2
. . . .

Look at the dialogue again. How many ways of asking questions can you find?

Let us look at the ways of asking questions in French.

1   The simplest way is to raise your voice at the end of a sentence:

Le cinéma est loin?
Il y a un film de Tati au cinéma ce soir?

Activité 3

(*Par paires*) Voici des phrases que vous pouvez poser comme questions à votre partenaire. La réponse va commencer par «oui».

Le français est facile? – Oui, le français est facile.
Il y a un film de Tati au cinéma? – Oui, il y a un film de Tati au cinéma.

> Le film de Tati est amusant.
> Le cinéma est cher.
> Annie collectionne des photos de Paris et de la France.
> Philippe a deux neveux.
> Louise a un rendez-vous.

Activité 4

(*Par paires*) Posez des questions à votre partenaire.
Par exemple: *Vous aimez **le** théâtre?* Votre partenaire répond: *«oui»* ou *«non»*.
Utilisez les photos.

2   The second way of asking a question is to put *«Est-ce que»* at the beginning of a sentence:

> *Est-ce que tu aimes les comédies?*
> *Est-ce qu'il y a un film de Tati ce soir?*
> *Est-ce qu'Annie parle français?*

There is no equivalent of '*Est-ce que*' in English. It simply enables you to ask
questions in French. It literally means: 'Is it that . . . '?

Activité 5

(*Par paires*) Posez encore des questions avec «Est-ce que . . . ». Utilisez les expressions ci-dessous.

> Le français est très facile.   Philippe a deux neveux.
> Annie aime Paris.   Annie est anglaise.

Activité 6

(*En groupes*) Maintenant c'est votre tour! Inventez d'autres questions.
Utilisez «Est-ce que».

3   The third and more formal way of asking a question is to change the word order. Swap the verb and the pronoun (when writing, put a hyphen between them).

Aimez-vous les voyages?
Parlez-vous français?
Es-tu britannique?
Annie et Louise parlent-elles français?

Add a '**t**' when writing and speaking, if the written verb ends in a vowel and the pronoun begins with a vowel.

*Aime-**t**-il les voyages?*
*Nathalie, parle-**t**-elle italien?*
*Sean Connery, a-**t**-il un kilt?*

△ **You will have noticed that only a subject pronoun can change places like this. A noun, or a person's name, still comes before the verb, and a matching pronoun comes after the verb.**

If you want to ask a question using '*il y a*', you have to change the word order in the following way.

Y a-t-il un film de Tati ce soir?

You will learn more about '*y*' in Chapter 9.

Activité 7

(*Par paires*)

a   Posez des questions à votre partenaire. Utilisez la troisième façon de poser des questions. Servez-vous des expressions suivantes:

Tu parles anglais.
Vous étudiez le français.
Il écoute la radio.
Elle adore les voyages.
Elles dansent toute la nuit.
Louise aime les vacances.
Les amis mangent à la cafétéria.

b   Regardez les phrases suivantes et écoutez la cassette (Recording No. 13). Dites les phrases, réécoutez la cassette et vérifiez votre prononciation.
   1.   Tu aimes le français?

2. Aimes-tu le français?
3. Tu t'appelles comment?
4. Comment t'appelles-tu?

▌▌ *POUR DIRE*

Faire et aller

Activité 8

Qu'est-ce qu'on fait? Écoutez la cassette (Recording No. 14). À vous de remplir les trous.

Nathalie: Qu'est-ce qu'on _____ ? On _____ à la cafétéria?

Marc: Non, je _____ chez Philippe.

Nathalie: Et ce soir, qu'est-ce que tu _____ ?

Marc: Philippe et moi, nous _____ au bowling. Et toi?

Nathalie: Et bien moi, je _____ chez Annie et Louise.

Marc: Ah bon, qu'est-ce que vous _____ ?

Nathalie: Nous restons chez elles. Nous parlons français. Annie _____ vraiment des progrès. Et demain que _____ -vous?

Marc: Nous _____ au cinéma.

Nathalie: Demain*, nous _____ des achats pour la rentrée.

The present tense of *faire* and *aller*:

	faire	**aller**
je	fais	vais
tu	fais	vas
il/elle/on	fait	va
nous	faisons	allons
vous	faites	allez
ils/elles	font	vont

Present tense of *-er* verbs:

aimer	
j'	aime
tu	aimes
il/elle/on	aime
nous	aimons
vous	aimez
ils/elles	aiment

To form the present tense of regular *-er* verbs, you take off the *-er* from the infinitive and add the ending for each person.

Look at the following examples:

j'aime les vacances *nous parlons français*
tu étudies le français? *vous écoutez la radio?*
il écoute de la musique *ils dansent*
elle regarde la télévision *elles adorent la natation*
on téléphone

A change in the spelling of an *-er* verb is sometimes necessary for pronunciation purposes.

	épeler	manger
j'/je	épelle	mange
tu	épelles	manges
il/elle/on	épelle	mange
nous	épelons	mangeons
vous	épelez	mangez
ils/elles	épellent	mangent

See GG 1.1 (a) (1).

*Please refer to GG 1.1 (a) for other uses of the present tense.

☺ **The verb section of a good dictionary will normally indicate when there are spelling changes in part of a verb.**

Activité 9
· ·

(*Par paires*) Regardez la grille en face «Que faites-vous?». Posez des questions à votre partenaire. Écrivez les réponses.

Que faites-vous?

VOUS	VOTRE PARTENAIRE
Aller au cinéma Je vais au cinéma. Est-ce que tu vas au cinéma?(Tu vas au cinéma?/Vas-tu au cinéma?)	Oui, je vais au cinéma. Non, je vais au théâtre.
Jouer au football	Oui, je joue au football. Non, je joue au rugby.
Faire du ski	
Regarder la télévision	
Aller à la bibliothèque	
Jouer de la guitare	
Écouter de la musique	
Aller à la piscine	
Jouer aux cartes	
Faire de la planche à voile	

III *POUR DIRE*

«De» et «à»

Activité 10

1   Look carefully at the grid above. Make two different lists, one containing expressions with *à* and another containing expressions with *de.*

2   Why do we say:
    faire <u>du</u> ski but *faire <u>de la</u> planche à voile?*
    aller <u>au</u> cinéma but *aller <u>à la</u> piscine?*

The box below illustrates how **de** and **à** interact with the articles. They change because of the gender or number of the following noun.

du	de la	au	à la
de		**à**	
de l'	des	à l'	aux

It is always easier to learn the verb along with the appropriate preposition. See **GG 1.4 (c).**

☺ **By now you should be keeping a separate book for all your vocabulary items, writing French on one side of the page and English on the other. If you keep lists of 'themes' of vocabulary they are easier to remember!**

Activité 11
· ·

(*Par paires*) When do you use «*jouer à*» and when do you use «*jouer de*»? Can you work out the rule using the expressions found in Activité 10?

Activité 12
· ·

Remplissez les blancs dans ces expressions:

Annie joue _____ ping-pong.
Philippe joue _____ guitare.
Marc joue _____ poker.
Louise joue _____ cartes.
Elton joue _____ piano.
Tu joues _____ batterie?

☺ **You can replace *jouer à* with *faire de* when talking about sports. Par exemple:**
   Je fais du football/du tennis . . .

IV *POUR DIRE*

· ·

La négation «ne . . . pas»

Look back at the dialogue at the beginning of the chapter, p. 32. How does Louise say that she is not going to the pictures?

Here are some other examples. What do you notice about the word order in these sentences? Where is '*ne*' and where is '*pas*'?

Il parle italien.	*Il est anglais.*	*Il va chez le médecin.*
Il ne parle pas italien.	*Il n'est pas anglais.*	*Il ne va pas chez le médecin.*

The simple negative, *not* . . . is translated in French by *ne/n'* . . . *pas*. Note that *ne* comes before the verb and *pas* comes after the verb.

△ **In front of a noun *pas* is followed by *de/d'*, when it means 'not any' or 'no/none':**

Elle n'a pas de neveu.
Il ne mange pas de fromage.

Activité 13

· ·

Est-ce que les phrases suivantes sont vraies? Si elles ne sont pas vraies, corrigez-les. Vous pouvez regarder la description des personnages, Chapitre 1. Par exemple:

Louise parle allemand.	– *Elle ne parle pas allemand.*
Philippe et Marc sont américains.	– *Ils ne sont pas américains. Ils sont français.*
Annie va au cinéma.	– *Elle ne va pas au cinéma. Elle rencontre les neveux de Philippe.*

1 Sur Nathalie:
Nathalie est irlandaise.
Elle habite Marseille.
Elle étudie la psychologie.

2 Sur Philippe:
Il a 26 ans.
Il est anglais.
Il a des nièces.

3 Sur Louise et Annie:
Louise et Annie ont le même âge.
Elles sont françaises.

4 Sur Annie:
Annie parle couramment le français.
Elle va au cinéma.

5   **Sur Marc:**
Il porte des lunettes.
Il déteste les films de Tati.

Activité 14
• •

Répondez par **oui** ou **non** et complétez les phrases. Par exemple:

Vous parlez japonais?   *Oui, je parle japonais.*
                                   Non, je ne parle pas japonais.

Est-ce que vous êtes médecin?   *Oui, je suis médecin.*
                                   Non, je ne suis pas médecin.

Y a-t-il de l'anglais sur cette page?   *Non, il **n**'y a **pas d**'anglais.*

1   Vous aimez la natation? _____
2   Est-ce que vous parlez couramment le français? _____
3   Allez-vous au cinéma?_____
4   Ça coûte cher les billets de cinéma? _____
5   Est-ce que vous faites du sport? _____
6   Visitez-vous la France cette année? _____
7   Vous portez des lunettes? _____
8   Fumez-vous? _____
9   Est-ce que vous avez un baladeur?_____
10 Il y a des cassettes à écouter pour ce cours? _____

Activité 15
• •

Écrivez les questions et les réponses sur les points suivants. (Utilisez les trois façons de poser des questions au moins une fois)

1   (Avoir un dictionnaire français–anglais)

    Question: _____

    Réponse: _____

2   (Écouter souvent la radio française)

    Question: _____

    Réponse: _____

3   (Aimer la pizza)

Question: _____

Réponse: _____

4   (Être né(e) en France)

Question: _____

Réponse: _____

5   (Utiliser un ordinateur)

Question: _____

Réponse: _____

V COMMENT DIRE

Au cinéma

(*Marc et Nathalie arrivent au cinéma*)

Marc: Bonsoir madame. Deux places pour «Jour de Fête», s'il vous plaît?

L'employée: Ça fait 96F (13,71 €).

Marc: Oh, zut, je n'ai pas d'argent. Tu as de l'argent Nathalie?

Nathalie: Oui, je t'invite. Voici un billet de 200F (28,57 €).

L'employée: Voilà la monnaie.

Compter jusqu'à 100

(Recording No. 15)

71	soixante et onze	81	quatre-vingt-un	91	quatre-vingt-onze
72	soixante-douze	82	quatre-vingt-deux	92	quatre-vingt-douze
73	soixante-treize	83	quatre-vingt-trois	93	quatre-vingt-treize
74	soixante-quatorze	84	quatre-vingt-quatre	94	quatre-vingt-quatorze
75	soixante-quinze	85	quatre-vingt-cinq	95	quatre-vingt-quinze
76	soixante-seize	86	quatre-vingt-six	96	quatre-vingt-seize
77	soixante-dix-sept	87	quatre-vingt-sept	97	quatre-vingt-dix-sept
78	soixante-dix-huit	88	quatre-vingt-huit	98	quatre-vingt-dix-huit
79	soixante-dix-neuf	89	quatre-vingt-neuf	99	quatre-vingt-dix-neuf
80	**quatre-vingts**	**90**	**quatre-vingt-dix**	**100 cent**	

Please note that 10, 70 and 90 are all followed by onze, douze, treize, etc.

Activité 16

(*Par paires*)

1   Ça fait combien pour une place? L'employée donne la monnaie. Combien donne-t-elle?

2   Imaginez que vous regardez les billets de cinéma. Dites quelle place vous avez. Par exemple:

Moi, j'ai la place No. (numéro __) Et toi?

Utilisez les chiffres suivants: 15, 45, 75, 77, 88, 93, 99, 100

Activité 17

(*Par paires*) Vous arrivez au cinéma et vous achetez les billets. Le (la) partenaire joue le rôle de l'employé(e).

Activité 18

Annie collectionne des photos de Paris et de France pour un projet en tourisme. Collectionnez vous aussi des photos et des articles tirés de magazines/brochures, etc. en vue d'écrire, en fin d'année, un article sur un aspect qui vous intéresse. Vous pouvez choisir la gastronomie française, l'architecture, la politique . . .

Mots utiles

collectionner	couramment	argent (m)	cher (chère)
écouter	loin	bateau-mouche (m)	même
faire des achats		bibliothèque (f)	
faire de la natation		billet (m)	
faire de la planche à voile		lunettes (fpl)	
faire des progrès		piscine (f)	
jouer aux cartes		TGV (train à grande vitesse) (m)	
jouer de la batterie		vacances (fpl)	
porter		voyage (m)	
téléphoner à quelqu'un			
voyager			

avec, d'accord, chez, zut!

Activité 19

Bilan Deuxième Étape

1 Complétez les phrases. Utilisez les mots entre parenthèses.
   a. Tu vas au cinéma? Oui, _____ (je, aller, cinéma)
   b. Je suis professeur. Et vous, qu'est-ce que _____ ? (vous, faire)
   c. Hélène fait sa dissertation. Et toi, qu'est-ce que _____ ? (tu, faire)
   d. J'adore les escargots. _____ ? (tu, manger, les escargots de Bourgogne)
   e. Il est français. _____ ? (vous, être, français)
   f. Je _____ (aller, piscine)
   g. Nathalie écoute la radio. _____ ? (vous, regarder, la télévision)

2 À vous de trouver les questions!
   a. _____ ? Oui, j'ai faim. (vous, avoir)
   b. _____ ? Non, je n'écoute pas la musique classique. (tu, écouter)
   c. _____ ? Elle n'aime pas le cinéma. (elle, aimer)
   d. _____ ? Nous ne jouons pas au football. (vous, jouer)
   e. _____ ? Bien sûr, j'adore le français! (tu, aimer)

3 Répondez en utilisant la négation.
   a. Philippe collectionne des photos? _____ (non, collectionner, photos)
   b. Marc garde les neveux de Philippe? _____ (non, garder, neveux)

4 Comment dit-on/écrit-on:
   13, 30, 45, 69, 75, 84, 99, 100

5   Jeu de phonie

Dites la phrase suivante: «Du pain, du vin et du boursin». Écoutez la cassette
(Recording No. 16) et vérifiez votre prononciation.

3

La famille

In this chapter you will:

I Learn how to talk about your family

II Discover how to say what you are going to do

III Ask more questions/use interrogative words

IV Learn the irregular verbs: *tenir, venir, dire*

V Meet a few reflexive verbs

VI Learn how to use the words for **my/your/his/her**

VII Count from 100 upwards. Use ordinal numbers

I *COMMENT DIRE* ·

Parler de sa famille

Louise: Ta sœur a combien d'enfants, Philippe?

Philippe: Deux. Deux garçons. Ils ont sept ans et quatre ans.

Louise: Tu as d'autres neveux? Ou des nièces?

Philippe: Non. Mon frère est marié mais il n'a pas d'enfants. Sa femme est étudiante et elle est déjà très occupée.

Marc: Les femmes modernes sont très capables! Être mère, faire la cuisine, étudier . . ., elles trouvent ça facile.

Nathalie: Tu plaisantes, Marc?

Philippe: Marc est fils unique, sa mère fait tout pour lui. C'est pour ça qu'il admire les femmes.

Marc: Pas toutes les femmes. Je déteste mes trois petites cousines.

Nathalie: Et toi, Annie, tu as des frères et des sœurs?

Annie: Oui. Un instant, je compte . . . J'ai quatre sœurs et sept frères.

Marc: Combien? Ce n'est pas possible! Annie, tu ne comprends pas.

Nathalie: Ce sont des cousins, n'est-ce pas?

Annie: Non, j'ai des cousins aussi. J'ai quatre sœurs, sept frères, deux mères et deux pères. Louise, explique. C'est compliqué.

Louise: Ses parents sont divorcés. Sa mère, c'est la seconde femme de son père. Son père a deux fils et une fille de son premier mariage et avec la mère d'Annie il a deux enfants: Alex et Annie. Avec sa troisième femme, Sylvia, il a deux filles. La mère d'Annie est remariée avec Raymond, et ils ont trois garçons. Et Raymond a un fils et une fille de son premier mariage. C'est bien ça Annie?

Annie: Oui, c'est bien ça.

Nathalie: Quelle famille nombreuse! Tu habites chez qui?

Annie: Chez ma mère et Raymond, avec Alex et les trois petits frères. Et quelquefois le fils et la fille de Raymond sont là aussi.

Nathalie: Le divorce complique vraiment la vie. Les parents de mon amie Julienne viennent de divorcer. Elle trouve la situation très difficile.

Marc: Ta pauvre mère! Cinq enfants à la maison, et deux autres à mi-temps! Quel travail!

Nathalie: Oui Marc, mais les femmes modernes sont très capables!

Activité 1
. . . .

Regardez le dialogue et trouvez les mots sur la famille. Associez les mots masculins aux mots féminins.

Les mots masculins	Les mots féminins
père	mère

Voici la famille de Philippe:

Famille Dupont

Henri Dupont   +   Jeanne Dupont (Duval)
   (75 ans)   (70 ans)

Jean Delmas + Jacqueline Sylive Dupont   Marcel Dupont + Michèle (Dubois)
   (46ans)   (45 ans)   (33 ans), célibataire   (49 ans)   (48 ans)

  Jules   Louise   Julie   Paul   Albert Brun   +   Catherine Jacques + Agnès Philippe
(21 ans)   (20 ans)   (19 ans)   (17 ans)   (30 ans)   (27 ans)   (24 ans) (25 ans) (22 ans)

                                               Michel   Jean-Paul
                                              (7 ans)   (4 ans)

Activité 2
. . . .

(*Par paires*) Vous assumez la personnalité d'un membre de la famille Dupont. Le partenaire doit deviner de qui il s'agit en posant des questions. Par exemple:

   Tu es le fils de . . .?, le frère de . . .?

Des mots pour vous aider

l'arrière-grand-père	l'arrière-grand-mère
l'arrière-petit-fils	l'arrière-petite-fille
le beau-frère	la belle-sœur
le beau-père	la belle-mère
le grand-père	la grand-mère
le mari	l'épouse (la femme)
l'oncle	la tante
le petit-fils	la petite-fille

 Utilisez votre dictionnaire pour vérifier les mots que vous ne connaissez pas.

Activité 3
· ·

(*Par paires*) Parlez de votre propre famille.

❚❚ *COMMENT DIRE* ·

Le match de tennis

Philippe: Annie, tu aimes le tennis?

Annie: Oui. Pourquoi?

Philippe: Parce que je vais regarder le tournoi Roland Garros.* Il y a un match ce soir.

Annie: Où?

Philippe: À la télévision. Ça t'intéresse? Qu'est-ce que tu vas faire ce soir?

Annie: Rien de spécial.

Philippe: Mes neveux vont venir vers 18 heures. Tu viens aussi?

Annie: C'est quand le match?

Philippe: C'est à 19 heures.

Annie: Comment je vais venir chez toi?

Philippe: En bus. C'est la ligne 45. Voici les horaires.

*Roland Garros, born in Saint-Denis, Île de la Réunion, was the first to fly across the Mediterranean in 1913 and died in aerial combat in 1918. The tennis courts and the tennis tournament bear his name. This is the French equivalent of Wimbledon.

POUR DIRE

Le futur proche

☺ You have already met 'I am doing, I am playing,' etc. To indicate what you are
going to do in the near future you can say: *Je vais + infinitive*. If you need to jog
your memory, look back at **Chapter 2** to see how *aller* is conjugated.

Activité 4

Can you find any examples of the near future in the above dialogue?

Activité 5

(*Par paires*) Posez des questions sur ce que Louise, Annie, Marc, Philippe,
Nathalie, Michel et Jean-Paul font/vont faire. Complétez votre grille.
A utilise la première grille et **B** la deuxième.

A

	MAINTENANT Qu'est-ce que Louise fait?	TOUT À L'HEURE/PLUS TARD/CE SOIR/DEMAIN . . . Qu'est-ce que Louise va faire?
Louise	chanter	
Annie	aller chez Philippe	
Marc		préparer un dessert
Philippe	jouer de la guitare	
Nathalie		
Michel et Jean-Paul		jouer avec Annie

B

	MAINTENANT Qu'est-ce que Louise fait?	TOUT À L'HEURE/PLUS TARD/CE SOIR/DEMAIN . . . Qu'est-ce que Louise va faire?
Louise		faire une dissertation
Annie		venir en autobus
Marc	jouer au poker	
Philippe		rencontrer des gens
Nathalie	aider sa mère	inviter des amis
Michel et Jean-Paul	regarder le match de tennis	

▌▌▌ *POUR DIRE*

Les mots interrogatifs

Activité 6

(*Par paires*)

1   Do you remember the three ways of asking questions covered in Chapter 2? Ask your partner if **s/he likes snails** using the three different ways of asking questions. The partner should answer using **oui** or **non**. Remember **ne . . . pas**!

2   To ask other questions, we use interrogative words like 'when', 'how', etc. Can you work out what **où, quand, qui, pourquoi, combien, comment, que/qu'/qu'est-ce que, quel(le)(s)** mean by looking at the pictures?

Où?
Où attrape-t-on les escargots?

Quand?
Quand attrape-t-on les escargots?

Qui?
Qui attrape des escargots?

Pourquoi?
Pourquoi attrape-t-il des escargots?

Combien (de)?
Combien d'escargots Philippe a-t-il?

Comment?
Comment mange-t-il les escargots?

Que/qu'/qu'est-ce que?
Qu'est-ce qu'Annie déteste?

See GG 4.5.

Quel(s)/quelle(s)
Quel plat Annie préfère-t-elle?

53

Activité 7

(*Par paires*) Inventez d'autres questions en utilisant les mots interrogatifs.
Posez ces questions à votre partenaire. Par exemple:

Qu'est-ce que tu aimes manger?
Quand regardes-tu la télévision?
Tu es d'où? (Tu viens d'où?)

IV *COMMENT DIRE*

Annie parle de sa première journée

Louise et moi, nous venons à l'École de Tourisme en bus. À l'arrêt de bus,
nous rencontrons des amis de Louise. Louise fait les présentations. Je dis
souvent: «Pouvez-vous répéter s'il vous plaît?» car les gens disent trop de
choses très vite. Un garçon vient vers moi et dit: «Vous venez
d'Angleterre? Vous aimez Paris?». Il dit que beaucoup d'étudiants viennent étudier à Paris. Ils me souhaitent bonne chance. Le bus vient. Nous
tenons notre billet à la main pour le montrer au conducteur et nous allons au boulevard des Capucines. La directrice nous accueille et dit que
les profs tiennent une réunion d'accueil dans l'amphithéâtre 1.

POUR DIRE

Les verbes venir, tenir et dire

Activité 8

1 Read the text and fill in as many gaps as you can in the following grid.
One has been done for you.

	VENIR	TENIR	DIRE
je			
tu			
il/elle/on			
nous	venons		
vous			
ils/elles			

2   To check and complete your answers **see GG 1.1 (a) (2) and 1.1 (a) (3)
(Irregular verbs)**.

Activité 9

Complétez les blancs avec les verbes entre parenthèses.

Nathalie et Marc parlent du divorce

Marc: Les parents de Julienne _____ de divorcer? C'est vrai? (venir)

Nathalie: Oui, ils _____ qu'ils sont plus heureux divorcés. Ils se disputent toujours. Julienne _____ que* la situation est très difficile. Elle _____ de passer une semaine chez son père. Au fait, il _____ un café avec la mère de ton copain, Yves. Ils habitent ensemble. (dire, dire, venir, tenir)

Marc: Parfois tu _____ n'importe quoi, Nathalie. (dire)

Nathalie: Mais si, je t'assure, c'est vrai. De nos jours beaucoup de couples ne _____ pas leurs promesses de mariage et il _____ de plus en plus important d'établir un contrat de mariage. Je _____ de lire un article sur les conséquences du divorce. Beaucoup de disputes _____ du partage des biens. Moi, je ne vais pas me marier. (tenir, devenir, venir, provenir)

*Elle dit que . . . = she says that . . . *que*(that) cannot be omitted in French. See GG 3.4.
venir de faire quelque chose = to have just done something.

▼ *POUR DIRE*

Les verbes pronominaux

You have probably noticed the expression *se disputer*. The '*se*' indicates that it is a reflexive verb. You have already come across this form in: *s'appeler. Je m'appelle. Comment t'appelles-tu? Les neveux de Philippe s'appellent Michel et Jean-Paul.* In these expressions this literally means oneself, myself, yourself, themselves, etc., although we do not usually include these words in corresponding English expressions.

You also know the verb *s'épeler: ça s'épelle* . . .
Another useful verb is *se promener* (to take a walk).
The construction **se/s'** becomes:

me/m'	with	je
te/t'	with	tu
se/s'	with	il/elle/on
nous	with	nous
vous	with	vous
se/s'	with	ils/elles

For example:

s'appeler	**se promener**
je **m'**appelle Philippe	je **me** promène
tu **t'**appelles Catherine	tu **te** promènes
elle **s'**appelle Julie	il/elle/on **se** promène
il **s'**appelle Jacques	
nous **nous** appelons Philippe et Catherine	nous **nous** promenons
vous **vous** appelez Jules et Paul	vous **vous** promenez
elles** **s'**appellent Louise et Julie	ils/elles **se** promènent
ils* **s'**appellent Marcel et Michèle	

△ ***Note that *ils* is not only used when referring to a group of masculine nouns but also when referring to a group comprising both masculine and feminine nouns.**
**Elles however is only used when referring to a group comprising entirely feminine nouns.

Activité 10
· ·

1 Look at the examples below. What is the difference between the left-
   and right-hand columns?

   Annie appelle Philippe.   Je m'appelle . . .
   Jean-Paul et Michel promènent le chien. Ils se promènent.
   Comment vous épelez Jean?   Ça s'épelle J-e-a-n.
   Les deux parents aiment Julienne.   Ils ne s'aiment pas.
   Je dis la vérité.   Je me dis: c'est super le
                                          français!

2 Did you spot the extra pronoun in the right-hand column? How does this
   change the meaning?

Se can also mean 'each other' in other expressions, which you will meet in
other chapters. See GG 1.4 (a).

VI *POUR DIRE*
· ·

Quelques adjectifs possessifs

Activité 11
· ·

Look back at the dialogue 'Parler de sa famille' at the beginning of the chapter, p. 48. Can you find the words that mean **my**, **your**, **his**, **her**?

Activité 12
· ·

Utilisez les verbes pronominaux que vous connaissez en parlant des membres
de votre famille. Posez des questions à votre partenaire. Voici des exemples
pour vous aider:

*Comment s'appelle **ton** frère?*   **Mon** *frère s'appelle Jacques.*
*Comment s'appelle **ta** sœur?*   **Ma** *sœur s'appelle Catherine.*
*Comment s'appellent **tes** parents?*   **Mes** *parents s'appellent Marcel et Michèle.*

	+ masc noun + noun beginning with a vowel	+ fem noun	fem and masc nouns in the plural
my	mon *mon fils* *mon ami(e)*	ma *ma fille* *ma famille*	mes *mes enfants* *mes ami(e)s*
your	ton *ton frère* *ton ami(e)*	ta *ta mère* *ta cousine*	tes *tes enfants* *tes ami(e)s*
his/her	son *son beau-père*	sa *sa belle-mère*	ses *ses frères et sœurs*

△ **The gender of the possessive adjective is determined by the gender of the noun which follows it, not by the gender of the possessor.**

So Annie says: C'est **ma** table.
And Marc says: C'est **ma** table.
Marcel will say: C'est **mon** chien.
Michèle will say: C'est **mon** chien.

For formal questions: 'ton' and 'ta' are replaced by 'votre'. See GG 4.4. Par exemple:

Comment s'appelle **votre** frère?

The plural form of '**votre**' is '**vos**'. Par exemple:

Comment s'appellent **vos** frères?

Activité 13
· ·

Écrivez un court paragraphe sur votre famille. Indiquez le(s) nom(s), la profession, l'âge, la situation de famille de chaque personne.

VII COMMENT DIRE

Compter à partir de cent

Recording No. 20a

Ça fait 101F (cent un, cent deux, cent trois, . . .)

Ça fait 200F (deux cents francs, deux cent un, deux cent deux, deux cent trois, . . .)

Ça fait 370F (trois cent soixante-dix francs, trois cent soixante et onze, trois cent soixante-douze, . . .)

Ça fait 1000F (mille francs, . . .)

Ça fait 2000F (deux mille francs, deux mille un, . . .)

Ça fait 10 000F (dix mille francs, . . .)

Ça fait 10 172F (dix mille cent soixante-douze francs, . . .)

Ça fait 1 000 000F (un million <u>de</u> francs, . . .)

Ça fait 1 000 000 000F (un milliard <u>de</u> francs, . . .)

(1€ =environ 7 francs)

Activité 14

Ça fait combien?

145F, 238F, 375F, 1890F, 1591F

Prononcez ces chiffres et écrivez-les en lettres.

Activité 15

(*En petits groupes de trois ou quatre*) Chaque personne donne un chiffre de 1 à 10 et vous les écrivez l'un à la suite de l'autre. Par exemple:

3 – 3 – 9
10 – 9 – 1

Et vous dites combien ça fait:

trois cent trente-neuf
mille quatre-vingt-onze

Chiffres ordinaux

Activité 16
. . . .

Écoutez la cassette (Recording No. 20b) et remplissez les blancs.

Qu'est-ce que tu études?

Annie: Qu'est-ce que vous étudiez?

Marc: Moi, je fais un BTS en tourisme. Je suis en _____ année.

Philippe: Comme tu sais, moi je suis en _____ année dans la même section.

Nathalie: Moi, je suis en _____ année du BTS.

Marc: Toi et Louise vous faites une année professionnelle de marketing touristique. C'est bien ça? Et Julienne, elle étudie toujours les beaux-arts?

Nathalie: Oui, elle est en _____ et _____ année.

☺ **When using ordinal numbers such as 2nd, 3rd, 4th, 5th, etc., in French, you simply need to add 'ième'.**
Le premier/la première the first, are exceptions.
Instead of le/la deuxième it is possible to use le second/la seconde.
Note le/la neuvième
For 21st, 31st etc., you say le/la vingt et unième, le/la trente et unième, etc.

△ **In French you do not use ordinal numbers for dates, except for the first of the month, when you say: _le premier janvier_. The other days of the month are: _le deux janvier, le trois janvier, le quatre janvier_, etc.**

Activité 17
. . . .

1 (*Par paires*) Comment dites-vous: 'the first channel, the second channel, the fifth avenue, the fifth symphony, the 10th person, the 51st birthday'?

2 Posez les questions suivantes à votre partenaire. Vous pouvez en ajouter d'autres. Par exemple:

   Quel âge as-tu?
   Quand est ton vingt et unième anniversaire?
   Est-ce qu'il y a une cinquième chaîne?

Activité 18
· ·

Dictionnaire

1   Utilisez votre dictionnaire pour trouver la différence entre:

la case	la casse
le cousin	le coussin
le desert	le dessert
l'eau	l'os/les os
moi	le mois
toi	le toit
ou	où

2   Écoutez la cassette (Recording No. 21) et faites la distinction entre le son **ss** et le son **z.** Notez que les lettres finales ne sont pas prononcées.

3   Faites des phrases en utilisant les mots ci-dessus.

Mots utiles

aider quelqu'un	alors	champ (m)	chaque
ajouter	aussi	chanson (f)	difficile
appeler quelqu'un	déjà	chose (f)	ensemble
chanter	en même temps	conflit (m)	facile
connaître	quelquefois	contrat de mariage (m)	premier
devenir	très	escargot (m)	unique
dire	trop	faute (f)	
dire la vérité	souvent	horaires (mpl)	
disputer	vite	os (m)	
se disputer		tournoi (m)	
partager			
plaisanter			
promener (le chien)			
se promener			
provenir			
rencontrer quelqu'un		BTS = brevet de technicien supérieur (two years after *the baccalauréat*, certificate obtained at the end of secondary education).	
traiter			
tenir			
tenir ménage			
tenir une promesse			
venir			
venir de (+pays)			
n'importe quoi			

Activité 19
. . . .

Bilan Troisième Étape

1   Imaginez que vous rencontrez quelqu'un pour la première fois. Écrivez les
    questions appropriées sur:
    a.   sa situation de famille
    b.   son pays d'origine
    c.   sa famille (nombre de personnes)
    d.   ses parents (profession)
    e.   ses frères et sœurs (prénoms)
    f.   ses activités sportives (tennis . . .)
    g.   son plat préféré
    h.   ses projets pour le week-end

2   Comment dit-on/écrit-on:

    79, 999, 7975, 11th, 33rd, 52nd

3   Jeu de phonie:

 Ⓟ

Prononcez les phrases suivantes. Écoutez la cassette (Recording No. 22) et
vérifiez votre prononciation.
    a.   Toi et moi sur le toit
    b.   Tiens bien le chien Julien.
    c.   Il y a un dessert?
    d.   Dix mille cent dix francs.
    e.   J'étudie le droit. En deuxième année, nous traitons le mariage et le
         divorce.

4

La vie d'étudiant

In this chapter you will:

I Tell the time and talk about your daily routine
using more *-er* verbs

II Meet more reflexive verbs

III Say that you have just done something

IV Learn the ***depuis*** construction
(used to express how long/since when you
have been doing something)

V Learn how to use the irregular verbs:
devoir, vouloir and pouvoir

VI Invite someone to do something. Give dates.

❙ *COMMENT DIRE*

La vie quotidienne de Nathalie

Je quitte la maison à 7h20 et je vais à l'école de tourisme en bus. J'arrive juste avant le premier cours – ça commence à 8 heures et demie. Mon emploi du temps varie selon le jour, mais en principe, j'ai entre trois heures et cinq heures de cours par jour. Le lundi, j'étudie la géographie, l'histoire des civilisations. Le mardi, j'étudie l'anglais et l'économie. Le mercredi, je fais du droit et de l'italien. Le jeudi, c'est l'histoire et la gestion et le vendredi la mercatique touristique. Le lundi et le jeudi, je passe l'après-midi, de 2 heures à 4 heures dans le centre de langues. Je déjeune à midi et demi au restaurant universitaire. Les cours recommencent à 2 heures, mais quand je n'ai pas de cours, je vais à la bibliothèque. Les cours se terminent à 6 heures du soir, mais on peut rentrer chez soi avant, si on n'a pas de cours. Moi, je reste jusqu'à 6 heures tous les soirs. Je rentre chez moi vers 7 heures moins 20 en autobus et j'aide ma mère à préparer le dîner – on dîne à 7 heures et demie environ.

Activité 1
....

Relevez les heures mentionnées dans une journée typique de Nathalie (le lundi par exemple).

L'heure (système sur 12 heures)

1
Il est trois heures

2
Il est six heures et quart

3
Il est neuf heures et demie

4
Il est trois heures moins le quart

5
a. Il est midi
b. Il est minuit

6
a. Il est une heure du matin
b. Il est une heure de l'après-midi

Quelle heure est-il?

7
a. Il est onze heures du matin
b. Il est onze heures du soir

8 Il est cinq heures
cinq
dix
et quart
vingt
vingt-cinq
et demie

9 Il est cinq heures moins
vingt-cinq
vingt
le quart
dix
cinq

Activité 2

(*Par paires*) Choisissez une horloge et demandez l'heure à votre partenaire.

Activité 3

(*Par paires*) Regardez les horloges numérotées de 1 à 7. Associez ces horloges aux horaires ci-dessous (système sur 24 heures).

a.	14h45	**f.**	15h00
b.	00h00	**g.**	13h00
c.	18h15	**h.**	23h00
d.	21h30	**i.**	01h00
e.	12h00	**j.**	11h00

Activité 4

Écouter et écrire

a   Écoutez la cassette (Recording No. 24)
Louise raconte sa journée et répond aux questions de l'intervieweur.
Pouvez-vous écrire ses réponses?
1. Louise, à quelle heure est-ce que tu quittes la maison?
2. Tu arrives à quelle heure?
3. Quand déjeunes-tu?
4. Quand est-ce que tu recommences les cours?
5. Termines-tu avant 17h00?
6. Tu rentres chez toi après 18h00?

b Trouvez toutes les expressions ou les mots qui ont rapport avec l'heure dans les questions et sur la cassette. (Recording No. 24)

c (*Par paires*) Maintenant vous interviewez votre partenaire formellement. (Voir Chapitre 2: «Les trois façons de poser les questions»). Voici d'autres questions pour vous aider.

> *À quelle heure quittez-vous la maison le matin?*
> *Comment est-ce que vous allez à la faculté?*
> *Les cours commencent à quelle heure?*
> *Quand est-ce que vous arrivez à l'université?*
> *Combien d'heures durent les cours? . . .*

Écrivez vos questions et les réponses de votre partenaire en phrases complètes en utilisant «il» ou «elle» dans la grille ci-dessous.

La vie quotidienne de _____

QUESTIONS	RÉPONSES
	Il (elle) . . .

Activité 5

Écrivez un court paragraphe sur votre journée typique. Utilisez les expressions ci-dessous. Utilisez les expressions de temps.

rentrer chez moi   arriver
aller à la bibliothèque   rencontrer un ami
quitter la maison   regarder la télé
déjeuner   commencer
durer   recommencer
dîner   terminer

‖ *POUR DIRE*

Verbes pronominaux

We have already met reflexive verbs in Chapter 3. They are particularly useful when describing daily routines.

Activité 6

(*Par paires*) Regardez les images et l'horloge et dites ce qu'Annie fait. Par exemple:

Annie se lève à 7h30.

[se lever]   [se laver]

[s'habiller]   [se coucher]

Activité 7

(*Par paires*) Utilisez l'axe temporel et indiquez les activités quotidiennes de votre partenaire. Utilisez le système sur 24 heures. Posez les questions en utilisant «tu». Par exemple:

À quelle heure te lèves-tu?

7h00	
8h00	Il (elle) commence ses cours.
9h00	
10h00	
11h00	
12h00	
13h00	
14h00	
15h00	
16h00	
17h00	
18h00	
19h00	
20h00	
21h00	

III *COMMENT DIRE*

Les amis viennent d'arriver à l'école de tourisme

Louise: Philippe, depuis combien de temps es-tu ici?

Philippe: Je suis ici depuis 7h45.

Louise: Annie et moi, nous venons d'arriver. Le bus est toujours en retard. Et Marc et Nathalie? Où sont-ils?

Philippe: Nathalie est à la cafétéria avec son amie Stéphanie. Et je viens à l'instant de voir passer la voiture de Marc . . . Le voici qui arrive. Qu'est-ce qu'il y a Marc? Tu as l'air essoufflé!

Marc: J'en ai marre. Ma voiture vient encore de tomber en panne.

Philippe: Tu es toujours en retard. Au moins aujourd'hui tu as une bonne excuse. D'habitude c'est: «Excuse-moi, je viens de me lever» ou «Vous venez trop tôt». ou bien «Mes parents viennent à l'instant de me téléphoner». Tu as toujours une excuse!

Louise: On doit se dépêcher. La cloche vient de sonner. On se voit à la cafétéria à midi?

Philippe, Marc, Annie: D'accord. À tout à l'heure!

△ **You have already met the structure *aller + infinitif*, which you use to say what you are going to do. This is the near future. See Chapter 3 and GG 1.1 (b).**

☺ **In the same way, to say what you have just done, you can use the structure: *venir de + infinitif.***

Activité 8

Can you find examples of this in the above dialogue?

Activité 9

(*Par paires*) Dites ce que vous venez de faire à votre partenaire. Utilisez les expressions de l'Activité 5 et les expressions que vous venez de rencontrer dans le dialogue.

IV *POUR DIRE*

Depuis

Activité 10

1   Look back at the dialogue. Pick out sentences containing ***depuis***.
2   Do you notice anything surprising about the tenses of the verbs?

If you want to express that you have been doing something for a certain period of time or since a specific point in time, in French you use the word *depuis*. For example:

*Je **suis** ici depuis 7h45*	I **have been** here since 7.45.
*Annie et Louise **habitent** Paris depuis trois mois.*	Annie and Louise **have been living** in Paris for three months.

△ **As you can see from these two examples, French uses the present tense, whereas English uses a form of the perfect tense.**

   Je suis ici depuis 7h45/ce matin/hier, etc.
   Annie et Louise habitent Paris depuis 1997/trois mois ,etc.
   Philippe habite à Paris depuis son enfance/longtemps, etc.

These examples answer the questions:

   depuis combien de temps? (for how long)
   depuis quand? (since when).

You may have noticed that the point in time can be specific or non-specific.

Activité 11

(*Par paires*) Posez les questions suivantes à votre partenaire:

QUESTIONS	RÉPONSES
Depuis combien de temps habites-tu ici? **Depuis quand habites-tu ici?**	**J'habite ici depuis six ans/longtemps.** **J'habite ici depuis mon enfance.**
Depuis combien de temps étudies-tu le français? **Depuis quand étudies-tu le français?**	
Depuis combien de temps fais-tu du sport/ de la natation . . . ? **Depuis quand fais-tu du sport/de la natation . . . ?**	
Depuis combien de temps est-ce que tu vas à l'université? **Depuis quand vas-tu à l'université?**	

V COMMENT DIRE

Marc invite ses amis

(*Les amis se retrouvent à la cafétéria*)

Marc: Quelle journée! J'ai faim, mais avant d'aller chercher quelque chose à manger, j'aimerais vous poser une question importante.

Philippe: Qu'est-ce que tu veux savoir exactement?

Marc: Est-ce que vous pouvez venir chez moi ce soir?

Annie: Oui, avec plaisir. Je suis libre. J'adore les boums et les fêtes.

Nathalie: Moi, je ne peux pas. Je dois rester à la maison. Mes parents veulent passer une soirée en famille.

Louise: Tu ne peux pas faire ça demain? Moi, je veux bien venir chez toi. À quelle heure est-ce qu'on doit arriver?

Marc: Vous pouvez arriver vers 8 heures. Je vais vous préparer un couscous et je dois aller au supermarché après les cours pour acheter les ingrédients.

Nathalie: Dans ce cas-là, mes parents peuvent être conciliants. J'adore le couscous.

Philippe: Nous devons apporter quelque chose? Nous pouvons apporter une bouteille de vin . . .

Marc: Oui, si vous voulez. Vous devez venir en métro?

Louise: Oui, on ne peut pas faire autrement.

POUR DIRE

Pouvoir, vouloir, devoir

Activité 12

Using the above dialogue, see how many parts of the three verbs, **pouvoir,** **vouloir** and **devoir** you can find. Fill in the grid below. You will not find an example for each cell. Can you guess what the others might be?

	POUVOIR	**VOULOIR**	**DEVOIR**
je			
tu			
il, elle, on			
nous			
vous			
ils/elles			

Activité 13

Écoutez la cassette (Recording No. 27) et complétez les phrases suivantes:

1   Nathalie _____ aller chez Marc mais elle ne _____ pas.

2 Marc _____ préparer un couscous, mais d'abord il _____ aller au super-marché.

3 Ils _____ tous aller passer la soirée chez Marc.

4 Pour aller chez Marc elles _____ prendre le métro.

5 Nous ne _____ pas aller à la boum de Nathalie parce que nous sommes en vacances.

6 – _____ -tu aller au cinéma avec moi?
   – Non, je ne _____ pas. Je ne suis pas libre.

7 – _____ -vous m'aider, s'il vous plaît? J'ai un problème.
   – Bien sûr. Qu'est-ce que vous _____ savoir?

VI COMMENT DIRE

Inviter quelqu'un

Je serais heureuse de t'accueillir pour fêter mon anniversaire:
rendez-vous le 2 décembre
à partir de 20 heures.
Peux-tu répondre, s'il te plaît, avant le 28 novembre?
Merci.
Nathalie

Avant d'inviter quelqu'un
Tu es libre ce soir?
Qu'est-ce que tu fais ce soir?
Fais-tu quelque chose de spécial samedi?

Inviter quelqu'un
Je t'invite au restaurant.
Je t'invite à prendre un pot.
Tu veux venir dîner chez moi?
Veux-tu aller au cinéma?
Tu peux venir chez moi samedi?

Activité 14

Remplissez les blancs dans la réponse de Richard en utilisant les verbes devoir, venir, souhaiter, regretter, faire ou pouvoir (x 2).

La réponse

Chère Nathalie,

Merci de ton invitation que je _____ de recevoir. Malheureusement je ne _____ pas venir, parce que je _____ partir en vacances le 1er décembre. Je _____ beaucoup de manquer ta fête. Est-ce que tu _____ quelque chose de spécial le 15 décembre? On _____ peut-être aller au théâtre ensemble. Je te _____ un très heureux anniversaire.

Ton ami, Richard.

Accepter	**Refuser**
Merci beaucoup, je veux bien.	Je regrette, mais . . .
Volontiers/Avec plaisir.	Je suis vraiment désolé(e), mais . . .
Oui, d'accord.	- je ne peux pas.
C'est une très bonne idée.	- je ne suis pas libre.
	- je dois me laver les cheveux.
	Non, merci, ça ne me dit rien.
	Je ne veux pas.

Activité 15

1   (*Par paires*) Invitez votre partenaire à faire quelque chose en utilisant les expressions ci-dessus.
    Utilisez le registre «tu».

2   Vous voulez inviter votre partenaire à une soirée. Écrivez l'invitation de façon formelle.

3   Répondez à l'invitation de votre partenaire. Acceptez ou refusez, comme vous voulez.

Activité 16

1   Écoutez la cassette (Recording No. 28) et encerclez les douze dates mentionnées. Trouvez l'erreur.

	janvier					février					mars			
semaine no.	1	2	3	4	5	5	6	7	8	9	9	10	11	12	13	14
lundi		6	13	20	27			3	10	17	24			3	10	17	24	31
mardi		7	14	21	28			4	11	18	25			4	11	18	25
mercredi	1	8	15	22	29			5	12	19	26			5	12	19	26
jeudi	2	9	16	23	30			6	13	20	27			6	13	20	27
vendredi	3	10	17	24	31			7	14	21	28			7	14	21	28
samedi	4	11	18	25			1	8	15	22	29		1	8	15	22	29
dimanche	5	12	19	26			2	9	16	23			2	9	16	23	30

	avril						mai					juin			
semaine no.	14	15	16	17	18	18	19	20	21	22	22	23	24	25	26	27
lundi		7	14	21	28			5	12	19	26			2	9	16	23	30
mardi	1	8	15	22	29			6	13	20	27			3	10	17	24
mercredi	2	9	16	23	30			7	14	21	28			4	11	18	25
jeudi	3	10	17	24			1	8	15	22	29			5	12	19	26
vendredi	4	11	18	25			2	9	16	23	30			6	13	20	27
samedi	5	12	19	26			3	10	17	24	31			7	14	21	28
dimanche	6	13	20	27			4	11	18	25			1	8	15	22	29

	juillet						août					septembre			
semaine no.	27	28	29	30	31	31	32	33	34	35	36	37	38	39	40
lundi		7	14	21	28			4	11	18	25	1	8	15	22	29
mardi	1	8	15	22	29			5	12	19	26	2	9	16	23	30
mercredi	2	9	16	23	30			6	13	20	27	3	10	17	24
jeudi	3	10	17	24	31			7	14	21	28	4	11	18	25
vendredi	4	11	18	25			1	8	15	22	29	5	12	19	26
samedi	5	12	19	26			2	9	16	23	30	6	13	20	27
dimanche	6	13	20	27			3	10	17	24	31	7	14	21	28

	octobre						novembre					décembre			
semaine no.	40	41	42	43	44	44	45	46	47	48	49	50	51	52	1
lundi		6	13	20	27			3	10	17	24	1	8	15	22	29
mardi		7	14	21	28			4	11	18	25	2	9	16	23	30
mercredi	1	8	15	22	29			5	12	19	26	3	10	17	24	31
jeudi	2	9	16	23	30			6	13	20	27	4	11	18	25
vendredi	3	10	17	24	31			7	14	21	28	5	12	19	26
samedi	4	11	18	25			1	8	15	22	29	6	13	20	27
dimanche	5	12	19	26			2	9	16	23	30	7	14	21	28

2 Quelle est la date aujourd'hui?

Aujourd'hui c'est . . . (jour) . . . (date) . . . (mois) . . . (année) (mil neuf cent quatre-vingt dix neuf . . ., deux mille, . . .)

3 (*Par paires*) Demandez à votre partenaire la date de son anniversaire.

Utilisez les questions suivantes:

- Quelle est la date de votre/ton anniversaire?
- La date de mon anniversaire est le . . ..
C'est le . . .

- Quand êtes-vous/es-tu né(e)?
Vous êtes/tu es né(e) quand?
Quand est-ce que vous êtes/tu es né(e)?
- Je suis né(e) le . . .

4   (*Par paires*) Utilisez les questions suivantes sur les saisons:

- Vous êtes/tu es né(e) en quelle saison?
*- Je suis né(e) **au** printemps/**en** été/**en** automne/**en** hiver.*

l'hiver: décembre, janvier, février
le printemps: mars, avril, mai
l'été: juin, juillet, août
l'automne: septembre, octobre, novembre

- Le mois de décembre est en quelle saison?
- Le mois de juillet est en quelle saison?
- Quand commence le printemps/l'été/l'hiver/l'automne?

Activité 17

1   (*En groupes*) Regardez le calendrier français (voir pp. 78-9) et essayez de trouver votre jour de fête ou celui d'un(e) ami(e). Les fêtes mobiles (qui diffèrent chaque année) remplacent les noms des saints qui tombent ces jours-là. Par exemple:

En 1997 Pâques remplace St. Amédée.
Vous pouvez ajouter les jours de la semaine à côté des dates:
l, m, m, j, v, s, d.

2   Soulignez les jours fériés. Ces fêtes légales sont <u>Le Nouvel An</u>, <u>la Fête du Travail/le 1er mai</u>, <u>l'Armistice 1945/le 8 mai</u>, <u>la Fête Nationale</u>, <u>l'Armistice 1918/le 11 novembre</u>.

3 Lisez le résumé ci-dessous et identifiez les équivalents anglais des fêtes mentionnées.

Les fêtes religieuses mobiles (jours fériés)
- Pâques est toujours le premier dimanche après la pleine lune à partir du 21 mars.
- L'Ascension est toujours un jeudi, 40 jours après Pâques.
- La Pentecôte tombe toujours un dimanche 50 jours après Pâques.

Les fêtes religieuses fixes (jours fériés)
- L'Assomption: le 15 août
- La fête des Saints: le 1er novembre
- Noël

Les fêtes religieuses qui ne sont pas jours fériés:
- L'Épiphanie tombe le 6 janvier.
- La Chandeleur est le 2 février, le jour de la Présentation du Seigneur.
- le Carême commence 40 jours avant Pâques.
- Le mercredi des Cendres est toujours le mercredi entre Mardi-Gras et le Carême.
- Le jour des Rameaux est le dimanche avant Pâques.
- L'Avent tombe 4 dimanches avant le jour de Noël.

Les fêtes d'origine religieuse:
- Mardi-Gras est toujours le mardi avant le Carême.

Autres jours de fête:
-La Fête des mères en France est le dernier dimanche du mois de mai, si ce n'est pas une fête religieuse. Autrement, c'est le premier dimanche de juin.
-La Fête des pères en France est souvent le 3e dimanche de juin.

△ **Months and days of the week start with a capital letter in English but a lower-case in French.**

j.	janvier	février	mars	avril	mai	juin
1	J. de l'An	Ella	Aubin	Hugues	Fête Travail	Justin
2	Basile	Présentation	Charles Le Bon	Sandrine	Boris	Blandine
3	Geneviève	Blaise	Guénolé	Richard	Jacq.Phil.	Kévin
4	Odilon	Véronique	Casimir	Isidore	Sylvain	Clotilde
5	Edouard	Agathe	Olive	Irène	Judith	Igor
6	Mélaine	Gaston	Colette	Marcellin	Prudence	Norbert
7	Raymond	Eugénie	Félicité	Jean B. de S.	Gisèle	Gilbert
8	Lucien	Jacqueline	Jean de Dieu	Julie	Vict. 1945	Médard
9	Alix	Apolline	Françoise	Gautier	Pacôme	Diane
10	Guillaume	Arnaud	Vivien	Fulbert	Solange	Landry
11	Paulin	N.D. Lourdes	Rosine	Stanislas	Estelle	Barnabé
12	Tatiana	Felix	Justine	Jules	Jeanne d'Arc	Guy
13	Yvette	Béatrice	Rodrigue	Ida	Rolande	Antoine
14	Nina	Valentin	Mathilde	Maxime	Matthias	Élisée
15	Rémi	Claude	Louise	Paterne	Denise	Germaine
16	Marcel	Julienne	Bénédicte	Benoît	Honoré	J.F.Régis
17	Roseline	Alexis	Patrice	Anicet	Pascal	Hervé
18	Prisca	Bernadette	Cyrille	Parfait	Éric	Léonce
19	Marius	Gabin	Joseph	Emma	Yves	Romuald
20	Sébastien	Aimée	Printemps	Odette	Bernadin	Silvère
21	Agnès	P.Damien	Clémence	Anselme	Constantin	Rodolphe
22	Vincent	Isabelle	Léa	Alexandre	Emée	Alban
23	Bernard	Lazarre	Victorien	Georges	Didier	Audrey
24	Fr.de Sales	Modeste	Catherine S.	Fidèle	Donatien	Jean-Bapt.
25	Conv.S.Paul	Roméo	Herbert	Marc	Sophie	Prosper
26	Paule	Nestor	Larissa	Alida	Bérenger	Anthelme
27	Angèle	Honorine	Habib	Zita	Augustin	Fernand
28	Thérèse d'Aq.	Romain	Gontran	Valérie	Germain	Irénée
29	Gildas		Gwladys	Cath.de Si.	Aymar	Pierre.Paul
30	Martine		Amédée	Robert	Ferdinand	Martial
31	Marcelle		Benjamin		Visitation	

j.	juillet	août	septembre	octobre	novembre	décembre
1	Thierry	Alphonse	Gilles	Thérèse E.J.	Toussaint	Florence
2	Martinien	Julien	Ingrid	Léger	Défunts	Viviane
3	Thomas	Lydie	Grégoire	Gérard	Hubert	Xavier
4	Florent	J.M. Vianney	Rosalie	Franç.d'A.	Charles Bor.	Barbara
5	Antoine	Abel	Raïssa	Fleur	Sylvie	Gérald
6	Mariette	Transfigur.	Bertrand	Bruno	Bertille	Nicolas
7	Raoul	Gaëtan	Reine	Serge	Carine	Ambroise
8	Thibaut	Dominique	Nat.de N.D.	Pélagie	Geoffrey	Elfried
9	Amandine	Amour	Alain	Denis	Théodore	Fourier
10	Ulrich	Laurent	Ignès	Ghislain	Léon	Romaric
11	Benoît	Claire	Adelphe	Firmin	Vict. 1918	Daniel
12	Olivier	Clarisse	Apollinaire	Wilfried	Christian	Jeanne F.C.
13	Henri/Joël	Hippolyte	Aimé	Géraud	Brice	Lucie
14	F.Nationale	Évrard	La Ste Croix	Juste	Sidoine	Odile
15	Donald	Assomption	Roland	Thérèse d'A.	Albert	Ninon
16	N.D. Carmel	Armel	Edith	Edwige	Marguerite	Alice
17	Charlotte	Hyacinthe	Renaud	Baudouin	Elisabeth	Gaël
18	Frédéric	Hélène	Nadège	Luc	Aude	Gatien
19	Arsène	Jean	Emilie	René	Tanguy	Urbain
20	Marina	Bernard	Davy	Adeline	Edmond	Abraham
21	Victor	Christophe	Matthieu	Céline	Présentation	Hiver
22	Marie-Mad.	Fabrice	Maurice/Aut.	Élodie	Cécile	Fr.Xavier
23	Brigitte	Rose	Constant	Jean de C.	Clément	Armand
24	Christine	Barthélémy	Thècle	Florentin	Flora	Adèle
25	Jacques	Louis	Hermann	Crépin	Catherine L.	Noël
26	Anne/Joanne	Natacha	Côme/Damien	Dimitri	Delphine	Etienne
27	Nathalie	Monique	Vincent d.P.	Emeline	Séverin	Jean
28	Samson	Augustin	Venceslas	Simon/Jude	Jacq.de M.	Innocents
29	Marthe	Sabine	Michel	Narcisse	Saturnin	David
30	Juliette	Fiacre	Jérôme	Bienvenue	André	Roger
31	Ignace de L	Aristide		Quentin		Sylvestre

Activité 18

(*En groupes*) Un(e) étudiant(e) invite les membres du groupe à sortir à midi/un soir/le week-end. Avant de commencer l'activité chaque personne doit remplir son emploi du temps. Essayez de trouver un jour et une heure qui conviennent à tous. Utilisez les expressions pour inviter/proposer/accepter/refuser.

Emploi du temps

	LUNDI	MARDI	MERCREDI	JEUDI	VENDREDI	SAMEDI	DIMANCHE
7h 8 9 10 11							
12 13							
14 15 16 17							
18 19 20 21 22							

Mots Utiles

acheter	à midi	autobus (m)	conciliant
accueillir	autrement	biliothèque (f)	désolé
avoir faim	avec plaisir	boum (f)	essoufflé
commencer	chez soi	bouteille (f)	férié
convenir	demain	cheveux (mpl)	libre
déjeuner	en principe	couscous (m)	
se dépêcher	en retard	cours (m)	
devoir	longtemps	école (f)	

en avoir marre normalement emploi du temps (m)
être prêt rien enfance (f)
être en retard fête (f)
faire une dissertation ingrédient (m)
fêter mercatique (f)
se laver saison (f)
manquer soirée (f)
pouvoir
prendre un pot
quitter
rentrer
rester
réunir
savoir
souhaiter
terminer
tomber en panne
venir (de)
vouloir

avant, depuis, vers

Activité 19

Bilan Quatrième Étape

1 **a.** Quelle est la date aujourd'hui?
   b. Quelle est la date de votre anniversaire?

2 Marc vous invite à sortir: *Je t'invite à prendre un pot. Tu es libre mercredi soir?* Répondez à ses questions.
   a. acceptez
   b. refusez
   c. Invitez Marc à aller au cinéma. Donnez une date exacte.

3 Posez des questions sur la vie quotidienne de Marc. Utilisez les verbes suivants avec le registre «tu».
   a. se lever
   b. se laver
   c. se dépêcher
   d. arriver à l'école de tourisme
   e. terminer les cours
   f. dîner
   g. se coucher

4   Complétez les questions suivantes.
    a.   Depuis combien de temps _____ le français? (étudier, vous)
    b.   Depuis quand _____ ici? (habiter, tu)

5   Jeu de phonie

Prononcez les phrases suivantes. Écoutez la cassette (Recording No. 29) et vérifiez votre prononciation.
    a.   Je me lève et je me lave.
    b.   Combien d'heures durent les cours?
    c.   Et si on se rencontre au restaurant?
    d.   Tu peux si tu veux et ils peuvent s'ils veulent.

5

Décrire quelqu'un

In this chapter you will:

I Learn how to describe people, talk about their physical appearance/their clothes

II Learn about demonstratives (this, that, these, those)

III Learn about the agreement and position of adjectives

IV Use adjectives to describe people, their personalities

V Learn about *-ir* verbs

❚ *COMMENT DIRE*

Décrire les gens

Annie: Tu viens prendre un café?

Nathalie: Je m'excuse. Je ne peux pas. Je finis vite cette dissertation et ensuite j'ai rendez-vous chez le coiffeur. Je sors ce soir.

Annie: Où est-ce que tu vas?

Nathalie: Je vais à une surprise-partie. C'est l'anniversaire de Laurent.

Annie: C'est qui Laurent?

Nathalie: Il est ingénieur chimiste. C'est quelqu'un que je connais depuis cet hiver. C'est un beau blond aux yeux bleus. Il est toujours super bien habillé. Tu veux m'accompagner chez le coiffeur?

Annie: Oui, je veux bien. Qu'est-ce que tu vas porter? Tu vas te faire belle pour Laurent?

Nathalie: Je voudrais m'acheter une nouvelle robe. Je vais la porter avec ces chaussures-ci. Tu peux m'aider à la choisir? Je viens te chercher à la cafétéria, d'accord?

Annie: Oui. À tout à l'heure!

ANNIE   LOUISE   PHILIPPE   NATHALIE   MARC   CATHERINE

Activité 1

Écrivez le nom du personnage sous la description.

a   Il porte des lunettes.
Il a les cheveux blonds.
Il est de taille moyenne.
Il a l'air intellectuel.

_____

b   Elle a les cheveux bruns et courts.
Elle est très chic.
Elle est mince.
Elle a les yeux marron.

_____

c   Elle est grande et brune.
Elle a les cheveux frisés.
Elle est toujours souriante.
Elle est jolie.

_____

d   Il n'a pas les cheveux longs.
Il est brun et bronzé.
Il est beau et charmant.
Il mesure 1,85m.

_____

e   Elle est belle.
Elle est blonde.
Elle a les cheveux longs.
Elle a les yeux bleus.

_____

f   Elle est petite.
Elle a les cheveux roux et bouclés.
Elle a des taches de rousseur.
Elle est mignonne.

_____

Comment décrire quelqu'un

taille:

Il(elle)	est	assez très	grand(e)/petit(e)/gros(sse)/mince/maigre/ robuste
	mesure		1m 67

poids:

Il (elle)	pèse		55 kilos

âge:

Il (elle)	a		XX ans
	a		la trentaine/la quarantaine/la cinquantaine
	est	assez très	jeune/vieux (vieille) âgé(e)

apparence:

Il (elle)	a	les yeux	bleus/verts/bruns/gris
	a	les cheveux	noirs/blonds/roux/gris frisés/raides/bouclés longs/courts/mi-longs

Il (elle) porte un pantalon/un jean/un short/un survêtement une jupe/une robe/un T-shirt/un pull/une chemise/un gilet/ un chemisier/des lunettes/des boucles d'oreilles/un collier/ un chapeau de paille/une casquette/des chaussures/des baskets

Activité 2

Regardez les portraits d'Annie, de Louise, Marc, Philippe et Nathalie (Activité 1). Écoutez la cassette (Recording No. 31) et associez les descriptions aux personnages.

Activité 3

Regardez les dessins et décrivez le physique des personnages.

ANNIE   JONATHAN   KEVIN   ALEX

MICHEL   JEAN-PAUL

LES PARENTS DE LOUISE

‖ *POUR DIRE*

Activité 4

1   In the dialogue 'Décrire les gens', p. 84, Nathalie says that she is finishing her essay. Can you find this sentence in the dialogue?

2   Look at the word in front of '*dissertation*'. Can you find other words in the dialogue that are similar? Can you guess why they are all spelt differently?

△ **As with articles, a demonstrative adjective agrees in gender and number with its noun, i.e. its ending varies according to whether the noun is masculine or feminine, singular or plural. See GG 4.**

3   French demonstratives stay the same whether they mean 'this' or 'that' in English. If it is important to distinguish between 'this' (near here) and 'that' (further away), French adds a suffix to the noun, derived from the words *ici* (here) and *là* (there):
Can you find an example in the above dialogue: 'Décrire les gens'?

Other examples:
> *Ce* pull-*ci* est à Louise, *ce* T-shirt-*là* est à Annie.
> *Cette* blouse-*ci* est à Nathalie, *cette* chemise-*là* est à Philippe.
> *Ces* chaussures-*ci* sont pour l'hiver, *ces* baskets-*là* sont pour l'été.

Les adjectifs démonstratifs

masc sing	fem sing	m/f pl
ce/cet	**cette**	**ces**
ce pantalon	cette chemise	ces lunettes
ce short	cette blouse	ces vêtements
cet ami	cette amie	ces chaussettes
cet habit		

Activité 5

(*Par paires*)
Regardez votre partenaire. Qu'est-ce qu'il (elle) porte? Un jean? Une jupe? Des lunettes? Un pull? Une chemise/un chemisier? Des chaussures? Des boucles d'oreilles/une seule boucle d'oreille? Un kilt? Posez-lui des questions comme:

Tu as ce jean depuis combien de temps?
Est-ce que tu as cette montre depuis longtemps?
As-tu ces baskets depuis longtemps?

III *POUR DIRE*

Les adjectifs

Activité 6

1   What is an adjective?

2   Can you underline the adjectives in the following sentences?
   a.   Je viens de terminer cette dissertation facile.
   b.   Nathalie va rencontrer un copain séduisant.
   c.   Annie va aider son amie Nathalie à choisir une robe rouge.
   d.   Nathalie va passer une soirée intéressante.
   e.   Annie préfère porter des vêtements confortables.
   f.   Marc aime porter des chemises colorées et confortables.
   g.   Annie trouve l'accord de l'adjectif facile.
   h.   Laurent va peut-être trouver Nathalie séduisante.
   i.   Marc trouve les gilets rouges très chic.
   j.   Nathalie pense que Laurent est un garçon très intéressant.
   k.   Annie trouve les garçons français très séduisants.
   l.   Les soirées chez Marc sont toujours très intéressantes.

L'accord de l'adjectif

Activité 7

Identify the adjectives in Activité 1.

Activité 8

Look at the gender of the nouns in Activité 6.
1   Can you spot spelling changes in the adjectives when the noun is feminine?

2   What happens to the spelling when the noun is masculine plural or feminine plural?

3   Can you now sort the adjectives, and put them into the appropriate column?

MASC SING	FEM SING	MASC PL	FEM PL

△ **Just like a demonstrative adjective, an adjective agrees with its noun in gender and number.**
Most adjectives add:
-e for the feminine (unless they have one already like *rouge* and *confortable*)
And:
-s for the plural.
An exception to this is where the masculine singular ends in x, such as in roux, then the masculine plural remains the same.

Occasionally an adjective is invariable, which means that it does not agree in number and gender with its noun. This is why *chic* does not agree with *gilets*.

☺ **Your dictionary will indicate if an adjective is invariable (inv).**

Some commonly used adjectives are highly irregular.

masc sing	fem sing	masc pl	fem pl
beau	belle	beaux	belles
(becomes *bel* before a vowel)			
blanc	blanche	blancs	blanches
bon	bonne	bons	bonnes
long	longue	longs	longues
nouveau	nouvelle	nouveaux	nouvelles
(*nouvel* before a vowel)			
vieux	vieille	vieux	vieilles
(*vieil* before a vowel)			

For other irregular adjectives, see GG 4.

La position de l'adjectif

Activité 9
....

1   Look back at Activité 6. What do you notice about the position of the
    adjectives?

△ **As you will have noticed most adjectives in French *follow* their
noun.**
**One group of important adjectives, however, come *before* their
noun.**

2   Can you find examples in the caption to the picture below?

Voici Catherine et ses deux jeunes enfants en vacances à la plage. Son fils
aîné Michel porte un court T-shirt jaune. Son petit frère porte un short rouge
et un T-shirt rayé blanc et vert. Catherine porte un joli chapeau de paille et
un bikini bleu. Jean-Paul joue avec un gros ballon noir et violet. A côté de
cette famille, il y a un beau château de sable avec un petit drapeau tricolore.
Les deux garçons sont très fiers de ce grand château.

Here are adjectives that usually come before their noun:

autre	other	*mauvais*	bad
beau	beautiful, handsome	*meilleur*	better, best
bon	good	*nouveau*	new
chaque	each	*petit*	little, small
grand	big, great, tall	*pire*	worse, worst
gros	big, fat	*tel*	such
haut	high	*tout*	all, any, every
jeune	young	*vieux*	old
joli	pretty		

Activité 10

(*Par paires*) Use your dictionary and discuss the meaning of the sentences below with your partner.

1 **a.** Le petit Jean-Paul sait mettre ses propres chaussures.
   b. Il porte des chaussettes propres tous les jours.

2 **a.** Cet étudiant est un ancien élève de mon école.
   b. J'aime visiter les châteaux anciens.

3 **a.** Michel va avoir huit ans l'année prochaine.
   b. Le prochain examen de français a lieu pendant la dernière semaine des cours.

4 **a.** La Tour Eiffel est un grand monument.
   b. C'est une personne grande et mince.

5 **a.** Nathalie achète une robe chère.
   b. C'est pour plaire à son cher Laurent.

6 **a.** Le pauvre Marc tombe souvent en panne.
   b. Quand il paie le garagiste, c'est un garçon pauvre.

△ **As you have seen, this group of adjectives can come either *before* or *after* their noun. Their meaning changes depending on the position. See GG 4.**

IV *COMMENT DIRE*

Décrire le physique et le caractère de quelqu'un

Activité 11

1   Mettez les adjectifs dans la grille au féminin.
2   Posez des questions à votre partenaire pour répondre à la question:
    «Comment est votre partenaire idéal(e)?» Par exemple:

-Votre partenaire idéal(e) est-il (elle) intelligent(e)?
- Il (elle) est très intelligent(e)/Il (elle) est assez intelligent(e)/Il(elle) n'est pas intelligent(e).

- Est-il (elle)blond(e)?
- Il (elle) n'est pas blond(e). Il (elle) a les cheveux marron.

Comment est votre partenaire idéal(e)?

	TRÈS	ASSEZ	N'EST PAS
intellectuel			
intelligent			
travailleur			
tolérant			
grand			
petit			
brun			
blond			
sérieux			
beau			
patient			
généreux			
riche			

△ **Please note that a few adjectives of colour do not change their endings because they derive from nouns denoting fruit and nuts, such as** *cerise, orange, marron, noisette.* **Compound adjectives such as** *gris-vert, bleu clair, blond cendré,* **etc., are also invariable.**

V *COMMENT DIRE*

Chez le coiffeur

Nathalie: Annie, je viens de finir ma dissertation, tu es prête?

Annie: Je finis mon café. Nous pouvons partir.

. . . *(chez le coiffeur)*

Nathalie: Bonjour Madame, j'ai rendez-vous. C'est au nom de Nathalie Varingot.

La coiffeuse: Ah oui . . . je me le rappelle. C'est pour une coupe et un shampooing.

Nathalie: Pouvez-vous raccourcir de 2,5 cm, s'il vous plaît? J'aimerais aussi éclaircir la couleur.

La coiffeuse: Je peux faire quelques mèches châtain ou rousses si vous voulez. Voici la carte des teintes. Qu'est-ce que vous choisissez?

Nathalie: Je choisis châtain clair. C'est très joli. Qu'est-ce que tu penses, Annie?

Annie: J'aime bien.

La coiffeuse: Je vais chercher le shampooing. Je reviens dans quelques instants.

POUR DIRE

Les verbes en -ir

Activité 12

1   Can you pick out the infinitives of verbs which belong to the *-ir* group in the dialogue on p. 93?

☺ **The principle for conjugating *-ir* verbs is the same as for *-er* verbs: take the *-ir* off the infinitive. This gives you the stem. Then add the appropriate endings. The biggest group follows the finir pattern:**

	finir
je	fin**is**
tu	fin**is**
il/elle/on	fin**it**
nous	fin**issons**
vous	fin**issez**
ils/elles	fin**issent**

2   Look at the way the verb *finir* is conjugated. Pick out verbs from this group in the dialogue 'Chez le coiffeur'.

Activité 13

Trouvez d'autres verbes de ce groupe dans les phrases suivantes et utilisez votre dictionnaire si vous ne pouvez pas deviner le sens:

1   Annie remplit sa carte de séjour.
2   Nathalie choisit sa robe pour la soirée.
3   Michel et Jean-Paul démolissent le château de sable.
4   Nathalie réfléchit au sujet de sa dissertation.
5   Louise pense qu'elle grossit, mais grâce à son régime elle maigrit.
6   Annie rougit quand elle embrasse Philippe.
7   Jean-Paul joue dans la boue et salit ses vêtements.
8   Vous réussissez à comprendre toutes ces phrases?
9   Nous saisissons l'occasion de pratiquer le français.
10 Les architectes bâtissent une nouvelle bibliothèque.
11 Les auditeurs applaudissent Pavarotti en concert.

Chez le coiffeur (suite)

(*La coiffeuse sèche les cheveux de Nathalie*)

Annie: Tu sors à quelle heure ce soir?

Nathalie: Jean-Luc vient me chercher à 19 heures. C'est un ami de Laurent.

Annie: Tu as très peu de temps pour te préparer.

Nathalie: Oui, je sais. Je dois me dépêcher. Je me sens un peu fatiguée mais je tiens à assister à l'anniversaire de Laurent. Demain c'est samedi, je dors jusqu'à midi. Et toi, tu sors ce soir?

Annie: Je vais écouter Louise.

Nathalie: Qu'est-ce que tu veux dire?

Annie: Elle vient d'avoir un emploi dans un café.

Nathalie: Elle sert alors?

Annie: Non, elle chante. C'est ça le grand secret. Elle chante très bien, tu sais.

Nathalie: Oh, c'est super! Elle va peut-être devenir célèbre!

☺ **You have already met *venir* and *tenir* in Chapter 3. Verbs derived from *venir* and *tenir* follow the same pattern. These are: *retenir* (to hold back), *revenir* (to come back) *devenir* (to become), *se souvenir* (to remember).**

Some irregular *-ir* verbs change their stem slightly.

	partir
je	par**s**
tu	par**s**
il/elle/on	par**t**
nous	part**ons**
vous	part**ez**
ils/elles	part**ent**

Activité 14
· ·

Can you find the verbs in Nathalie and Annie's conversation which follow the same pattern as:

1 *venir* and
2 *partir* ?

Some verbs like *ouvrir* follow the same pattern as *-er* verbs

	ouvrir
j'	ouvre
tu	ouvres
il/elle/on	ouvre
nous	ouvrons
vous	ouvrez
ils/elles	ouvrent

Similar verbs: *souffrir* (to suffer), *cueillir* (to pick), *couvrir* (to cover).

Activité 15
....

a   Écoutez la cassette (Recording No. 34) et remplissez les blancs:
1.   Louise _____ parce qu'elle fait un régime.
2.   Philippe _____ toujours aux examens.
3.   Marc _____ d'arriver. Il _____ la porte et s'excuse.
4.   Nathalie _____ à 7 heures et demie le matin, et elle _____ chez elle à 6 heures et demie le soir.
5.   Et vous, vous _____ et _____ à quelle heure?
6.   Qu'est-ce que tu _____ à tes parents comme cadeau de Noël?
7.   Marc _____ jusqu'à midi le samedi.

b   À vous maintenant!
Complétez les phrases suivantes. Servez-vous des verbes entre paren-thèses.
1.   Il y a des gens qui _____ au sujet de leur âge. (mentir)
2.   Je _____ mes devoirs de bonne heure le vendredi et je _____ avec mes amis. (finir, sortir)
3.   Les voitures en France _____ la droite. (tenir)
4.   C'est la Fête des mères; nous _____ de belles fleurs pour maman. (choisir)
5.   Beaucoup de touristes _____ en France en été. (venir)
6.   Je _____ d'utiliser beaucoup de verbes français. (venir)
7.   Vous _____ à trouver les mots français? (réussir)

Mots utiles

applaudir	beaucoup*	blouse (f)	accompagné
bâtir	bien*	boucle d'oreille (f)	bouclé
cueillir	bruyamment*	boue (f)	charmant
choisir	peu*	cadeau (m)	châtain
couvrir	vite*	château (m)	fatigué
démolir		chaussette (f)	fier
dormir		chaussure (f)	frisé
éclaircir		chemise (f)	habillé
grossir		chemisier (m)	mignon
maigrir		collier (m)	mince
manquer		coupe (f)	moyen
mentir		drapeau (m)	roux
ouvrir		gant (m)	séduisant
porter		gilet (m)	souriant
raccourcir		habit (m)	
réussir à		jupe (f)	
réfléchir		manche (f)	
saisir		mèche (f)	
salir		pantalon (m)	
s'excuser		produit (m)	
servir		pull (m)	
se faire		régime (m)	
se souvenir		robe (f)	
retenir		shampooing (m)	
trouver		surprise-partie (f)	
utiliser		tache de rousseur (f)	
		taille (f)	
		talon (m)	
		vêtement (m)	

*These are adverbs. You will come across more of these as you work through the book. **See GG 5**.

Activité 16

Bilan Cinquième Étape

1   Complétez le dialogue. Utilisez les adjectifs démonstratifs et accordez les adjectifs entre parenthèses.

Annie: Qu'est-ce que tu préfères, Nathalie? _____ robe-ci ou _____ pantalon-là?

Nathalie: _____ robe- _____ Elle est _____ (joli). J'aime la couleur _____ (rouge), mais elle est peut-être trop _____ (grand) pour moi.

Annie: Elle est _____ (parfait). Est-ce que tu veux choisir des chaussures? _____ chaussures- _____ sont très _____ (beau) aussi.

2   Choisissez le verbe approprié dans la liste suivante pour compléter l'histoire: **choisir, réfléchir, ouvrir, porter, se souvenir, salir, raccourcir, éclaircir**

La coiffeuse _____ les cheveux de Nathalie.
Elle dit: « Qu'est-ce que vous _____ comme mèches, mademoiselle?»
Elle _____ les cheveux de Nathalie de quelques centimètres.
Elle _____ la bouteille de produit. Elle doit _____ des gants. Elle ne _____ pas où ils sont. Nathalie demande: «Pourquoi est-ce que vous _____ ?» La coiffeuse dit: «Ces produits _____ les mains et je dois porter des gants en plastique.»

3   Jeu de phonie

Prononcez les phrases ci-dessous. Écoutez la cassette (Recording No. 35) et vérifiez votre prononciation.
a.   Je choisis des chaussures chouettes.
b.   Raccourcir, éclaircir, réfléchir!
c.   La bouteille de shampooing s'ouvre bruyamment.
d.   Un chemisier cerise, une boucle d'oreille dorée.

6

Le logement – les directions

In this chapter you will:

I Learn how to use prepositions

II Talk about where you live

III Understand directions

IV Use imperatives to give directions

V Learn about **-re** verbs

I COMMENT DIRE

L'appartement de Catherine

Nathalie: Comment tu trouves les neveux de Philippe? Ils sont sympa?

Annie: Oui, mais ils rient de mon français.

Nathalie: Où est-ce qu'ils habitent?

Annie: Rue des Annelets, dans le 19e arrondissement.

Nathalie: Ils habitent une maison ou un appartement?

Annie: Un joli appartement au quatrième étage.

Nathalie: Il n'y a pas de jardin?

Annie: Il y a un petit jardin derrière le . . . Comment dit-on: «building»?

Philippe: Un immeuble.

Annie: Derrière l'immeuble.

Philippe: Il y a aussi un parc tout près de chez eux. C'est bien pour promener le chien.

Nathalie: L'appartement est assez grand pour avoir un chien?

Philippe: C'est assez spacieux. Il y a trois chambres, donc on utilise une chambre comme salle de jeux et le chien dort sur le canapé.

Nathalie: Quelle horreur! J'espère qu'il est propre et sans puces!

Philippe: Ma sœur est très pointilleuse sur l'hygiène. Le chien prend un bain deux fois par semaine et elle met une couverture sur le canapé.

Nathalie: Merci pour le renseignement. Mais en ce qui concerne les animaux dans les chambres, moi je suis contre.

POUR DIRE

Les prépositions

Activité 1

1 (*En groupes*) Look at the prepositions (in bold type) in the sentences below which you have already met in previous chapters. Can you remember what they mean?

Introduction:	Je suis débutant **en** français.
	Il habite **à** Paris.
	Dans le sac à dos d'Annie il y a un plan **de** Paris.
Chapter 1:	Philippe habite **en** France.
	Les neveux **de** Philippe s'appellent Michel et Jean-Paul.
	Louise parle français **avec** sa mère.
Chapter 2:	Les amis vont **au** cinéma.
	Marc va **à la** boulangerie.
	Marc va **chez** le boulanger.
Chapter 3:	La mère de Marc fait tout **pour** lui.
Chapter 4:	Les étudiants ont **entre** trois et cinq heures **de** cours **par** jour.
	Ils rentrent **avant** sept heures **du** soir.
	Nathalie dîne **vers** sept heures.
Chapter 5:	**À côté de** cette famille il y a un beau château.

2 Can you identify such prepositions in the dialogue 'L'appartement de Catherine', p.100?

△ **A preposition is used with a noun to give additional information, e.g. in, at, on, for, with, without, near, by, to and from. It often answers the question 'where?' or 'how?'**

Activité 2

Regardez l'image et complétez les phrases suivantes en utilisant les prépositions appropriées.

1 Je rentre _____ l'appartement de Catherine.
2 Catherine habite _____ le 19e arrondissement. C'est _____ quatrième étage.
3 C'est très joli _____ Catherine.
4 Catherine laisse le chien dormir _____ le canapé.
5 Il y a des jeux _____ la table.
6 La plante est _____ la fenêtre.
7 _____ la porte et la fenêtre il y a un placard.
8 Il y a un paquet de biscuits _____ tous les jeux.
9 La chaise se trouve _____ la table.
10 Le nounours se cache _____ le rideau.
11 _____ la fenêtre il y a un tableau.

See GG 6 for a complete list of prepositions.

II COMMENT DIRE

Parler de son logement

Nathalie: Et vous Louise et Annie, où habitez-vous en Grande-Bretagne?

Louise: Moi, je viens de Birmingham mais je fais mes études en Écosse. Je partage un appartement avec cinq amies. C'est rare en France, mais c'est normal en Grande-Bretagne. Nous partageons le loyer et nous faisons la cuisine tour à tour.

Marc: Annie, tu habites le même appartement?

Annie: Pas en Écosse mais à Paris, oui.

Marc: C'est près d'ici et c'est bien?

Louise: C'est pas loin. C'est Rue Bonaparte entre St. Sulpice et St. Germain-des-Prés, dans le 6e arrondissement. C'est joli, mais l'appartement est très petit. C'est plutôt un studio et il a besoin d'être décoré. J'ai envie de le peindre en couleurs vives, mais Annie n'est pas d'accord.

Philippe: Pourquoi pas?

Annie: Je préfère des couleurs comme le blanc et le beige.

Philippe: C'est un meublé?

Annie: Pardon? Qu'est-ce que tu veux dire?

Philippe: Est-ce qu'il y a des lits, des tables, des chaises, une cuisine équipée?

Annie: Oh, oui, il y a tout ça.

Marc: Il est bien chauffé?

Annie: C'est quoi, chauffé?

Marc: Il y a le chauffage central, des radiateurs, pour l'hiver?

Annie: Ça aussi, oui.

Marc: J'ai l'impression que c'est très confortable. Quand Louise fait la cuisine à la martiniquaise, vous m'invitez à dîner chez vous et je vous aide à peindre l'appartement.

Activité 3

Vrai ou faux? Cochez la bonne case.

1	Louise habite seule en Angleterre.	vrai ☐	faux ☐
2	Annie aime les couleurs vives.	vrai ☐	faux ☐
3	Il n'y a pas de meubles dans l'appartement d'Annie et de Louise.	vrai ☐	faux☐
4	Marc va aider les filles à décorer leur studio.	vrai ☐	faux ☐

Activité 4

1 (*Par paires*) Dessinez le plan de votre chambre. Mettez les meubles et les objets suivants: une porte, une fenêtre, un lit, une chaise/des chaises, une table, une lampe, une télévision, une étagère, des livres, une chaîne hi-fi, des disques compacts, un ordinateur, un tapis, un tableau, une photo, une plante.

2 Décrivez votre chambre à votre partenaire. Indiquez la position des meubles/des objets. Votre partenaire vous écoute et dessine votre chambre.

3 Comparez vos dessins.

Activité 5

Préparez une description de votre logement. Utilisez les expressions utilisées dans les deux dialogues. Utilisez les suggestions suivantes:

J'habite un appartement/une maison individuelle/une maison jumelée/une maison mitoyenne/une villa/un studio . . .

Il/elle date de 19…/20… Il/elle est ancien(ne)/moderne.

Il/elle est situé(e) à la campagne/en ville/au centre-ville/dans la banlieue/dans un village.

C'est à _____ km du centre/à _____ minute(s) d'ici/près des magasins/du parc/des écoles.

C'est grand/petit/de taille moyenne/spacieux.

C'est clair/sombre/bien éclairé.

C'est calme/bruyant/agréable/confortable/pratique/bien chauffé.

△ **Please note that if you use *c'est* , the adjective stays invariable, i.e. it doesn't agree even if the word is feminine, e.g. *(ma chambre) c'est petit*. However you would say: *ma chambre est petite/grande*. See GG 3.3 (a) for more information.**

Activité 6

(*Par paires*) Regardez la maison ci-dessous et trouvez les mots de vocabulaire pour décrire la maison et la situation.

Activité 7

Écoutez les personnages qui décrivent leur logement (Recording No. 38). Identifiez les images correspondantes et inscrivez le nom de l'habitant, l'arrondissement ou la région sous les images. Avant de commencer, regardez la liste des **mots pour vous aider**.

_____   _____   _____   _____

☺ Listening is often difficult especially when you do not have any visual clues to help you. Just try and listen out for key words in the recording. Don't try and catch every single word or you might miss what comes next!

Des mots pour vous aider

dater de	ascenseur (m)	aménagé	absolument
servir de	balcon (m)	aménageable	loin de
	boum (f)	attenant	près de
	bureau (m)	équipé	
	chaume (m)	jumelé	
	cheminée (f)	rénové	
	fenêtre (f)		
	grenier (m)		
	pavillon (m)		
	pièce (f)		
	poutre (f)		
	standing (m)		

Activité 8

Réécoutez la cassette et répondez aux questions suivantes:

1   Est-ce que les parents de Nathalie habitent une maison individuelle?
2   Est-ce qu'il y a un garage séparé?
3   Combien de chambres y a-t-il?
4   Est-ce que Philippe habite un grand appartement?
5   Est-ce qu'il habite au troisième étage?
6   Est-ce que Marc habite au premier étage?
7   Combien de chambres Marc a-t-il?
8   Est-ce que l'appartement de Marc a un balcon?
9   Est-ce que les beaux-parents de Catherine ont une maison de campagne en Bretagne?
10 Est-ce que c'est une maison moderne?

Activité 9

(*Par paires*) Parlez de votre logement. Décrivez-le. Le partenaire peut poser des questions. Par exemple:

Est-ce que c'est . . . ?/c'est . . . ?

III *COMMENT DIRE*

Demander le chemin

(*Les personnages sont à l'École de Tourisme, boulevard des Capucines*)

Marc: Votre appartement me semble super.

Louise: Tu veux le voir? Tu es le bienvenu. Tu as le temps aujourd'hui?

Marc: Oui, je peux vous reconduire en voiture, si vous voulez.

Annie: Oui, c'est super!

Marc: J'ai besoin des directions. Je ne connais pas très bien le 6e arrondissement. Tu peux me montrer sur le plan?

Louise: Ce n'est pas difficile à pied. Tu vas à la place de la Concorde. Tu traverses la Seine, et puis tu tournes à gauche et tu prends le boulevard St. Germain. Tu continues tout droit et la rue Bonaparte, c'est la sixième rue à droite, en face de l'église St. Germain-des-Prés.

Marc: Oui, mais en voiture ça peut être compliqué. Il y a beaucoup de rues à sens unique.

Louise: C'est vrai, tu as raison. La rue Bonaparte, elle aussi, est à sens unique. Tu continues jusqu'à la rue de Seine. Tu tournes à droite, puis tu prends la quatrième à droite. C'est la rue St. Sulpice et tu as l'église St. Sulpice sur ta gauche. Tu vas toujours tout droit et tu arrives à la rue Bonaparte. Tu tournes à droite. C'est à quelques mètres du coin.

Marc: Allons-y.

Activité 10

1 Notez les phrases que Louise utilise pour indiquer le chemin.
2 Les phrases sont utilisées de façon informelle avec **tu**. Est-ce que vous pouvez les transformer en utilisant **vous**?

Activité 11

(*Par paires*) Associez les phrases aux images:
1 Vous traversez la Seine
2 Vous tournez à gauche
3 Vous continuez tout droit
4 C'est une rue à sens unique
5 Tu prends la quatrième à droite
6 Vous tournez à droite

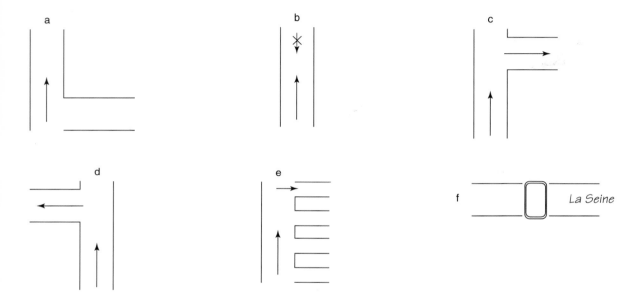

Activité 12

Plan du quartier de Louise et d'Annie et de l'école de Tourisme
a Identifiez le parcours en voiture sur le plan, à partir des directions de
   Louise dans le dialogue 'Demander le chemin', p.107.

b Écoutez la cassette «demander le chemin» (Recording No. 39). Vous êtes
   à la station de métro Solférino. Suivez les directions de Louise pour aller
   à la rue Bonaparte à pied.

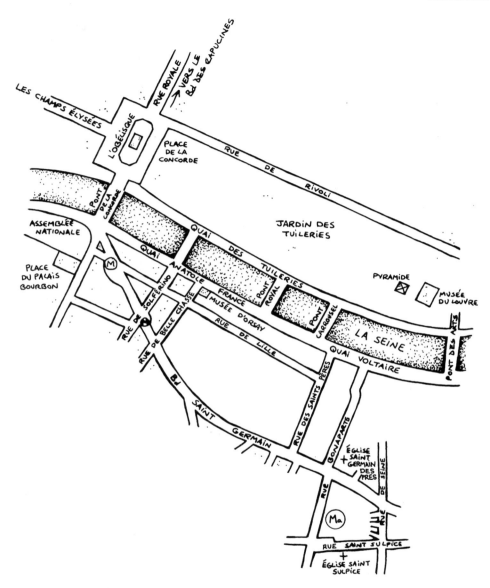

Activité 13

1 (*Par paires*) Vous êtes rue Bonaparte devant la mairie ('Ma' sur le plan).
   Un touriste vous demande le chemin pour aller au Musée d'Orsay.
   Qu'est-ce que vous dites?

2 Vous êtes à la Place du Palais Bourbon. Votre partenaire veut aller au
   Musée du Louvre. Donnez les directions.

   Servez-vous du plan du quartier, des expressions de la grille ci-dessous et
   des expressions pour remercier.

Les questions	Les directions	Les points de repère
Pardon M./Mlle/Mme, pouvez-vous/pourriez-vous me dire où se trouve/où est . . .?	C'est à gauche, à votre gauche, sur la gauche, sur votre gauche	Aux feux Au coin de la rue . . . En face du magasin
	C'est à droite, à votre droite, sur la droite, sur votre droite	Au monument Près de la banque/de la mairie
Pour aller à la gare/au cinéma, s'il vous plaît? Où est . . ., s'il vous plaît? Pouvez-vous/pourriez-vous m'indiquer la rue . . .	C'est à 10 minutes d'ici, à 2 km d'ici à pied/en voiture, près de, à côté de, au coin de, en face	Au rond-point Au carrefour

Expressions pour remercier:

- Merci/Merci beaucoup/Je vous remercie/Merci pour votre aide/Merci pour le(s) renseignement(s)
- Je vous en prie/De rien/Il n'y a pas de quoi.

IV *POUR DIRE*

Quelques impératifs

Activité 14

Read this extract from the dialogue. Do you notice anything different about the way directions are given in this version of the dialogue?

Louise: C'est vrai, vous avez raison. La rue Bonaparte, elle aussi, est à sens unique. Continuez jusqu'à la rue de Seine. Tournez à droite, puis prenez la quatrième à droite. C'est la rue St. Sulpice et vous avez l'église St. Sulpice sur votre gauche. Allez toujours tout droit et vous arrivez à la rue Bonaparte. Tournez à droite. C'est à quelques mètres du coin.

△ **As you will have seen the personal pronoun *vous* has been removed. This is called an imperative and is simply a way of giving directions or instructions. You will meet more of these in Chapter 10.**

Activité 15

Servez-vous des expressions dans la grille ci-dessous pour expliquer à votre partenaire

1   où vous habitez
2   où se trouvent la bibliothèque, la piscine, les magasins

Donner des directions/les impératifs	Les connecteurs utiles
Tournez à droite/à gauche Prenez la première à droite, la deuxième à gauche, etc. Allez/continuez tout *droit* Traversez la rue _____ Descendez la rue _____ Remontez la rue _____ Prenez le pont Prenez le passage souterrain/pour piétons Au rond-point prenez la première sortie (à droite) Au carrefour continuez toujours tout droit À l'intersection des deux routes/rues (au croisement), allez à gauche	D'abord Ensuite Puis Et puis Finalement

▼ *COMMENT DIRE*

Ne manquez pas le train!

Les amis prennent un verre ensemble au café, jeudi, après les cours . . . Louise et Annie disent qu'elles partent à la campagne pour le weekend. Elles rendent visite aux cousins de Louise. Elles prennent le train du lendemain soir.

Marc promet de conduire les jeunes filles à la gare. Elles sont ravies, elles trouvent la voiture de Marc épatante.

Philippe est inquiet. Il connaît bien son ami, mais les jeunes filles ne savent pas que Marc ne peut pas toujours tenir ses promesses. La voiture tombe souvent en panne et Marc perd souvent ses clés. Philippe pense qu'il doit avertir Louise de ces difficultés, mais il ne veut pas gêner son copain.

Activité 16

Lecture
Lisez le paragraphe ci-dessus

POUR DIRE

Les verbes en -re

Activité 17

Re-read the paragraph above which contains lots of verbs ending in **-re**. Can you match the verbs in the paragraph with the infinitives given in the box below? The first one has been done for you:

connaître	il connaît
perdre	
promettre	
conduire	
prendre	
rendre	
dire	

-re verbs
Look at the verbs **rendre** and **prendre** in the above grid. The endings are different because they belong to different groups of **-re** verbs.

1   *rendre*
Take off the **-re** ending to leave the stem, and add: **-s, -s, -, -ons, -ez, -ent**

je rend**s**
tu rend**s**
il/elle/on rend
nous rend**ons**
vous rend**ez**
ils/elles rend**ent**

Other verbs that follow this pattern are:
   *attendre, correspondre, descendre, entendre, fondre, perdre,
   rendre, répondre, vendre*

2   *prendre*
Take off the *-re* ending to leave the stem, and add: *-s*, *-s*, *-*,

je prend**s**
tu prend**s**
il/elle/on prend

There is a stem change in the plural. Note the spelling change. Add the usual endings: *-ons*, *-ez*, *-ent*

nous pren**ons**
vous pren**ez**
ils/elles prenn**ent**

Other verbs that follow this pattern are:

   apprendre, comprendre, reprendre, surprendre

3   *mettre*
Take off the *-re* ending to leave the stem, and add:

   -s, -s, -, -ons, -ez, -ent

Note the spelling change in the singular where there is only one 't'. You will have come across this kind of spelling change in other verb groups.

je met**s**
tu met**s**
il/elle/on met
nous mett**ons**
vous mett**ez**
ils/elles mett**ent**

Other verbs that follow this pattern are:

   battre, permettre, promettre, remettre

△ **As you can see, in the three groups the 3rd person singular ends in either a 'd' or a 't' (depending on the infinitive).**

See GG 1.1a. (3) for the most common irregular verbs in *-re*.

Activité 18

Complétez les phrases suivantes en vous servant des verbes entre parenthèses:

1   Tu _____ le train pour aller à la campagne? (prendre)

2   Les amies _____ les bagages dans la voiture de Marc. (mettre)

3   Annie _____ les clés de la voiture à Marc. (rendre)

4   Tu _____ l'appartement de Catherine? Oui, _____ Annie. Je le
    _____ (connaître, répondre, connaître)

5   Marc pense qu'il _____ bien mais Philippe pense qu'il _____ et
    _____ beaucoup de choses. (conduire, dire, promettre)

6   Vous _____ les verbes en -re? Oui, nous _____ tout! (comprendre)

Mots utiles

avoir besoin de	assez	arrondissement (m)	ancien
avoir envie de	plutôt	bain (m)	bruyant
avertir		canapé (m)	clair
chauffer		carrefour (m)	décoré
demander le chemin à quelqu'un		chauffage central (m)	difficile
être d'accord		cuisine (f)	éclairé
faire la cuisine		étage (m)	épatant
laisser		fenêtre (f)	équipé
meubler		hygiène (f)	inquiet
partager		immeuble (m)	jumelé
peindre		jeu (m)	meublé
prendre		loyer (m)	mitoyen
promettre		mairie (f)	pointilleux(se)
rendre visite à		meuble (m)	sombre
rire		meublé (m)	spacieux(se)
suivre		nounours (m)	sympa (inv)
		placard (m)	
		renseignement (m)	
		rideau (m)	
		salon (m)	
		sens unique (m)	
		studio (m)	
		table de chevet (f)	
		tableau (m)	

Activité 19

Bilan Sixième Étape

1   Complétez le dialogue entre Annie et Louise. Utilisez les verbes entre parenthèses et trouvez les prépositions appropriées.

Louise: Et si on réorganise un peu l'appartement avant de peindre?

Annie: Oui. Alors, si je _____ la plante _____ la table. Qu'est-ce que tu penses? (mettre)

Louise: Elle est trop grande. Si tu _____ la plante _____ la fenêtre, c'est bien. (mettre)

Annie: Si tu _____ le pot _____ ce côté-là. Moi je me _____ ici et on va placer la plante _____ placard. (prendre, mettre)

Louise: On peut aussi bouger la lampe.

Annie: On _____ la lampe où? Si nous _____ la table _____ le radiateur et la porte et la lampe _____ la table, ça va. (mettre, mettre)

Louise: D'accord.

2   Marc donne des directions à un nouvel étudiant. Remplissez les blancs avec les verbes suivants:

> *sortir, prendre, aller, monter, tourner*

_____ l'ascenseur. _____ jusqu'au deuxième étage. _____ de l'ascenseur. _____ tout droit jusqu'au bout du couloir. _____ à gauche et le bureau du prof responsable est en face de vous.

3   Jeu de phonie

 Ⓟ

Prononcez les phrases suivantes et vérifiez votre prononciation en écoutant la cassette (Recording No. 40).
a.   Les puces courent sur le cou du furet.
b.   Ensuite suivez la route à sens unique.
c.   On repeint le salon et les pièces sombres avec des couleurs claires.
d.   Les jeux de société et les jouets sont sur le meuble.

7

La vie quotidienne

In this chapter you will:

I Learn how to say more about your daily life

II Meet other reflexive verbs

III Use direct object pronouns (me, you, him/her/it . . .)

IV Meet more possessive adjectives.

V Learn how to ask/express an opinion

I *COMMENT DIRE*

La vie quotidienne

C'est la vie!

Nathalie est très organisée. Voici sa journée typique:

Elle se réveille à six heures et demie,
  se lève à sept heures moins vingt,
  se lave,
  se brosse les dents,
  s'habille,
  se coiffe,
Elle se rend à la faculté en bus.
Elle se dépêche pour aller à la cafétéria avant son premier cours.
À l'heure du déjeuner, Nathalie et ses amis se rencontrent au restaurant universitaire.
Ils s'amusent à donner des cours à Annie.
Annie se perfectionne très vite en français.
Après les cours, Nathalie rentre chez elle et elle se repose pendant une demi-heure.
Après le souper elle se sert de son ordinateur. Elle fait ses dissertations et se met à faire de la recherche pour ses projets.
Puis elle se rend chez ses amis.
Elle se couche vers onze heures et s'endort tout de suite.

Marc est rêveur. Voici sa journée idéale:

Marc se réveille vers neuf heures et demie, s'imagine en vacances sur une île tropicale.
Il déjeune de fruits exotiques, puis il se rend à la plage.
Il se met de l'huile solaire et s'étend sur le sable pour se faire bronzer.
Il s'offre un cocktail de fruits de mer à midi.
Pour s'amuser pendant l'après-midi, il va se baigner ou il fait de la plongée sous-marine, et pour se remettre en forme, il fait de la planche à voile.
Le soir, il se douche,
  se rase,
  s'habille en smoking,
et va à une soirée chez le plus gros millionnaire de l'île.

❚❚ *POUR DIRE*

Les verbes pronominaux

☺ **You have already met some reflexive verbs in Chapters 3 and 4. Can you re-member how these work? If not, refer to Chapter 3, Section V and Chapter 4, Section II.**

Activité 1

1   Look at the passages above and identify the reflexive verbs.
2   What are the infinitive forms of these verbs?

Activité 2

(*Par paires*) Vous êtes Nathalie et vous parlez de votre journée typique. *Je me lève à _____*
Votre partenaire peut poser des questions. Par exemple:

> *À quelle heure est-ce que tu te rends à la faculté? Comment est-ce que tu te rends à la faculté?*

Activité 3

Remplacez les blancs avec les pronominaux appropriés.

1   Nathalie dit: « Je _____ lève à 7 heures. À quelle heure est-ce que tu _____ réveilles?»

2   Marc _____ 'intéresse surtout au sport et à sa voiture.

3   Il ne _____ dépêche jamais et _____ 'excuse toujours d'être en retard.

4   «Nathalie, peux-tu _____ rendre au CROUS* pour _____ renseigner sur les appartements à louer?», demande Julienne.

5   Nous _____ intéressons beaucoup à nos études.

6   Vous _____ reposez le week-end?

7   Annie _____ plaît beaucoup à Paris. Elle _____ habitue à la vie parisi-
enne et _____ perfectionne en français.

8   Annie _____ 'abstient de parler anglais avec Philippe.

9   Les amis ne _____ 'ennuient jamais. Ils savent _____ distraire.

*Le **CROUS** = Centre régional des œuvres universitaires et sociales. This centre
provides information about courses, accommodation, etc., for students. It is also
where they matriculate.

Activité 4

Regardez les images et écrivez l'histoire de la journée typique de Philippe en
utilisant les infinitifs donnés sous les images.

se lever

se dépêcher

rater

se rendre

arriver

s'excuser

rencontrer

se trouver sans argent

se rendre

s'impatienter

se mettre en colère

Activité 5

C'est comment, la vie chez vous? Posez des questions à votre partenaire sur sa journée typique. Notez ses réponses et résumez sa journée oralement. Par exemple:

Donc, tu te lèves à _____

Activité 6

(*En groupes de trois ou quatre*) Vous êtes en Martinique. Vous racontez votre journée idéale. Chacun doit inventer une phrase. Par exemple:

Nous nous réveillons vers neuf heures et demie.
Nous nous mettons de l'huile solaire . . .

Activité 7

· ·

Listen to Recording No. 42 and pick out the three examples of reflexive verbs. Write them down in their infinitive form.

Activité 8

· ·

1   Listen to the last sentence that Louise says in the recording. You will hear two different uses of **'arrêter'**
    'Tu peux arrêter la voiture . . . .Tu peux t'arrêter'

2   What do the following examples mean? What is the difference in meaning between the two columns?

	A	B
a.	Tu peux arrêter la voiture.	Tu peux t'arrêter devant le garage.
b.	Marc gare sa voiture.	Il se gare.
c.	Marc énerve les deux filles.	Il s'énerve facilement.
d.	Louise maquille Annie.	Louise se maquille.
e.	Annie ouvre la porte.	La porte s'ouvre.

△ **Reflexive verbs are used a lot more in French than in English. As you have already seen in Chapter 4, they are particularly useful when describing daily routines. The idea is always that the action is reflected back on to the subject, who is both the doer and the receiver of the action.**

> *Je me lève. Je me lave. Je me rends à l'université.*

Talking about what you do to yourself is not the only use of the reflexive. It is used when the action links separate people and the notion of 'each other' is included.

> *Annie et sa mère s'écrivent tous les quinze jours mais elles ne se voient pas souvent.*
> *Vous vous connaissez? – Oui, nous nous retrouvons en classe.*
> *Les Français se serrent la main plus souvent que les Britanniques.*

A reflexive is sometimes used in French instead of a passive. There may be no equivalent reflexive verb in English

Est-ce que ces escargots se mangent?
La porte s'ouvre-t-elle?
Les problèmes de grammaire vont se résoudre.

The extra pronoun must agree with the subject of the action, even if the verb is in the infinitive. See GG 1.4 (a) and (b).

Activité 9

1   Look at this example (from Recording No. 42) of a reflexive verb in the negative:

*Moi, je ne conduis pas, donc je **ne m'énerve pas**.*

2   What do you notice about the position of the extra pronoun?

Activité 10

Mettez les phrases suivantes au négatif.

1   Marc se dépêche le matin.
2   Marc se pousse pour arriver à l'heure.
3   Nathalie se lève à 10 heures pour se rendre à la fac.
4   Les cours à l'université se terminent à 14h00.
5   On se détend en faisant le ménage.
6   Louise se fait belle pour Philippe.
7   Les jeunes Britanniques se serrent souvent la main.
8   Marc et ses cousines s'entendent bien.

III COMMENT DIRE

Marc arrive à l'appartement

Marc: Je vous laisse descendre. Je vais garer la voiture et je vais prendre un ticket de parking. Vous avez de la monnaie? . . . Ça va, je l'ai.

Louise et Annie: D'accord, on t'attend.

(Marc revient. Ils montent au sixième étage)

Louise: Comme d'habitude je ne trouve pas ma clef. Ah, la voici. Entre.

Marc: C'est très joli!

Louise: Pas vraiment. Comme tu le vois, notre appartement a besoin d'être décoré et je le trouve trop petit.

Marc: Oui, mais comme ça, on fait plus vite le ménage.

Louise: Les tâches ménagères, je les déteste.

Annie: Ça, je le sais! Mais la cuisine, Louise la fait très bien.

Louise: Tu veux vraiment nous aider à décorer l'appartement?

Marc: Oui, pourquoi pas? On le fait quand?

Louise: Ce week-end? Ça te convient?

Marc: Oui, ça me va. C'est l'occasion de déguster ta cuisine martiniquaise.

Louise: Alors, c'est réglé. J'achète de la peinture demain.

Annie: Tu as le temps de prendre un café?

Marc: Volontiers. Je le prends noir et sans sucre.

POUR DIRE

Les pronoms objets directs

Activité 11

1   Can you find examples of **le**, **la**, **l'** or **les** without a noun in the dialogue: 'Marc arrive à l'appartement'?
2   What do they refer to?
3   Where do they appear in relation to the verb in the sentence (if there is one)?

△ **These object pronouns meaning *him*, *her*, *it*, *them* are placed before the verb in French.**

Activité 12

Répondez aux questions et remplacez le substantif objet (nom) par **le, la, l'** ou **les**. Par exemple:

- *Vous détestez **les** tâches ménagères? - Oui, je **les** déteste. Non, je ne **les** déteste pas.*

124

- Tu connais l'appartement? – Oui, je le connais.
- Vous faites la cuisine martiniquaise? Oui, je la fais souvent.

1 Vous aimez les couleurs vives?
2 Décorez-vous votre appartement?
3 Est-ce que tu adores le bricolage?
4 Est-ce que tu connais le chemin?
5 Est-ce que tu partages ta chambre?

Activité 13

Posez les questions suivantes à votre partenaire. Notez ses réponses avec
«il/elle» et notez vos propres réponses avec «je». Le premier exemple est déjà
fait.

VOTRE PARTENAIRE	QUESTIONS	VOUS
Il (elle) ne l'aime pas.	Vous aimez la cuisine française?	Je l'aime.
	Vous regardez souvent la télévision?	
	Vous faites les courses au supermarché?	
	Vous écoutez la radio?	
	Vous repassez le linge chez vous?	
	Vous prenez le train pour rentrer chez vous?	
	Vous lisez le journal tous les jours?	
	Vous connaissez tous les étudiants dans cette classe?	

Activité 14

Lecture

Read the short dialogue below. There are examples of object pronouns which you have not come across before. Can you pick them out as you did in Activité 11?

These are not examples of reflexive verbs.

Louise et Annie

Louise: Annie, tu n'entends pas quand on t'appelle?

Annie: Pardon, Louise? Je ne t'entends pas. Ta stéréo marche trop fort.

Louise: Et si je parle plus fort, est-ce que tu m'entends mieux?

Annie: Oui, je t'entends mieux, mais tu peux aussi baisser le volume.

Louise: Le prof d'histoire de l'art veut nous voir demain pour discuter de notre projet sur Paris.

Annie: À quelle heure est-ce que vous allez la rencontrer?

△ **As you will have noticed these object pronouns meaning *me*, *you*, *us* also come before the verb in French. See GG 3.1 (c).**

Activité 15

Remplissez les blancs avec les pronoms objets appropriés.

1   Annie pose une question au prof: «Quand est-ce qu'on doit _____ rendre (les projets)?»
2   Vous devez _____ rendre à la fin du trimestre.
3   Annie et Louise vont décorer l'appartement. Elles vont _____ repeindre et _____ égayer avec des posters.
4   Marc va _____ aider et pour _____ remercier Louise va cuisiner un bon plat martiniquais.
5   Est-ce que vous voulez _____ aider à _____ décorer?
6   – Vous aimez la couleur beige?
     – Non, je _____ trouve trop pâle.
7   Je _____ retrouve à l'appartement plus tard avec la peinture.

IV COMMENT DIRE

Louise et Annie se chamaillent

Louise: Je cherche la recette du veau créole. Où est mon classeur avec mes recettes? Ah, le voici!

Annie: Mais ce n'est pas ton classeur. C'est mon classeur et voilà mes recettes.

Louise: Tu exagères un petit peu! En fait, c'est le classeur de ma cousine. Elle tient beaucoup à son classeur. Je dois le rendre cette semaine.

Annie: Et ce sont ses recettes aussi, je suppose?

Louise: Ah . . . non, ce sont tes recettes. Mais je ne comprends pas. Pourquoi y a-t-il tes recettes dans son classeur?

Annie: Et cette recette-là? C'est ma recette ou c'est sa recette?

Louise: À vrai dire, c'est notre recette. C'est-à-dire, c'est la recette de ma cousine et de moi. C'est une ancienne recette de notre grand-mère.

POUR DIRE

Les adjectifs possessifs

Activité 16

Look back at Chapter 4 for some examples of possessive adjectives. Can you fill in the grid below by picking out examples from the dialogue above?

	+ MASC NOUN + NOUN BEGINNING WITH A VOWEL	+ FEM NOUN	+ FEM AND MASC NOUNS, PLURAL
my	mon classeur		
your (fam)			
his/her/its			
our			
your			
their			

△ **Please remember that the possessive adjective agrees in gender and number with the object being possessed. The gender of the possessor is irrelevant. See GG 4.4 for a complete table.**

Activité 17

Complétez les phrases suivantes avec l'adjectif possessif qu'il faut.

1   Philippe, qu'est-ce que _____ sœur fait pendant la journée?
2   Je ne lis pas le journal tous les jours. _____ parents le font.
3   Michel et Jean-Paul jouent avec _____ chien.
4   Louise ne trouve pas _____ clef.
5   Est-ce que tu habites chez _____ parents?
6   Louise et _____ cousine ont d'excellents souvenirs de _____ grand-mère.
7   Est-ce que vous nettoyez _____ appartement tous les jours?
8   _____ grand-mère vient fêter Noël chez nous.
9   Annie écoute _____ baladeur chaque soir.
10 Est-ce que vous allez rendre visite à _____ parents et à _____ frère ce week-end?
11 Louise et Annie font _____ courses au supermarché.

12 Elles lavent _____ vêtements une fois par semaine.
13 Annie se lève et puis elle cherche _____ affaires partout.
14 Est-ce que vous aimez _____ cours? Nous, nous trouvons _____ cours très intéressants.
15 _____ chambre est très bien rangée parce que je suis très organisée.
16 Moi, _____ activité préférée c'est aller au théâtre. Et toi, _____ passe-temps favori c'est quoi?

V COMMENT DIRE

Que pensez-vous de vos activités quotidiennes?

Demander/exprimer son opinion

☺ You have already met some expressions for expressing your opinions such as:
  J'aime, je n'aime pas, c'est formidable.
  Here are some more:

Je pense que	c'est intéressant
Je crois que	c'est formidable
Je trouve que	c'est excellent
J'estime que	c'est bon
Il me semble que	c'est bien
Je suis sûr(e) que	c'est une bonne idée
Je suis persuadé(e) que	c'est très utile
Je suis certain(e) que	c'est inutile
À mon avis	c'est ennuyeux
D'après moi/Selon moi	c'est pas terrible
	c'est un cauchemar

Activité 18

(*Par paires*) Servez-vous de la grille ci-dessus et des questions suivantes pour exprimer votre opinion sur les thèmes numérotés de 1 à 6 et demander l'opinion de votre partenaire.

Que pensez-vous de vos études?
Quel est votre avis sur l'éducation?
Quelle est votre opinion sur/au sujet de votre vie universitaire?

1   les études
2   la vie étudiante
3   la vie professionnelle
4   les loisirs
5   les vacances
6   la restauration rapide

Mots utiles

bronzer
brosser
se chamailler
conduire
croire
dépêcher
descendre
se distraire
égayer
s'énerver
s'ennuyer
estimer
s'étendre
s'excuser
falloir*
goûter
s'habituer
s'impatienter
s'intéresser à
louer
se maquiller
se mettre
nettoyer
s'offrir
peindre
penser
se perfectionner
rater
se rendre à
se renseigner sur
repasser
repeindre
se reposer
se souvenir
tenir à

jamais
partout
souvent
trop

affaires (fpl)
aubergine (f)
avis (m)
cauchemar (m)
chemin (m)
circulation (f)
CROUS (m)
foyer (m)
linge (m)
ménage (m)
plongée (f)
smoking (m)
tâche (f)
vaisselle (f)

chaque
ennuyeux
formidable
mieux
pâle
persuadé
vilain

d'après moi
donc

parce que
pendant

selon
tant pis

volontiers

*As you have already seen, *falloir* (**il faut**) is only conjugated in the 3rd person singular. It is an invariable expression like **il y a.**

Activité 19

Bilan Septième Étape

Remplissez les blancs avec les adjectifs possessifs, les pronoms objets appropriés. Vous devez aussi vous servir des verbes ci-dessous.

se mettre, s'entendre, s'organiser, se disputer, se trouver

1   Annie et Louise _____ assez bien normalement, mais parfois elles _____. Quand Annie trouve une nouvelle recette, elle _____ met dans _____ classeur. Une de _____ recettes _____ par erreur dans le classeur de la cousine de Louise.

2

Marc: Heureusement on _____ assez bien, Philippe!

Philippe: Mais on ne partage pas le même appartement, Marc. Quand vous partagez, vous _____ plus facilement en colère. Il faut _____ à _____ place.

Marc: Moi, je mets toujours _____ affaires dans _____ chambre. Tu _____ de cette façon, Philippe? _____ affaires ne sont pas toujours très organisées, il me semble.

Louise: Ils vont _____ dans une minute! Annie, on doit partir. Où sont _____ clefs?

Annie: Je _____ ai quelque part. Et _____ sac? Où est-il?

Louise: Je _____ vois là, sur le divan.

Annie: Vous voyez, Louise et moi, nous _____ bien d'habitude!

3   Jeu de phonie

Prononcez les phrases suivantes et vérifiez votre prononciation en écoutant la cassette (Recording No. 45).
   a.   Mets ces sept recettes en place.
   b.   S'entendre sans attendre.
   c.   Ne mets pas d'huile dans ton œil!
   d.   Ils peignent le pont d'Avignon avec précision.

8

Il faut faire les courses

In this chapter you will:

I Go shopping

II Use the expression ***il faut***

III Learn how to use the partitive article (some, any) and the pronoun ***en***

IV Learn how to use the perfect tense with ***avoir***

V Meet other negatives

▌ *COMMENT DIRE*

Louise et Annie font leurs courses

Annie: Qu'est-ce que tu vas cuisiner pour Marc?

Louise: Un veau créole.

Annie: Qu'est-ce que c'est?

Louise: C'est du veau cuit avec des légumes, par exemple des oignons, des carottes, des poireaux et des fruits comme des pommes, de l'ananas.

Annie: Qu'est-ce qu'il faut acheter?

Louise: J'ai une liste des quantités. Alors, il faut un kilo de veau, trois tomates bien rouges, trois poireaux, deux beaux oignons, trois cents grammes de carottes. Il faut aussi deux pommes, un ananas frais, un décilitre de rhum, deux décilitres de crème fraîche allégée et bien sûr on a besoin de sel et de poivre. C'est l'occasion d'utiliser ton français. Tu peux faire les achats.

Annie: D'accord, mais il faut m'aider.

Louise: D'abord on va à la boucherie.

Le boucher: Bonjour mesdemoiselles. Vous désirez?

Annie: Bonjour monsieur. Je voudrais 1 kilo de beau . . .

Louise: Non, non Annie! C'est du veau.

Le boucher: Très bien mademoiselle. 1 kilo de mon beau veau! Et avec ceci?

Annie: Merci. C'est tout. C'est combien?

Le boucher: Ça fait 56F (8 €).

Annie: Oh, j'ai seulement 50F (7, 14 €).

Louise: Voici six francs de plus.

Le boucher: Merci mesdemoiselles, au revoir et bonne journée!

Louise et Annie: Merci monsieur. Au revoir.

Annie: C'est cher, le veau.

Louise: Rien n'est trop cher pour Marc. De plus il faut le récompenser pour sa gentillesse.

II *POUR DIRE*

Il faut . . .

Activité 1

☺ You have already met *'il faut'* in *'mots utiles'*, **Chapter 7. It is a very useful expression used frequently in French.**

1   Pick out the expressions which include *il faut*.
2   Can you categorise the words that immediately follow *il faut* under the headings below?

> *il faut* + verb   *il faut* + noun

3   Now look at the verbs more closely. Which form of the verb follows *il faut*?
4   By looking at the dialogue and the expressions below, can you work out what *il faut* means?

> *Pour la recette de Louise, il faut un kilo de veau.*
> *Il faut aller chez le boucher pour acheter du veau.*
> *Il faut parler français quand on va en France.*
> *Pour bien apprendre le français, il faut du temps, de l'enthousiasme, un bon dictionnaire, et un bon prof.*

△ **'Il faut' comes from 'falloir' which is an impersonal verb, which means that it cannot be conjugated with other personal subject pronouns. See GG 1.4d.**

III *POUR DIRE*

Les articles partitifs

Activité 2

(En petits groupes)
1   You have already come across some expressions which contain *de, de la, du, de l', des* (See chapter 3). Can you find more of these in the above dialogue?

2   When do you use *de* on its own? Can you spot a pattern emerging?

Activité 3

Complétez les phrases suivantes avec **de** ou avec les articles partitifs appropriés.

1   Annie va au supermarché et elle achète un litre _____ lait, 300g _____ brie, _____ crème fraîche, _____ vin, _____ café, _____ confiture.

2   Annie et Louise vont au marché et achètent _____ oignons, _____ pommes, _____ œufs, _____ fleurs.

3   Le père de Marc va au bureau de tabac et achète _____ Gauloises et _____ allumettes.

4   Pour préparer _____ veau créole, Louise ajoute _____ sel, _____ crème fraîche, _____ rhum.

Activité 4

Écoutez la cassette (Recording No. 47). Écrivez la liste des courses de Marc.

Activité 5

(*Par paires*) Vous allez au marché et vous achetez les ingrédients pour votre plat préféré. Vous pouvez aussi vous servir de la liste des expressions de quantité. Votre partenaire joue le rôle du marchand/de la marchande.

Expressions de quantité

une bouteille de vin	assez de vin
une cuillerée de cognac	beaucoup de pain
un litre de lait	moins de
un pichet de rouge	un peu de chocolat
une tasse de thé	plus de
un verre d'eau	trop de poivre
une demi-livre de beurre	une gousse d'ail
une douzaine d'œufs	une poignée de sucre

150 grammes de pâté	une pincée de sel
2 kilos de poires	
un quart de . . .	
les deux tiers de . . .	
la moitié de . . .	

une boîte de sardines	trois bottes d'oignons
un paquet de café	un bouquet de roses
deux pots de confiture	un morceau de fromage
	une tranche de jambon
	un tas de choses!

△ **Expressions of quantity (whether or not you can measure them accurately) are always followed by *de* or *d'*.**

▮ *COMMENT DIRE*
··

Louise amène le veau créole

Marc: Louise, tu es vraiment géniale! Ça a l'air délicieux! Santé!

Annie: Comme j'ai dit, Louise fait très bien la cuisine.

Marc: Tu as de la chance. Qu'est-ce que c'est exactement?

Louise: C'est du veau. Ma mère m'a donné la recette. J'ai dû adapter les ingrédients. Il faut des bananes plantain, mais comme on n'en a pas trouvé, j'ai fait le plat avec des bananes ordinaires. Voilà, Marc, bon appétit! Tu as déjà mangé des plats exotiques?

Marc: Je connais très peu la cuisine antillaise, mais je vais souvent au restaurant chinois et j'aime surtout les restaurants nord-africains. Il y en a beaucoup à Paris. Tu as déjà mangé du couscous aux merguez Annie? Les merguez, ce sont des saucisses pimentées.

Annie: Oui, j'en ai mangé une fois seulement.

Marc: Tu as aimé ça?

Annie: Oui, j'ai trouvé ça assez bon, mais c'est très fort, très épicé. J'ai eu soif après. Je préfère ton couscous au mouton et le veau de Louise. Qu'est-ce que tu en penses?

Marc: C'est délicieux! Tu as mis de l'alcool dedans?

Louise: Oui, j'en ai mis. On en utilise beaucoup à la Martinique.

IL FAUT FAIRE LES COURSES

Marc: Moi, j'aime beaucoup ce mélange de sucré et de salé et l'alcool fait ressortir les arômes. Vous m'avez vraiment bien servi et j'ai bu du bon vin.

Louise: Tu l'as mérité, tu as très bien repeint l'appartement. Tu n'as jamais pensé à devenir décorateur professionnel?

Marc: Franchement, non. Mais gourmet professionnel, absolument!

POUR DIRE

En

Activité 6

1   Can you pick out the sentences which include the word *en*?
2   If you know that *en* includes the notion of: of it, of them, some/any of it, some/any of them, can you look at the above dialogue and pick out what *en* is referring to?

Activité 7

(*Par paires*) Posez les questions suivantes à votre partenaire.
Par exemple:

> *Il faut combien de veau pour la recette? – Il en faut un kilo.*
> *Tu veux du lait dans ton café? – Merci, je n'en prends pas.*
> *Est-ce qu'il y a du sucre? – Non, il n'y en a pas. Je vais en chercher.*

1   Vous prenez du sucre dans votre café?
2   Vous voulez du fromage? Combien?
3   Vous prenez du beurre avec votre pain?
4   Il y a combien d'étudiants à l'université?
5   Vous recevez beaucoup de lettres?
6   Vous avez combien d'heures de cours par semaine?
7   Il y a un téléphone chez vous?

See GG 3.1 (h).

IV *POUR DIRE*

Le passé composé avec avoir

Here are the first two examples of verbs in the perfect tense:

Comme j'ai dit
Ma mère m'a donné la recette.

Activité 8

1 Can you look closely at the dialogue pp.137-8 and pick out verbs which
   follow the same kind of pattern?
2 As you will have noticed there are two parts to this tense. What do you
   notice about the first part? Does it remind you of anything?
3 The second half of the perfect tense is called the past participle. Can you
   match up the past participles from the dialogue with the infinitives in
   the grid?
4 Three of the past participles have already been found for you. Can you
   work out what their infinitives must be?

INFINITIVE	PAST PARTICIPLE
faire	
	mangé
	aimé
avoir	
mettre	
repeindre	
devoir	
dire	
	servi
boire	

As you have noticed, the past participles of **regular -er verbs** are as follows:

   -é (parlé, écouté, donné, changé, etc.)

Past participles of other regular verbs are as follows:

-**i** for verbs in -**ir** (choisi, fini, rempli, réussi, etc.)
-**u** for verbs in -**re** (vendu, entendu, lu, répondu, etc.)

Activité 9

Écoutez la cassette (Recording No. 49). Annie raconte ce qu'elle a pris au resto universitaire, hier. Notez ce qu'elle a pris comme entrée, comme plat principal et comme dessert.

Activité 10

Vos expériences culinaires

(*Par paires*) Posez les questions ci-dessous à vos collègues. Comparez vos préférences.

Qu'est-ce que vous avez mangé au restaurant?
Au restaurant, comme entrée, j'ai mangé/pris de la soupe à l'oignon.
Qu'est-ce que vous avez servi chez vous?
Chez moi, comme entrée, j'ai fait/servi des crudités.

au restaurant		chez moi
j'ai mangé		*j'ai servi*
_____	comme entrée	_____
_____	comme plat principal	_____
_____	comme légumes	_____
_____	comme fromage	_____
_____	comme dessert	_____
_____	comme boisson	_____

La formation du passé composé avec avoir

As you have seen, then, to talk about past events, French uses the perfect tense. It is called *le passé composé* because it is a composite tense, i.e. it is made up of two parts:

1   the present tense of *avoir* or *être* (the auxiliary), and
2   the past participle of the main verb.

The *passé composé* does the job of two tenses in English, the present perfect and the simple past. For example, *j'ai mangé* can mean either 'I have eaten' or 'I ate'.

> J'*ai acheté* du fromage hier.
> Les souris **ont mangé** tout le fromage.
> Le chat **a mangé** les souris.
> Nous **avons trouvé** plusieurs queues de souris dans la cuisine.

See GG 1.1 (d) (1).

△ **You will have noticed in the examples that it is only the auxiliary *avoir* which changes according to the subject. The past participle does not agree in number and gender with the subject.**

☺ **As you already know the verb *avoir*, all you have to learn are the past participles!**

Activité 11

a   Écoutez la cassette (Recording No. 50). Mettez l'initiale ou les initiales des personnes, faisant les activités ci-dessous, dans les cases à gauche. **A** pour Annie, **AB** pour Albert, **C** pour Catherine, **JP** pour Jean-Paul, **L** pour Louise, **M** pour Marc, **MB** pour Michel, **N** pour Nathalie, **P** pour Philippe, Par exemple:

> *Jean-Paul a promené le chien.*

	promener le chien		réveiller la famille		dessiner sur le mur
	acheter deux baguettes		chanter sous la douche		dormir
	visiter le musée		regarder la télé		préparer du café
	laver la vaisselle		manger des croissants		pleurer
	répondre à des lettres		écouter une histoire		jouer au football
	déjeuner au restaurant		perdre ses clés		vendre sa chaîne stéréo
	choisir un bon livre		grossir de deux kilos		préparer le dîner
	téléphoner à sa tante		battre son frère		punir les enfants

b Mettez les six verbes, non utilisés, au passé composé, en utilisant les pronoms sujets:

je, tu, il/elle/on, nous, vous, ils/elles.

Activité 12

Activité dictionnaire
(*En petits groupes*)
1 As you will no doubt have noticed, not all past participles are regular. Can you look back at your grid, Activité 8, and find the irregular ones?
2 Look at the examples below which contain the most common irregular past participles. Can you work out what they mean?

Les participes passés irréguliers

Infinitif	Participe passé	Exemples Ça veut dire:	
avoir	eu	*J'ai eu rendez-vous.*	_____
être	été	*J'ai été malade.*	_____
boire	bu	*Marc a bu du café.*	_____
conduire (construire, détruire, traduire)	conduit	*Il a conduit sa voiture.*	_____
connaître (reconnaître, paraître, disparaître)	connu	*Il a connu Nathalie à l'université.*	_____
courir	couru	*Le champion a bien couru.*	_____
craindre (peindre, éteindre, atteindre, joindre)	craint	*Les vilains enfants ont craint le père Fouettard.*	_____
croire	cru	*Elle n'a pas cru son histoire.*	_____

cuire	cuit	*Le veau créole a cuit pendant une heure.*	_____
devoir	dû	*Il a dû patienter*	_____
dire	dit	*Il a dit: «C'est délicieux.»*	_____
écrire	écrit	*Annie a écrit 24 cartes postales.*	_____
faire	fait	*Il a fait beau hier.*	_____
falloir/il faut	il a fallu	*Il a fallu acheter du rhum.*	_____
lire	lu	*Tu as lu cette recette?*	_____
mettre	mis	*Annie a mis la table pour le dîner.*	_____
(permettre, promettre, remettre, soumettre)			
ouvrir	ouvert	*Le boucher a ouvert la boucherie à 8 heures du matin.*	_____
(couvrir, découvrir, offrir, souffrir)			
plaire	plu	*Le couscous a plu à Annie.*	_____
pleuvoir/il pleut	plu/il a plu	*Il a plu pendant 40 jours et 40 nuits.*	_____
pouvoir	pu	*Vous avez pu compléter cet exercice?*	_____
prendre	pris	*Nathalie a pris l'autobus.*	_____
(apprendre, comprendre, reprendre, surprendre)			
recevoir	reçu	*Nous avons reçu un coup de téléphone*	_____
rire	ri	*Michel et Jean-Paul ont ri du français d'Annie.*	_____
savoir	su	*J'ai su remplir le formulaire.*	_____
suivre	suivi	*Louise a suivi la recette.*	_____
tenir	tenu	*Marc a tenu sa promesse.*	_____
vivre	vécu	*Louise et Annie ont vécu en Écosse*	_____
voir	vu	*Vous avez vu «Germinal»?*	_____
vouloir	voulu	*Marc a voulu voir l'appartement.*	_____

Activité 13

Qu'est-ce que vous avez fait à l'école? Mettez les verbes entre parenthèses au passé composé et remplacez le x avec vos renseignements personnels. Ensuite posez des questions à quelqu'un d'autre pour comparer vos expériences.

Mes études

1   J' _____ x ans à l'école primaire. (passer)*
2   J' _____ x professeurs différents. (avoir)
3   J' _____ d'école x fois. (changer)
4   J' _____ à apprendre le français à l'âge de x ans. (commencer)
5   J' _____ x ans/mois à apprendre le français. (mettre)
6   J' _____ du sport à l'école. (faire)
7   J' _____ des examens en x matières. (passer)*
8   J' _____ aux examens de x (réussir)
9   Mais j' _____ les examens en x (rater)

* Note the two different meanings of '*passer*' here.

10 J' _____ l'école en x. (quitter)
11 J' _____ x comme matière(s) cette année. (choisir)
12 J' _____ de faire x l'année prochaine. (décider)
13 J' _____ mes études faciles/intéressantes. (trouver)

Activité 14

(*Par paires ou petits groupes*) Maintenant c'est votre tour. Choisissez six verbes irréguliers et écrivez des phrases au passé composé. Comparez vos phrases avec les phrases trouvées par une autre paire/un autre groupe.

▼ *COMMENT DIRE*

Tu en reprends?

Annie: Alors, Marc, tu ne reprends pas de veau?

Marc: Non merci. C'est délicieux, mais je n'ai vraiment plus faim.

Louise: Alors tu ne veux ni dessert ni café? C'est dommage. Tu n'en prends qu'un petit morceau.

Marc: Un dessert! Je ne refuse jamais le dessert. Personne dans ma famille ne le fait. Nous sommes de grands amateurs de choses sucrées.

Annie: Et bien tu ne vas pas être déçu. Il y a des coupes martiniquaises et des truffes au chocolat.

Louise: Peut-être que cela ne te dit rien?

Marc: Tu plaisantes. J'en ai l'eau à la bouche.

POUR DIRE

La négation

Activité 15

You are already familiar with *ne . . . pas*. Can you find other negative expressions in the above dialogue? Use a dictionary to work out what they mean.

Activité 16

Complétez les phrases suivantes en utilisant les expressions de négation ci-dessous.

ne . . . ni . . . ni, ne . . . jamais, ne . . . que, ne . . . pas, personne ne : . . . , ne . . . rien

1   Il _____ y a _____ lait _____ crème, il faut boire du café noir.

2   Les enfants _____ prennent _____ de* légumes. Ils _____ mangent _____ des sandwichs.

3   Annie _____ mange _____ le matin, elle _____ boit _____ du café noir.

4   Ma copine _____ est _____ en forme, elle. _____ fait. _____ de sport.

5   _____ _____ a refusé le dessert.

6   Ce week-end, je _____ vais _____ faire. Je vais me reposer.

*Did you notice that *ne . . . jamais* is followed by *de*? This is also the case with *ne . . . pas*, which you saw in Chapter 3, *ne . . . plus* and *ne rien*. This does not apply to *ne . . . que*. See GG 7.4.

Mots utiles

avoir l'eau à la bouche	beaucoup	achat (m)	allégé
battre	déjà	allumette (f)	épicé
mériter	seulement	ananas (m)	pimenté
passer des examens	tout	beurre (m)	
pleurer	vraiment	boisson (f)	
rater des examens		boucherie (f)	
ressortir		citron (m)	
réussir		concierge (m/f)	
réussir aux examens		coupe (f)	
		douche (f)	
		entrée (f)	
		formulaire (m)	
		gentillesse (f)	
		jambon (m)	
		légume (m)	
		mur (m)	
		oignon (m)	
		pain (m)	
		plantain (m)	
		poivre (m)	
		saucisse (f)	

sel (m)
tabac (m)
truffe (f)
veau (m)

Activité 17

Bilan Huitième Étape

1 a. Pour faire des crêpes que faut-il?
   b. On les mange avec _____ ?

2 Voici votre liste de commissions. Quelqu'un vous a fait une plaisanterie
   et a découpé cette liste en morceaux. Pouvez-vous les remettre dans le
   bon ordre?

   1. trois tranches   a) de lait
   2. un litre   b) de fromage
   3. une bouteille   c) de jambon
   4. une boîte   d) de vin
   5. une douzaine   e) de poireaux
   6. 500 g   f) d'œufs
   7. une botte   g) de petits pois

3 Complétez les phrases suivantes avec le passé composé avec **avoir** en utilisant les verbes entre parenthèses.

   a. J' _____ de la limonade et j' _____ tout _____
       (acheter, boire)
   b. Marc _____ sa voiture au garage. Il _____ s'arrêter en route, car il
       _____ une panne d'essence. (conduire, devoir, avoir)
   c. Philippe. _____ très vite pour ne pas rater son bus. (courir)
   d. Annie _____ une lettre de sa tante et elle n' _____ jamais _____.
       (recevoir, répondre)

4 Mettez les phrases suivantes au négatif.
   a. Marc a souvent mangé des coupes martiniquaises.
   b. Tout le monde a aimé les merguez.
   c. Philippe a tout fait pour aider Louise et Annie à décorer leur ap-
       partement.

5 Pouvez-vous remplacer le mot «seulement» dans la phrase suivante par
   une autre expression?
   a. Il y a seulement des truffes et des coupes martiniquaises comme
       dessert.

6   Jeu de phonie

Prononcez les phrases ci-dessous. Écoutez la cassette (Recording No. 52) et
vérifiez votre prononciation.

 a. des vol-au-vent, du veau créole, de la viande de volaille, du vin nouveau, des beignets de crevettes.
 b. une cuillerée de cognac et une pincée de poivre.
 c. J'ai choisi des cerises chez l'épicier. Elles sont moins chères.
 d. Achetons des oignons de Soissons après les moissons.

9

Parler voyages

I *COMMENT DIRE* ....

Après le week-end

Philippe: Vous avez passé un bon week-end à Chartres, les copines?

Louise: Oui . . . on est allé chez les cousins de ma mère. Mais, on a eu quelques problèmes, tout d'abord pour arriver à la gare. On y est arrivé juste à temps pour prendre le train.

Philippe: Laissez-moi deviner . . . La voiture de Marc est tombée en panne, comme d'habitude!

Annie: Non, pas exactement. Il y a eu un accident et on a été dans un . . . Comment dit-on «traffic jam»?

Louise: C'est un embouteillage.

Annie: Merci. On est resté une demi-heure dans un embouteillage.

Philippe: Ce n'est pas surprenant à Paris, mais on s'y habitue. Qu'est-ce que vous avez fait à Chartres? Vous êtes allées voir la cathédrale? Ça vous a plu?

Louise: Oui, bien sûr. Elle est superbe. Les vitraux sont magnifiques.

Philippe: Annie, est-ce que tu as parlé français tout le temps avec les cousins de Louise?

Louise: Oui, elle leur a beaucoup parlé.

Annie: Mais il y a Gérard qui apprend l'anglais et il m'a parlé un peu en anglais.

Louise: Oui, mais tu as parlé français quand nous sommes sortis avec ses copains.

Philippe: Où êtes-vous allés?

Louise: Nous sommes allés au restaurant pour fêter le 18ᵉ anniversaire d'Alain. Alain, c'est un copain de Gérard. On y est resté jusqu'à onze heures, puis on est parti chez Alain pour continuer la fête. Un autre accroc s'est produit. Vers 4 heures du matin, l'alarme de la voiture du père d'Alain s'est déclenchée. On est descendu en vitesse mais on est arrivé trop tard. Ouais, plus de chaîne stéréo . . .

Annie: La police est venue.

Louise: Plutôt gênant! Tout le monde avait* un peu trop bu. Quelle gueule de bois! Je commence à être trop âgée pour ce genre de surprise-partie. Quelle animation!

Annie: Oui, les voisins sont venus se plaindre, mais le père d'Alain leur a offert un petit verre et ils <u>se sont joints</u> à la fête.

*See GG 1.1 (d) (4)

POUR DIRE

Le passé composé avec être

Activité 1

1 Identify the sentences in the dialogue 'Après le week-end' which contain verbs in the perfect tense with **être**. Do not include those already underlined.
2 What do you notice about the verb **être**?
3 Can you explain the spelling of the past participle of **aller** in the following sentences:

    a.   *Elle est allée voir la cathédrale.*
    b.   *Il est allé voir la cathédrale.*
    c.   *Vous êtes allées voir la cathédrale?*
    d.   *Où êtes-vous allés?*

Activité 2

(*En petits groupes*)
Here is a list of the verbs which take the auxiliary **être** in the past tense:

aller	arriver	entrer	monter	rester	naître
venir	partir	sortir	descendre	tomber	mourir

1 What do you notice about these pairs of verbs?

☺ **You can make up a sentence to help you remember these verbs using the first letter of each verb.**

---

2   Look at the verbs in these sentences. What do the sentences mean?

infinitif	participe passé	exemple	ça veut dire
aller	allé	1 *Nous sommes allé(e)s à Paris.*	_____
venir	venu	2 *Je suis venu(e) à pied.*	_____
revenir	revenu	3 *Louise et Annie sont revenues en train.*	_____
devenir	devenu	4 *Annie est devenue experte en grammaire française.*	_____
arriver	arrivé	5 *Le train est arrivé à 6 heures*	_____
partir	parti	6 *Marc est parti en voiture*	_____
rester	resté	7 *Louise est restée chez ses cousins*	_____
retourner	retourné	8 *Elles sont retournées le dimanche soir*	_____

△ **As you will have noticed, the perfect tense of these verbs takes the present tense of *être* and a past participle which agrees in gender and number with the subject. See GG 1.1 (d) (1).**

Activité 3
. . . .

Can you fill in the appropriate past participle for the following sentences?

entrer	entré	9 *Annie et Louise sont _____ dans la cathédrale.*
rentrer	rentré	10 *Ils sont _____ très tard de chez Alain.*
sortir	sorti	11 *Les amis sont _____ samedi soir.*
monter	monté	12 *Annie et Louise sont _____ dans le train.*
descendre	descendu	13 *Elles sont _____ à Chartres.*
tomber	tombé	14 *Albert est _____ de l'échelle.*
naître	né	15 *Napoléon est _____ en Corse.*
mourir	mort	16 *Il est _____ à Sainte-Hélène.*

Activité 4
. . . .

L'histoire ci-dessous est écrite au présent. Écrivez-la au passé composé.

Les voisins de Philippe, les Garnier, partent en vacances. Leur chatte reste dans l'appartement et Philippe va chaque jour lui donner à manger. La chatte tombe malade, donc Philippe part chercher le vétérinaire. Quatre chatons naissent pendant l'absence de Philippe. Les Garnier arrivent le lendemain et disent: «Quelle bonne nouvelle!».

Les verbes pronominaux au passé composé

△ **The other verbs that form their perfect tense with *être* are
reflexives. These are underlined in the above dialogue, '*Après le
week-end*', p. 150.**

*Un autre accroc **s'est produit**.*
*L'alarme de la voiture **s'est déclenchée**.*
*Ils **se sont joints** à la fête.*

Activité 5

Look at the above examples and the sentences a.–g. below.
1   What do you notice about the position of the reflexive pronouns? (in
    bold)
2   What do you notice about the position of the negatives *ne . . . pas,
    ne . . . jamais* in sentences f. and g.?

    a.   Louise et Annie **se** sont assises dans le train pour Chartres.
    b.   Annie **s'**est souvenue d'avoir écrit à sa tante.
    c.   Le lendemain de la surprise-partie d'Alain, je **me** suis réveillé(e) très
         tard.
    d.   Annie et Louise **se** sont endormies dans le train.
    e.   Est-ce que vous **vous** êtes couché(e)s tard?
    f.   Nous <u>ne</u> **nous** sommes <u>pas</u> beaucoup reposé(e)s pendant le week-
         end.
    g.   Tu <u>ne</u> **t'**es <u>jamais</u> couché(e) tôt pendant les vacances.

See GG 3.1 (f).

Activité 6

Remplacez les infinitifs entre parenthèses par leur forme au passé composé.

1   Louise et Annie _____ à Chartres en train. (se rendre)
2   Marc, Louise et Annie _____ à la gare en voiture, mais ils _____ dans
    un embouteillage pendant une demi-heure. (se rendre, se trouver)
3   Nathalie a dit: «Je _____ à l'école de tourisme en autobus». (se rendre)
4   Philippe, tu _____ d'étage. Tu _____ jusqu'au quatrième. (se tromper,
    monter)
5   Louise et Annie _____ pour prendre le métro. (se dépêcher)
6   Louise et Annie ne _____ pas en France en avion. Elles _____ en
    Eurostar. (se rendre, venir)
7   Nous ne _____ pas dans le parc. (se promener)

8 Philippe ne _____ pas assez tôt et il _____ à l'arrêt d'autobus en courant. (se lever, se rendre)

Activité 7

(*Toute la classe*)

1 Circulez dans la classe et posez des questions de façon différente en utilisant les phrases au passé composé avec **être**, qui figurent dans la colonne gauche de la grille ci-dessous. Écrivez les noms des personnes qui répondent **oui** dans la deuxième colonne et les noms des personnes qui répondent **non** dans la troisième colonne. La partie numérotée ii) dans cette grille utilise les verbes pronominaux.

2 Faites le compte-rendu de votre sondage par petits groupes. Par exemple:

Jean est allé à Paris.   *Marie n'est jamais allée à Paris.*

Par exemple: **(i) Est-ce que tu es allé(e) à Paris? Es-tu allé(e) à Paris? Tu es allé(e) à Paris?** **(ii) Est-ce que tu t'es promené(e) sur les Champs Élysées?/T'es-tu promené(e) sur les Champs Élysées? Tu t'es promené(e) sur les Champs Élysées?**	**Noms des personnes qui ont dit oui** *Jeanne est allée à Paris.* *Annie s'est promenée sur les Champs Élysées*	**Noms des personnes qui ont dit non** *Louis n'est jamais allé à Paris.* *Henri ne s'est pas/jamais promené sur les Champs Élysées*
(i) tu es allé(e) en France.		
tu es sorti(e) hier soir.		
tu es resté(e) chez toi ce week-end/mardi soir.		
tu es monté(e) au troisième étage de la Tour Eiffel.		
tu es parti(e) en vacances à Noël.		
tu es né(e) à l'étranger.		
(ii) tu t'es promené(e) dans le centre-ville ce week-end.		
tu t'es levé(e) tôt ce matin.		
tu t'es couché(e) tard ce week-end.		
tu t'es amusé(e) samedi.		

Activité 8

(*Par paires*) Maintenant c'est votre tour! Posez des questions à votre partenaire sur ce qu'il/elle a fait le week-end dernier. Utilisez cinq verbes mentionnés ci-dessus.

II *POUR DIRE*

Activité 9

1   Read the dialogue '*Après le week-end*' and find all the expressions which contain the pronoun **y**'.
2   Can you work out the meaning of **y** from the expressions you have just found?
3   What do you notice about the position of **y** in relation to the verb?

Activité 10

Remplacez les expressions soulignées dans les phrases suivantes par **y**. Insérez-le à l'endroit approprié.

1   Nous avons visité la cathédrale à Chartres.
2   Les amis ont continué la fête chez Alain.
3   Les voisins sont restés chez Alain.
4   Je ne pense jamais à cela.
5   Les enfants ont promené le chien dans le parc.
6   Annie a beaucoup aimé rester chez les cousins de Louise.
7   Les étudiants ont fait un stage dans une agence de voyages.

See GG 3.1 (g).

III *COMMENT DIRE*

Annie va faire du baby-sitting

Catherine: Quel temps affreux! Tu **me** donnes ton parapluie? Je le mets dans la salle de bains.

Jean-Paul: Qu'est-ce que tu as dans ton sac?

Annie: Des surprises.

Jean-Paul: Ce sont des cadeaux pour nous?

Catherine: Jean-Paul! Ce n'est pas très poli.

Jean-Paul: Mais la dernière fois, elle **nous** a amené des bonbons, n'est-ce pas, Annie?

Annie: Oui, mais cette fois je **vous** donne autre chose. Voilà.

Michel: Oh, super, c'est un jeu de cartes. Tu sais jouer au jeu des sept familles?

Annie: Pas en français, non. J'espère que vous allez **me** l'apprendre.

Jean-Paul: Et cet autre paquet, c'est quoi?

Annie: Ma mère **m'**a envoyé des photos de ma famille. Tu veux les voir?

Jean-Paul: Il y en a de tes petits frères?

Annie: Mais oui.

Catherine: Moi, je voudrais voir tout le monde.

Michel: Mais maman, tu vas sortir. Annie n'est pas venue pour toi, elle veut nous voir, Jean-Paul et moi. On **lui** apprend le jeu des sept familles, on regarde les photos et on **te** raconte plus tard. D'accord?

Catherine: C'est un vrai gendarme, ce Michel! Bon, je m'en vais, et je **vous** souhaite bonne soirée à tous. À bientôt! Au fait, Michel, tu peux montrer tes dessins à Annie. Il a fait de jolis dessins de vous tous. Ils sont très amusants.

Jean-Paul et Michel: Au revoir, maman!

POUR DIRE

Les pronoms objets indirects

You have already met direct object pronouns in Chapter 7 (me, you, him, her, etc.). French also uses indirect object pronouns (to me, to you, to him, etc.).

Activité 11

Look at the above dialogue again.

1   The indirect object pronouns are in bold type in the dialogue. Can you insert them into their proper place in the grid below?

PRONOMS SUJETS	PRONOMS OBJETS DIRECTS	PRONOMS OBJETS INDIRECTS
je	me, m'	
tu	te	
il/elle/on	le/la	
nous	nous	
vous	vous	
ils/elles	les	

2 Look at the Grammatical Guide 3.1. Can you find the missing pronoun?
3 What do you notice if you compare direct and indirect object pronouns?

Activité 12

Insérez les pronoms qui correspondent aux mots soulignés.

1 Je voudrais passer un week-end chez <u>mon frère</u>. Je _____ téléphone ce soir.
2 C'est l'anniversaire de <u>ma mère</u>. Je vais _____ rendre visite et _____ offrir des fleurs.
3 La dernière fois qu'Annie a fait du baby-sitting pour Catherine, Annie a donné des bonbons à <u>Michel et Jean-Paul</u>, mais cette fois-ci elle _____ a donné un paquet de cartes.
4 J'ai demandé une brochure à l'agence de voyages. Ils _____ 'ont envoyé cette brochure hier.

La position des pronoms

Activité 13

Sentences can contain several pronouns.
1 Can you find a sentence in the dialogue, 'Annie va faire du baby-sitting', which contains both an indirect object pronoun and a direct object pronoun?
2 Which type of pronoun comes first?

△ **Note that object pronouns go in front of the main verb in a normal sentence.**
When a sentence contains more than one pronoun, French has a strict word order.

me					
	le				
te			lui		
	la			y	en
nous			leur		
	les				
vous					

☺ This is rather like a football team: 4 forwards, 3 midfields, 2 defence, 1 sweeper, 1 goalkeeper.

Activité 14

Insérez les pronoms objets entre parenthèses au bon endroit.

1 Peux-tu me montrer les photos? Bien sûr, je _____ _____ montre. (les, te)

2 Les enfants veulent voir les photos d'Annie. Elle _____ _____ montre. Il _____ _____ a de toute la famille. (y, les, leur, en)

3 Mes enfants vont être sages. Ils _____ _____ 'ont promis. (le, me)

4 Il sait que j'adore les fleurs. Il _____ _____ offre comme cadeau d'anniversaire. (en, me)

5 On va le rencontrer au cinéma. Il _____ _____ attend. (nous, y)

IV COMMENT DIRE

Activité 15

(Par paires)

a Écoutez la cassette 'Les Vacances d'Annie', Recording No. 55, et trouvez les expressions se rapportant au voyage. Quelle est la préposition utilisée pour dire 'by'?

b Insérez les moyens de transport dans la grille ci-dessous.

c Ajoutez d'autres moyens de transport et posez-vous les questions figurant dans les colonnes 2 et 3.

Les moyens de transport	Quand utilisez-vous ces moyens de transport? Quand vous rentrez chez vous, comment voyagez-vous? Par exemple: Je prends le train, le métro Je suis allé(e) à . . . en train.	Quand vous êtes allé(e)(s) en vacances comment avez-vous voyagé? J'ai voyagé en train, en bus, *à* pied.

Activité 16

Écrivez un court paragraphe sur vos dernières vacances et parlez des moyens de transport utilisés.

V COMMENT DIRE

Les vacances d'Annie

Annie: Qu'est qu'on fait d'abord? On regarde les photos ou bien on joue aux cartes?

M et J.P: Les photos, s'il te plaît.

Annie: Vous savez qui c'est?

Jean-Paul: C'est toi. Où es-tu? C'est chez toi, ce château?

Annie: Mais non, ce n'est pas chez moi. Je n'habite pas un château. C'est le château de Caernarfon. On y a passé les vacances l'année dernière.

Michel: Et c'est qui sur cette photo-ci?

Annie: C'est ma mère et mon beau-père.

Jean-Paul: C'est pas ton papa?

Annie: Non, voici mon papa avec ma belle-mère devant leur maison. Je n'habite pas chez eux, mais j'y vais souvent.

Michel: C'est qui à côté de toi sur cette photo-là?

Annie: C'est mon frère Alex. C'est l'aîné. Et devant nous, ce sont mes petits frères. À gauche c'est Jonathan et à côté de lui, c'est Kevin.

POUR DIRE

Les pronoms accentués

You have already met such pronouns in expressions such as: *et moi, et toi, c'est moi*. Such pronouns have a more emphatic form than those that come before a verb. They are often found after a preposition, e.g. *pour moi, avec toi*.

Activité 17

1   Read the above dialogue and underline the prepositions followed by emphatic pronouns.
2   Insert these emphatic or stressed pronouns in the grid below. You will not find an example of each one in the dialogue. **See GG 3.1 for a complete list**.

Pronoms personnels sujets	Pronoms accentués
je	
tu	
il/elle/on	
nous	
vous	
ils/elles	

Activité 18

Associez les phrases dans la grille ci-dessous. Par exemple:

a et 5: *Annie montre des photos d'elle-même et de sa famille.*

a	Annie montre	1	de les conduire chez elles.
b	Quand on est fatigué	2	on préfère rester chez soi.
c	Philippe envoie Annie chez Catherine	3	qui habitent à côté de chez toi?
d	Monsieur le directeur,	4	trop vite pour moi.
e	Catherine dit à Philippe	5	des photos d'elle-même et de sa famille.
f	Marc offre à Annie et Louise	6	il y a un message pour vous.
g	Nous avons reçu	7	si elle a un cadeau pour eux.
h	Tu connais les gens	8	sans lui.
i	Je crois que le T.G.V. va	9	des amis français chez nous.
j	Les enfants demandent à Annie	10	qu'elle a de la chance d'avoir un petit frère comme lui

Activité 19

Insérez les pronoms accentués dans les phrases suivantes.

1 Je voudrais partir en vacances avec mes amis. L'ambiance est formidable avec _____

2 Je suis allée en Corse avec ma meilleure amie. Je suis souvent sortie avec _____

3 Il est arrivé en retard à la gare. Le train est parti sans _____

4 Chacun paie sa part. Chacun pour _____

5 Annie et Louise sont vraiment sympathiques. Tout le monde s'entend très bien avec _____

6 Annie, cette valise n'est pas à _____ , c'est à _____

☺ **As you have seen, there are other ways of saying that something belongs to somebody. You met possessive adjectives in Chapters 3 and 7: *mon, ma, mes, ton, ta, tes,* etc. To show ownership you can also use emphatic pronouns (See GG 3.1 (e)) or possessive pronouns (See GG 3.2).**

Mots Utiles

se déclencher   directement   accroc (m)   affreux(se)
s'entendre   en vitesse   cadeau (m)   drôle
se joindre   malheureusement   copain (m)   gênant(e)
se plaindre   copine (f)   sage
se produire   embouteillage (m)
                                        gendarme (m)
                                        gueule de bois (f)
                                        parapluie (m)
                                        surprise-partie (f)
                                        vitrail (m)

Activité 20

Bilan neuvième Étape

1   Est-ce que vous pouvez réorganiser les phrases suivantes?
    a.   plu vous a Paris?
    b.   elle avec ses est copains sortie
    c.   la allées vous voir êtes cathédrale?
    d.   les sont samedi copains sortis soir
    e.   ont embouteillage un Annie et Louise été dans
    f.   à cause plaindre les sont voisins se venus du bruit
    g.   y nous tard soir restés très sommes le

2   Mettez le paragraphe suivant au passé composé.

    Louise et Annie arrivent juste à temps à la gare. Elles prennent le train
    pour Chartres. Elles vont à Chartres pour rendre visite aux cousins de la
    mère de Louise. Louise y va assez souvent. Annie veut mettre son
    français en pratique et elle a envie de visiter la cathédrale de Chartres.
    Elles s'amusent bien.

3   Ajoutez les pronoms objets indirects appropriés.

    a.   Je te remercie. Tu _____ as donné un cadeau magnifique.
    b.   Quand Gérard est venu chez elle, Louise _____ a offert un verre.
    c.   Nous sommes allées à Chartres chez les cousins de Louise pour
             _____ rendre visite.

4   Mettez les pronoms objets directs et indirects dans le bon ordre.

    a.   Mes parents ont vu mes photos de vacances. Je _____ _____ ai
         montrées hier. (les, leur)

    b.   Nous _____ _____ avons dit la semaine dernière. (l', vous)

    c.   Je vais _____ _____ donner demain matin. (les, te)

    d.   Cette valise est à moi. Est-ce que tu peux _____ _____ passer?
         (me, la)

5   Jeu de phonie

Prononcez les phrases ci-dessous. Écoutez la cassette (Recording No. 56) et
vérifiez votre prononciation.

    a.   On embouteille à Marseille.

    b.   On place les bouteilles dans des corbeilles d'oseille.

    c.   Les voici dans la paille dans les malles sur les rails.

    d.   Après le mariage, le voyage de noces.

    e.   L'animation de la nation fait sensation.

    f.   La famille, la grille, la vrille.

10

Comment faire?

In this chapter you will:

I Learn how the imperative is used to give instructions
in the affirmative and in the negative

II Use the imperative with indirect and direct
object pronouns

III Use the imperative with indirect and direct
object pronouns in the negative

IV Use reflexive verbs in the imperative

V Find out more about agreement of past participles
(perfect tense with *avoir*)

█ *COMMENT DIRE*

Le jeu des sept familles

Annie: Vous voulez m'expliquer comment on joue au jeu des sept familles?

Jean-Paul: Il faut distribuer toutes les cartes et puis on essaie de gagner.

Annie: Mais comment est-ce qu'on gagne?

Michel: Il faut avoir des familles complètes. Je te lis la règle du jeu. «La personne qui commence essaie de compléter une de ses familles en demandant à un autre joueur s'il a une des cartes manquantes. Si le joueur a cette carte, il doit la donner. S'il n'a pas cette carte, c'est à son tour de jouer. Les cartes de chaque famille sont numérotées de 1 à 6. Il y a le grand-père, la grand-mère, le père, la mère, le fils, la fille.»

Annie: La dernière partie, je l'ai comprise. Quant au début, je suis complètement perdue. On a sonné. Je crois que c'est Philippe. Allez lui ouvrir.

Jean-Paul: Philippe, aide-nous à apprendre ce jeu à Annie! Elle ne comprend pas les règles.

Philippe: À quoi vous jouez?

Jean-Paul: Au jeu des sept familles. C'est Annie qui nous en a fait cadeau.

Philippe: Alors, on apprend en jouant. Commençons. Michel, trie les cartes et distribue-les.

Michel: Voilà, j'ai fini. Qui commence?

Jean-Paul: Moi, moi.

Philippe: Vas-y.

Jean-Paul: Annie, je voudrais le grand-père, famille TGV, s'il te plaît?

Annie: Mais, je ne l'ai pas.

Philippe: Alors, Jean-Paul perd son tour, doit pêcher une carte et c'est à toi de jouer. Maintenant demande une carte à quelqu'un.

Annie: Essayons. Philippe, je voudrais le fils, famille Avion.

Philippe: Quelle veinarde! Le voici. C'est encore ton tour.

Annie: Alors, il faut demander à quelqu'un d'autre.

Philippe: Non, pas forcément. Adresse-toi à n'importe qui.

Annie: Michel, est-ce que tu as la mère, famille Bateau?

Michel: Pas de chance. Non! C'est à moi. Jean-Paul, tu as la fille, famille Hélicoptère?

Jean-Paul: Oui. Tiens. Voilà.

Michel: Et tu as la grand-mère, toujours famille Hélicoptère?

Jean-Paul: Tricheur! Tu as vu mes cartes!

Michel: Mais non, menteur. Ne crie pas comme ça. J'ai deviné. Tu l'as ou tu ne l'as pas?

Jean-Paul: Tiens, c'est mon tour maintenant.

Philippe: Non, sois patient, c'est toujours au tour de Michel. Continue, Michel.

Jean-Paul: Moi, je ne veux plus jouer. Laissez-moi regarder la télévision.

Michel: Petit boudeur! Va dans ta chambre! Continuons à jouer. C'est plus amusant sans lui.

Philippe: Annie, on a besoin d'un café bien fort, je crois!

POUR DIRE

L'impératif

As you may have noticed in the instructions for activities in this book, it is simple to tell someone else to do something in French:

Écoutez la cassette.   *Demande à ton (ta) partenaire.*

Activité I

1   Make a list of all the verbs in the dialogue that follow the same pattern as the verbs '*écoutez*' and '*demande*' in the examples above. (These are called imperatives.)
2   What are the pronouns that have been removed from the imperative forms?

☺ **For the majority of verbs you just need the second person singular and the first and second person plural of the present tense, without the pronouns.**

There are just a few verbs which are highly irregular such as:

être:	sois!	soyons!	soyez!	*Sois patient!*
avoir:	aie!	ayons!	ayez!	*Ayez confiance en nous!*

savoir:	sache!	sachons!	sachez!	*Sachez vous concentrer!*
vouloir:	veuille!	veuillons!	veuillez!	*Veuillez faire attention!*

Activité 2
• •

1   Insert the imperative forms that you have found in the dialogue into the grid below. Find their infinitive and add the other imperative forms. There may be verbs which are irregular. You may want to refer to **GG 1.1 (a), (a) (2) and (a) (3)** to remind you of the present tense. The first example has been completed for you.

Infinitive	Tu form	Nous form	Vous form
aller	va	allons	allez

2   What do you notice about the '*tu*' form of **er** verbs in the imperative?

Activité 3
• •

Mettez les phrases suivantes à l'impératif. Référez-vous au pronom entre parenthèses pour savoir à quelle personne mettre le verbe.

1   Commencer à lire les instructions. (vous)
2   Distribuer toutes les cartes. (tu)
3   Trouver les cartes manquantes. (vous)
4   Lire la règle du jeu. (nous)
5   Apprendre en jouant. (vous)
6   Repartir en bus. (nous)
7   Partir tout de suite pour ne pas rater le bus. (tu)
8   Boire un verre ensemble. (nous)
9   Vouloir tenir sa droite. (vous)

Activité 4

Catherine a préparé un bœuf bourguignon
(*Par paires*)
1   Lisez la recette ci-dessous et soulignez les verbes à l'impératif.
2   Un étudiant explique comment préparer le bœuf bourguignon et le (la) partenaire explique comment le faire cuire. Utilisez la forme «tu» de l'impératif. Par exemple:

Coupe le bœuf en petits morceaux.   Fais chauffer l'huile dans une cocotte.

LA RECETTE DU BŒUF BOURGUIGNON

INGRÉDIENTS

1 kg de bœuf	3 tomates bien rouges	2 beaux oignons
300g de carottes	1 gousse d'ail	2 cuillerées à soupe d'huile
1 demi-bouteille de vin rouge		Sel, poivre de Cayenne

PRÉPARATION

Coupez le bœuf en petits morceaux.
Épluchez les carottes, coupez-les en rondelles fines.
Épluchez et hachez les oignons et l'ail.
Lavez les tomates, coupez-les en 4.

CUISSON

Faites chauffer l'huile dans une cocotte.
Faites-y roussir les morceaux de bœuf à feu vif.
Faites blondir les oignons.
Ajoutez les tomates, les carottes.
Versez ½ verre d'eau et le vin rouge.
Assaisonnez, couvrez et portez à l'ébullition.
Réduisez à feu doux et laissez mijoter pendant 1 heure.
Servez accompagné de pommes duchesse ou pommes de terre rôties.

Activité 5

(*Par paires/petits groupes*) Donnez la recette de votre plat préféré ou d'une spécialité régionale.

L'impératif au négatif

☺ It is very easy to tell someone not to do something. You just put *ne* before the verb and *pas/jamais/plus/rien/ni . . . ni* after the verb, as you normally do, e.g. <u>Ne crie *pas*</u> comme ça!

Activité 6

Mettez les instructions suivantes à l'impératif en vous référant au pronom entre parenthèses. Par exemple:
Ne fumez pas dans la salle de conférence.

1 Il ne faut pas bavarder dans la salle de cinéma. (vous)
2 Il ne faut pas écrire sur les murs. (vous)
3 Il ne faut pas ajouter trop de sel à la soupe. (tu)
4 Il ne faut plus laisser les chiens en liberté sur le gazon. (vous)
5 Il ne faut pas parler anglais pendant le cours de français. (nous)
6 Il ne faut oublier ni son dictionnaire ni son livre. (tu)
7 Il faut sécher les cours. (nous)
8 Il ne faut jamais tricher quand on joue aux cartes. (tu)

▌▌ *COMMENT DIRE* ....

Les consignes pour la baby-sitter

Michel: J'ai gagné! Donnez-_____ une récompense.

Philippe: Tu as combien de familles? Montre-_____-_____

Michel: Voilà! Quatre familles complètes.

(*Poupette saute sur les genoux d'Annie et gémit*)

Annie: Qu'est-ce qu'elle veut?

Jean-Paul: Elle veut son dîner. Donnons-_____ à manger. Et moi aussi, j'ai faim.

Philippe: Michel, tu sais où est l'assiette de Poupette? Donne-_____-_____ s'il te plaît.

Jean-Paul: Et qu'est-ce qu'il y a pour moi?

Philippe: Il faut lire les consignes de Maman. Elle colle toujours une liste sur le frigo. Va la chercher, Jean-Paul. Merci bien, tu es gentil. Voici, Annie. Catherine t'a laissé un petit mot. Lis-_____ s'il te plaît.

Annie:

> *Chère Annie,*
> *N'oublie pas de faire sortir Poupette après son dîner.*
> *Donne-lui à manger à sept heures et demie environ.*
> *Demande à Michel où se trouve son dîner.*
> *Les enfants ont déjà mangé, mais si tu veux, donne-leur du lait et des biscuits s'ils ont faim.*
> *Si Jean-Paul dit qu'il a très faim, ne le crois pas!*
> *Pour toi et Philippe il reste du gigot dans le frigo.*
> *À plus tard!*
> *Merci mille fois.*
> *Amitiés,*
> *Catherine*

Philippe: Bon, allons-y. Suivons les directives de la patronne!

POUR DIRE

L'impératif suivi de pronoms objets directs et indirects

Can you remember the difference between direct object pronouns and indirect object pronouns? If you are not sure see Chapters 7 and 9 and GG 3.1 (c) (d).

Activité 7

1   Listen to the cassette, Recording No. 58, and fill in the gaps in the above dialogue, '*Les consignes pour la baby-sitter*'.
2   Read the instructions given by Catherine in her note and find verbs in the imperative form followed by *one* indirect object pronoun.
3   Do you remember what **lui** and **leur** refer to?
4   What do you notice about the position of the pronouns compared with the position of pronouns with verbs in the indicative?

△ **As you may well have noticed, when you tell someone, in French, to do something to, or for, someone else, there is a hyphen between the imperative and the pronoun.**

Activité 8

Verbs in the imperative form can be followed by direct object pronouns. Look at the example below:

Catherine t'a laissé un petit mot. Lis-le, s'il te plaît.

Can you work out what **le** refers to?

Activité 9

Refer back to the dialogue entitled: '*Les consignes pour la baby-sitter*' (p. 170).
1 Identify the imperatives followed by an indirect pronoun and a direct pronoun in the dialogue.
2 Which comes first, the direct pronoun or the indirect pronoun?

Activité 10

Reliez les phrases de la colonne 1 de la grille ci-dessous aux phrases correspondantes contenues dans la colonne 2 et complétez-les. Par exemple:
1 et a

I Je ne suis pas prêt(e).	a Attendez-_____!
2 J'ai faim.	b Donne-_____ le message de ta maman.
3 Le chien a soif.	c Dites-_____ de nous attendre!
4 Annie ne sait pas quoi faire.	d Dis-_____ d'être sages.
5 Ils vont partir?	e Faites-_____ un sandwich, s'il vous plaît.
6 Catherine, les enfants se disputent.	f Donnons-_____ à boire.

Activité 11

Dans les instructions suivantes, remplacez les mots soulignés par les pronoms qu'il faut.

1 Expliquez <u>les règles du jeu</u> <u>à Annie</u>.
2 Téléphone <u>à tes parents</u>.
3 Envoyons <u>le cadeau</u> <u>à mémé</u>.

4   Offre <u>les gâteaux</u> <u>aux invités</u>.
5   Demandons <u>le chemin</u> <u>au gendarme</u>.
6   Lis <u>l'histoire</u> <u>à Jean-Paul</u>.
7   Raconte <u>ta journée</u> <u>à maman</u>.

Activité 12

Complétez les phrases suivantes.

1   C'est un message pour Annie. Donne-_____-_____
2   Voici l'assiette du chien. Donnons-_____-_____
3   M. et Mme. Dubois voudraient notre adresse. Alors, donne-_____-_____
4   Tu as pris les jouets de tes copains? Rends-_____-_____tout de suite!
5   Nous avons reçu une lettre en anglais. Traduisez-_____-_____, s'il vous plaît.
6   Comment est-elle, ta sœur? Décris-_____-_____
7   Où sont tes parents sur cette photo? Montre-_____-_____

Activité 13

Donnez les réponses aux questions suivantes sous forme d'instructions, en remplaçant les noms objets par les pronoms appropriés. (N'oubliez pas que les mots **y** et **en** sont aussi des pronoms.) Par exemple:

Tu me prêtes ton stylo? Prête-le-moi.

1   Tu me passes mes lunettes?
2   Vous nous écrivez?
3   Tu nous montres les photos?
4   Vous téléphonez à vos parents?
5   Vous me montrez la maison?
6   Vous me croyez?
7   On va au cinéma ce soir?
8   Vous nous prêtez la voiture?
9   Vous m'expliquez le système?
10   Tu me donnes ton numéro de téléphone?

III *COMMENT DIRE*

Donnons-leur à manger

Activité 14

Écoutez la cassette, Recording No. 59, et répondez aux questions suivantes:
1   Quelle est l'instruction donnée par Philippe à Michel?
2   Qu'est-ce que Michel dit à Poupette?
3   Philippe dit aussi à Michel de ne pas manger trop de biscuits. Que dit-il exactement?

POUR DIRE

Le négatif de l'Impératif avec des pronoms personnels objets

Activité 15

Compare the sentences in column 1 and 2. What do you notice about the position of the pronouns in the negative?

Donne-le-lui.   *Ne le lui donne pas maintenant.*
Mangez-les.   *Ne les mangez pas tous.*

Activité 16

(*À l'écrit*) Vous partez en vacances pour quinze jours et vous prêtez votre appartement à un copain (une copine) français(e). Il (elle) arrive après votre départ et vous lui laissez une liste d'instructions.

Rappelez-lui de ne pas oublier de sortir la poubelle (dites quel jour), de mettre l'alarme quand il (elle) sort, de faire un peu de ménage, de mettre de l'argent dans la tirelire pour les coups de téléphone, de ne pas déranger les voisins . . .
À vous de décider, s'il y a autre chose d'important.

IV *POUR DIRE*

Les verbes pronominaux à l'impératif

When Michel told the dog to sit down, he said: 'Assieds-toi'. This comes from the verb s'asseoir.

Activité 17

The grid below shows imperative forms of some other reflexive verbs.
1 Can you identify the infinitives and write them in the appropriate column?
2 Now complete the third column with the appropriate part of the present tense, including the pronoun.
3 What happens to the reflexive pronoun in the imperative?

IMPERATIVE	INFINITIVE	PRESENT TENSE
Lève-toi!	*se lever*	*tu te lèves*
Tais-toi!		Tu _____ _____
Dépêche-toi!		Tu _____ _____
Asseyez-vous!		Vous _____ _____
Amusez-vous bien!		Vous _____ _____ _____
Allez-vous-en!		Vous _____ _____ _____
Calmons-nous!		Nous _____ _____

☺ **If a reflexive verb is negative and imperative, it uses the normal pronouns *te*, *nous* and *vous* and normal word order.**

*Ne **te** fâche pas!*   Don't get cross!
*Ne **vous** inquiétez pas!*   Don't worry!
*Ne **nous** arrêtons pas ici.* Let's not stop here.

Activité 18

(*Par paires*) Inventez et écrivez des instructions pour les six situations suivantes. Par exemple:

Souhaitez de bonnes vacances à votre professeur.

«*Amusez-vous bien pendant les vacances!*»

1   Dites à Michel et Jean-Paul de se taire.
2   Invitez un copain à s'asseoir.
3   Priez vos parents de ne pas se mettre en colère.
4   Souhaitez une bonne soirée à Nathalie – elle va à une surprise-partie.
5   Vous allez au cinéma avec des copains. Proposez à tout le monde de se dépêcher pour ne pas manquer le début du film.
6   Un copain (une copine) va passer six mois en France. Dites-lui de ne pas vous oublier.

▼ *COMMENT DIRE*

Catherine revient

Catherine: Ça s'est bien passé? Les enfants <u>ont été</u> sages?

Annie: Oui, tout s'est très bien passé. On <u>a joué</u> au jeu des sept familles.

Catherine: Jean-Paul aussi? Il <u>a aimé</u> ça? Ça m'étonne. Il n'est pas toujours très bon joueur.

Philippe: Ils se sont disputés un peu à la fin du jeu mais *c'est pas grave.

Catherine: Les enfants <u>ont sorti</u> Poupette?

Philippe: Oui, ils l'<u>ont sortie</u> après lui <u>avoir donné</u> son dîner.

Catherine: Vous <u>avez trouvé</u> le reste de gigot?

Philippe: Oui, on l'<u>a trouvé</u> dans le frigo. On l'<u>a mangé</u> et on l'<u>a</u> beaucoup <u>ap</u>précié.

Catherine: Jean-Paul <u>a eu</u> faim bien sûr. Je vois le paquet vide sur la table. Je présume qu'il <u>a dévoré</u> tous les biscuits?

Annie: Oui, il les <u>a dévorés</u> en quelques minutes. Il ne les <u>a</u> pas <u>partagés</u> avec son frère.

Catherine: Donc, je suppose que la bagarre <u>a continué</u>.

Philippe: Oui, en fait on <u>a eu</u> un petit désastre. Tu sais les petites assiettes en porcelaine de Limoges . . .

Catherine: Comment? Ils les <u>ont cassées</u>? Ma grand-mère me les <u>a données</u> comme cadeau de mariage. Ah, les petits monstres! Ça va barder demain matin.

*The *ne* in the negatives *ne . . . pas, ne . . . jamais, ne . . . rien,* etc, is often omitted in spoken French. For example: *Il y a rien à faire,* instead of *Il n'y a <u>rien</u> à faire. Je fais pas ça,* instead of *Je <u>ne</u> fais <u>pas</u> ça.*

POUR DIRE

L'accord du participe passé avec avoir

Activité 19

1   Look at the underlined verbs in the above dialogue in the perfect tense with **avoir** and identify the phrases where the verb is preceded by a direct object pronoun.
2   What do you notice about the endings of the past participle?

Activité 20

(*Par paires*) Look at the following examples and underline the endings of the past participles. What do they agree with?

1   *Annie n'a pas mangé ses escargots. Elle ne les a pas mangés.*
2   *Jean-Paul a trouvé les biscuits. Il les a trouvés.*
3   *Jean-Paul a jeté ses cartes. Il les a jetées.*
4   *Nous avons avalé les huîtres. Nous les avons avalées.*

△ **Please note that the past participle never agrees with an indirect object.**

   Annie a rouspété Jean-Paul.   Il lui a demandé pardon.

Activité 21

Look again at the above dialogue, 'Catherine revient'. Can you work out what the past participles you identified in Activité 19 agree with?

△ **As you have seen, when the direct object pronoun is placed before the *avoir* part of the verb, the past participle must agree with the direct object pronoun. This is not always noticeable in spoken French but is important *in written French*.**

Activité 22

. . . .

Remplacez les noms par des pronoms personnels sujets, objets directs ou indirects. N'oubliez pas d'accorder le participe passé si nécessaire.

Annie a apporté des bonbons.	**Elle les a apportés.**
Jean-Paul a caché les cartes.	
Annie et Philippe ont gardé Jean-Paul et Michel.	
Annie a montré ses photos de famille aux enfants.	
Les enfants ont donné à manger à Poupette.	
Philippe a appris le français à Annie.	
Grand-mère Béatrice a donné des assiettes en porcelaine à Catherine.	
Philippe a ramassé les morceaux cassés. Le lendemain, Catherine a montré les morceaux à Jean-Paul et à Michel.	

Mots utiles

s'adresser à	forcément	bagarre (f)	complet
assaisonner	toujours	boudeur (m)	complète
barder		cocotte (f)	manquant
blondir		consigne (f)	numéroté
coller		désastre (m)	gourmand
couvrir		directive (f)	rôti
dévorer		ébullition (f)	vif
distribuer		frigo/frigidaire (m)	
éplucher		gigot (m)	
essayer		gousse (f)	
mijoter		poubelle (f)	
pêcher		porcelaine (f)	
réduire		tour (m)	
roussir		TGV (m)	
sécher les cours		tricheur (m)	
		règle (f)	
quant à		riz (m)	
		rondelle (f)	
		veinard (m)	
		veinarde (f)	

Activité 23

. . . .

Bilan Dixième Étape

1 Complétez les phrases suivantes en mettant les verbes à l'infinitif, en caractères gras, à l'impératif et ajoutez les pronoms personnels appropriés.

suivre, demander, prendre, se lever, mélanger, se servir, rester, dire, oublier

   a. Tu vas être en retard. _____-_____ vite! Ne _____ pas au lit!
   b. Tu n'as pas le temps de déjeuner. _____ ce paquet de biscuits.
   c. Si tu veux du jus de fruits, _____-_____
   d. Avant de donner les cartes, _____-_____ bien.
   e. Pour compléter les familles, _____ les cartes manquantes aux autres joueurs. (vous form) _____'_____ _____ les questions des autres joueurs. (vous form, in the negative)
   f. Nous ne savons pas comment faire des truffes au chocolat, _____ la recette.
   g. Si tu veux nous aider, _____-_____-_____

2 Jean-Paul a tapé quelques lignes sur l'ordinateur de son frère aîné après avoir abandonné le jeu de cartes. Cet extrait est plein de fautes de frappe! (Celles-ci sont en italiques). Est-ce que vous pouvez les corriger? (Il y en a onze.)

   Je n'aime pas mon frère. Il n'a pas *étée* gentil avec moi. Il a dit à Annie «Jean-Paul a mangé tous les biscuits », mais je *les ne ai* pas *mangé*. Maman m'a demandé de sortir Poupette, et il *a la sorti*. On s'est disputé parce qu'il *l'*a donné à manger, et j'ai voulu faire ça. Finalement, on a cassé les assiettes. Philippe nous a demandé de ramasser les morceaux, mais je ne les ai *trouvé pas*. Mon frère n'est pas toujours très sympa et ce soir, je ne *pas l'ai* aimé du tout. Demain, je sais que Maman va être en colère. Je vais lui dire « Michel a *cassées* les assiettes. Je sais où il les a *mis*.» Et Maman va être contente de moi et très en colère avec Michel!

3 Jeu de phonie

 Ⓟ

   Prononcez les phrases ci-dessous. Écoutez la cassette (Recording No. 61) et vérifiez votre prononciation.
   a. Mets mijoter le gigot très tôt.
   b. Maintenant apprends en jouant.
   c. Tour à tour, de jour en jour, pour toujours.
   d. Sachez jouer sans chahuter et sans vous chamailler.

11

L'hôtel et le syndicat d'initiative

In this chapter you will:

I Meet the future tense

II Talk about what will happen, using **if** or **when**

III Make enquiries at a tourist information office

IV Find out how to make a reservation at a hotel

V Write a short postcard, using adverbs

▌ *COMMENT DIRE*

À la recherche d'un hôtel

Annie: Philippe, je viens de recevoir une lettre de ma . . . Comment dit-on 'godmother'?

Philippe: On dit marraine.

Annie: Comment? Ma . . . reine . . .?! Tu veux dire, comme la reine de mon pays?

Philippe: Qu'est-ce que tu veux dire . . .? Ah oui, j'ai compris! Non, ce n'est pas la même chose. «Marraine» est en un seul mot et ça s'épelle: m-a-deux r-a-i-n-e. Dis donc, tu commences à devenir très douée en français. Alors, revenons-en à ta marraine. Elle t'a écrit?

Annie: Oui. Elle veut venir me voir à Paris, et elle me demande de recommander un hôtel. Mais je ne connais pas beaucoup d'hôtels. Conseille-moi!

Philippe: Alors, d'abord il faudra choisir le quartier et cela dépendra du prix. Nous pourrons obtenir la liste des hôtels et tu en choisiras un. Si nous allons au syndicat d'initiative, ils en auront sûrement une. Je t'aiderai si tu veux. Quand est-ce qu'elle te rendra visite?

Annie: Elle arrivera la semaine prochaine et restera cinq jours.

Philippe: Si elle choisit un hôtel dans ton quartier, ce ne sera pas très pratique. C'est mieux de chercher un hôtel dans le 1er ou dans le 2ème arrondissement. Vous vous rencontrerez plus facilement quand tu n'auras pas de cours. À quelle heure est-ce que tu penses aller au syndicat d'initiative?

Annie: Après les cours. Tu es libre vers 16 heures cet après-midi?

Philippe: Je peux partir plus tôt. J'ai cours d'anglais. On ne fait pas quelque chose de très important aujourd'hui. Alors, c'est d'accord. On y va vers 16 heures. On se voit quand même à midi pour manger, comme d'habitude.

Annie: Oui, bien sûr. À tout à l'heure.

☺ You have already met the immediate future *aller* + infinitive in **Chapter 3. Par exemple:**

Maintenant je vais apprendre le futur.

Le futur

Activité 1

1   Look at all the tenses of the verbs in the above dialogue. There are lots of verbs in the future tense. The infinitives of these verbs have been picked out in the list below. Can you associate them with their form in the future, as they appear in the dialogue? The first one has been done for you. Can you spot the four irregular verbs?

> *falloir*   **faudra**
> choisir
> aider
> avoir (x2)
> dépendre
> rendre
> rester
> pouvoir
> être
> rencontrer
> arriver

2   Can you identify all the parts of these future endings? Do they remind you of the endings of a verb you already know?

☺ In French, the future is one of the easiest tenses to learn.

For most *-er* and *-ir* verbs you simply add the future endings to the infinitive.

For *-re* verbs, you take off the final e from the infinitive and add the future endings.

As you will have noticed, the endings are the same as for the verb *avoir* in the present tense.

Irregular verbs can also be identified by the presence of an 'r' + the future endings.

See GG 1.1 (b), for a list of the verbs with highly irregular future stems.

Activité 2

(*Par paires*) Écoutez la cassette, Recording No. 63, et complétez les phrases suivantes.

a. Philippe et Annie _____ des brochures au syndicat d'initiative et Annie _____ un hôtel pour sa marraine.
b. La tante Béatrice _____ à Paris la semaine prochaine.
c. Elle _____ l'avion et _____ sur Paris.
d. Annie la _____ à l'aéroport.
e. Annie _____ à l'aéroport en métro.
f. Elles _____ Paris ensemble.

Activité 3

Complétez les phrases ci-dessous en vous servant des verbes irréguliers entre parenthèses.

1 Demain nous _____ au syndicat d'initiative. (aller)
2 Je _____ me lever tôt. (devoir)
3 Vous _____ au syndicat d'initiative à neuf heures et vous _____ la liste des hôtels. (être, avoir)
4 Elle _____ cette liste à sa tante. (envoyer)
5 Nous _____ la réservation en personne. (faire)
6 Il _____ choisir un hôtel assez luxueux dans le 1er ou 2ème arrondissement. (falloir)
7 Cela _____ mieux pour ma tante et pour nous voir. (valoir)

Activité 4

Annie a reçu une lettre d'une amie. Nous avons enlevé les verbes au futur. À vous de les rajouter!

> Paris,
> le 5 janvier 199…/20……
>
> Chère Annie,
>
> Je te présente mes meilleurs vœux pour l'année nouvelle. J'espère que tous tes souhaits se réaliser ____ Comme tu sais, d'habitude, je ne suis pas très organisée, mais cette année j'ai décidé de faire un effort.
> À partir de demain, je _____ très tôt. Je ne _____ pas au collège sans avoir pris mon petit déjeuner. Donc, je _____ des tartines beurrées et je _____ du café au lait. Je _____ la maison à huit heures exactement. J' _____ à mon premier cours à l'heure. Je _____ très studieuse. À midi, j' _____ à la cafétéria. J'y _____ mes amis.
> L'après-midi, je ne sécher — plus les cours.
> Chaque soir, je _____ du sport/de la gymnastique/du yoga pour maintenir la forme.
>
> Qu'est-ce que tu en penses?
>
> Gros bisous.
>
> Ton amie, Cécile

Activité 5

(*Par paires*) Demandez à votre voisin(e) ce qu'il/elle fera demain. Par exemple:

> *Qu'est-ce que tu feras demain? À quelle heure te réveilleras-tu?, etc.*

■■ *POUR DIRE*

Le futur avec «si» et «quand»

Activité 6

1   Look at the following sentences which have been extracted from the above dialogue 'À la recherche d'un hôtel' (p.182).

Si nous allons au syndicat d'initiative,   *ils en auront sûrement une.*
Si elle choisit un hôtel dans ton quartier,   *ce ne sera pas très pratique.*
Vous vous rencontrerez plus facilement,   *quand tu n'auras pas de cours.*

2   What do you notice about the tenses used in both clauses? (separated by a gap)

Activité 7

Référez-vous aux exemples ci-dessus et complétez les phrases suivantes:
1   Si l'avion _____ en retard, Annie _____ attendre à l'aéroport. (arriver, devoir)
2   Si Annie et Philippe _____ au syndicat d'initiative, ils _____ avoir une liste des hôtels et des brochures sur Paris. (aller, pouvoir)
3   Quand sa marraine _____ à Paris, Annie lui _____ les monuments et lui _____ ses amis. (être, montrer, présenter)
4   Si je t'_____ à ma fête, est-ce que tu _____ ? (inviter, venir)
5   Quand ses amis _____ chez elle, Louise _____ un repas antillais. (dîner, faire)

△ **When talking about future events the *si* clause uses the present tense whereas the future tense is used in the second clause/ remaining part of the sentence.**

When talking about the future, the future tense is used in the *quand* clause (unlike in English) and in the second clause/ remaining part of the sentence. See GG 1.1 (b).

▐▐▐ *COMMENT DIRE*

Annie et Philippe au syndicat d'initiative

Philippe et Annie: Bonjour, madame.

L'employée: Bonjour, monsieur, madame. Je peux vous aider?

Annie: Oui, on voudrait des renseignements sur les hôtels près du centre-ville.

L'employée: Sur la Rive droite, alors?

Philippe: Oui, c'est ça. Vous avez une liste pour le premier ou le deuxième arrondissement?

L'employée: Mais oui, bien sûr, il y a des listes pour tous les arrondissements et pour toutes les catégories. Vous cherchez un hôtel grand luxe, un deux-étoiles, un trois-étoiles . . .? C'est pour vous-mêmes?

Philippe: Non, c'est pour une parente de mademoiselle. Je crois qu'elle trouvera un deux-étoiles un peu rudimentaire, n'est-ce pas, Annie?

Annie: Euh, je ne sais pas. Qu'est-ce qu'il y a dans un hôtel deux étoiles? Est-ce qu'elle aura une salle de bains?

Philippe: Une salle de bains privée? Dans cette catégorie-là, non. Si elle veut ça, il lui faudra au moins un trois-étoiles.

L'employée: Vous avez raison, monsieur. Mais il y a beaucoup d'hôtels très confortables dans cette catégorie qui ne coûtent quand même pas trop cher. Je vous laisse regarder quelques brochures, et si vous trouvez un hôtel qui vous plaît, on pourra faire la réservation pour vous tout de suite. C'est pour aujourd'hui?

Annie: Non, c'est pour la semaine prochaine, à partir de lundi soir.

L'employée: Ce n'est pas très pressé. Si vous habitez Paris, vous aurez la possibilité d'aller voir l'hôtel et de réserver la chambre sur place.

Annie: C'est une bonne idée. Je crois que je préfère visiter l'hôtel avant de décider. Ça te dérange, Philippe?

Philippe: Mais non, pas du tout.

L'employée: Eh bien, voilà des brochures sur les hôtels trois et quatre étoiles sur la Rive droite, et la liste des prix, et je vous donne aussi une liste des restaurants du quartier.

Philippe et Annie: Merci beaucoup, madame. Au revoir.

L'employée: Au revoir, monsieur, madame. À votre service.

Activité 8

a Écoutez la cassette, Recording No. 64, 'Annie et Philippe au syndicat d'initiative', et répondez aux questions suivantes:

  1. Quel type d'hôtel Annie et Philippe préfèrent-ils, un deux-étoiles ou un trois-étoiles?

  2. Pourquoi font-ils ce choix?

  3. Est-ce que l'employée du syndicat d'initiative fait la réservation pour Annie?

  4. Est-ce qu'Annie connaît les prix des hôtels?

  5. Où se trouvent les 1er et 2ème arrondissements, de quel côté de la Seine?

b (*Par paires*) Vous et votre partenaire allez jouer le rôle du touriste ou de l'employé(e) du syndicat d'initiative. Dites ce que vous ferez. Utilisez le futur.

  A Le (la) touriste dit ce qu'il (elle) fera.
  Par exemple:

  J'irai au syndicat d'initiative, je demanderai la liste des hôtels.

  B L'employé(e) dit ce qu'il (elle) fera.
  Par exemple:

  J'accueillerai le (la) touriste. Je donnerai la liste des hôtels.
  Dites une phrase à tour de rôle.
  Voici les verbes/phrases clefs pour vous aider:

A	**B**
aller au syndicat d'initiative	dire bonjour/accueillir
dire bonjour	aider
demander des renseignements	poser des questions sur les
demander la liste des hôtels	préférences
choisir un arrondissement, un hôtel	donner la liste des hôtels
faire la réservation en personne	offrir de faire la réservation
remercier	remercier

Activité 9

(*Par paires*) Vous êtes à Paris. Vous allez au syndicat d'initiative et vous demandez la liste des hôtels/des restaurants et un plan de Paris. Vous jouez le rôle du (de la) touriste et votre partenaire prend le rôle de l'employé(e). Vous posez des questions sur les attractions, les endroits à visiter, la restauration à Paris. Ensuite, changez de rôle.

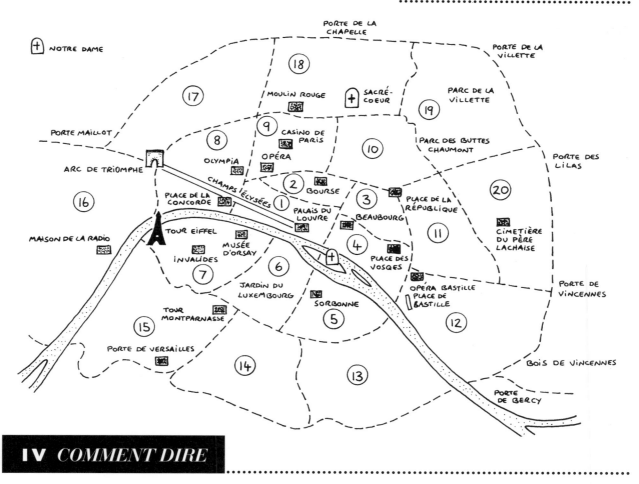

IV COMMENT DIRE

Faire la réservation à l'hôtel

Philippe et Annie arrivent à l'hôtel Saint-Romain (1er arrondissement)

Hôtel Saint-Romain ***
5/7, rue Saint-Roch
Métro: Tuileries
34 chambres, bar-salon, salle voûtée pour
les petits déjeuners
Votre logement:
chambre avec salle de bains, téléphone, tv
couleur câblée, radio, minibar, coffre-fort.
Notre avis: séjour confortable dans un cadre
rénové et raffiné.

Activité 10

Écoutez le dialogue, 'Faire la réservation à l'hôtel' (Recording No. 65), et répondez vrai ou faux aux déclarations suivantes. Encerclez la bonne réponse.

a. Annie fait la réservation pour sa tante.   vrai ou faux
b. L'hôtel est à côté du Jardin du Luxembourg   vrai ou faux
c. Sa marraine veut rester une semaine à l'hôtel   vrai ou faux
d. Elle veut réserver une chambre avec douche.   vrai ou faux

Activité 11

a   Réécoutez la cassette, Recording No. 65, et notez le genre de chambres et leurs prix.
b   Quelles sont les six phrases de la liste suivante qui sont incluses dans ce dialogue?
   1.   Ma tante voudrait plutôt une chambre avec salle de bains.
   2.   Le petit déjeuner est en supplément?
   3.   C'est à quel nom la réservation, s'il vous plaît?
   4.   C'est joli, mais je vais avoir du mal à prononcer ça.
   5.   Désirez-vous une chambre avec salle de bains et douche?
   6.   J'espère que ça conviendra à votre tante, mademoiselle.
   7.   Donc, on a réservé une chambre avec salle de bains pour Madame Llewellyn-Jones, pour cinq nuits à partir de lundi prochain.
   8.   Est-ce que votre tante va rester à l'hôtel vendredi soir?

Activité 12

(*Par paires*) Vous vous rendez à l'hôtel Saint-Romain. Vous posez des questions sur cet hôtel. Votre partenaire joue le rôle du (de la) réception-niste. Vous faites une réservation pour deux nuits.

▼ COMMENT DIRE

Annie et Louise reçoivent une carte postale

Megève, le 25 mars

Chères amies,
Un petit bonjour de Haute-Savoie où nous
sommes en vacances. Il fait très beau mais il y
a encore suffisamment de neige. Nous faisons
du ski tous les jours et bien sûr de l'après-ski
tous les soirs.

Merci d'être venues fêter mon anniversaire.
Merci du cadeau. On pense venir à Paris,
Gérard et moi, dans quinze jours. Est-ce qu'on
pourra se rencontrer? On vous téléphonera dès
notre retour.
Amitiés,

Alain

Mlles Louise Erwin et Annie
Morgan
Résidence Rodin
Appt 63
Rue Bonaparte
PARIS
75006

POUR DIRE

Les adverbes

☺ Adverbs which appear in a chapter are listed in the second column of the *Mots utiles* from Chapter 2 onwards. See GG 5.

Activité 13

1   Can you identify the adverbs used in the transcription of the dialogue: 'Faire la réservation à l'hôtel', pp. 302–3 and in Alain's postcard?
2   What do you notice about the position of these adverbs?
3   Why is *suffisamment de* followed by 'neige' without an article?

Activité 14

Regardez la carte postale écrite par Alain. Réécrivez la carte postale en insérant les adverbes suivants:

maintenant, vraiment, aussi, beaucoup, bientôt, probablement, sûrement

Activité 15

Maintenant c'est à vous d'écrire une carte postale. Vous êtes en vacances et vous écrivez une carte postale à un (une) ami(e). Décrivez l'endroit, l'hôtel. Parlez de la restauration, des facilités et de vos activités. Utilisez au moins quatre adverbes dans votre carte postale.

Mots utiles

accueillir	bientôt	bisou (m)	beurré
conseiller	maintenant	coffre-fort (m)	doué
coûter	probablement	douche (f)	raffiné
dépendre de	sûrement	endroit (m)	rénové
déranger		étoile (f)	rudimentaire
se loger		marraine* (f)	studieux
maintenir la forme		souhait (m)	voûté
se réaliser		syndicat d'initiative (m)	
sécher les cours		tartine (f)	
		vœu (m)	

* Annie's godmother is also her aunt

Activité 16

Bilan Onzième Étape

1 Utilisez les verbes entre parenthèses et mettez-les au temps approprié dans les phrases suivantes.

    a. S'ils _____ une réservation pour la tante d'Annie, elle _____ leur rendre visite à Paris. (faire, venir)

    b. Sa tante _____ lui rendre visite plus facilement si elle _____ dans un hôtel dans le 1er ou le 2ème arrondissement. (pouvoir, se loger)

    c. Vous _____ bien contente si vous _____ une chambre avec salle de bains. (être, avoir)

    d. Si Cécile _____ ses habitudes, elle en _____ (changer, profiter)

    e. Quand ma tante _____, nous _____ beaucoup de choses à nous dire. (arriver, avoir)

2 Complétez la grille. Trouvez les adverbes ou les adjectifs correspondant aux mots insérés.

Adjectifs	Adverbes
suffisant	suffisamment
	vraiment
intelligent	
normal(e)	
courant	
autre	
	sûrement
	probablement

Attention à l'orthographe des adverbes quand l'adjectif se termine en *-ent*, *-ant*.

3 Jeu de phonie

Prononcez les phrases ci-dessous. Écoutez la cassette (Recording No. 66) et vérifiez votre prononciation.

    a. Un instant, maintenant j'attends un grand événement.

    b. Ma marraine vient la semaine prochaine.

    c. Elle paiera probablement par carte Visa.

    d. C'est facile ou difficile de choisir de vivre en famille?

12

Les régions – la météo

In this chapter you will:

I Talk about the weather

II Use comparative and superlative forms of adjectives (more, most)

III Find out about different regions of France

IV Learn to talk about the past in the imperfect tense

❚ *COMMENT DIRE*

Plus ou moins d'accord

Marc: Alors, vous avez trouvé un bon hôtel pour la marraine d'Annie?

Philippe: Oui, on vient de réserver une chambre au Saint-Romain. Ça coûte assez cher, mais Annie m'assure que sa tante n'a pas de soucis d'argent. Elle trouve plus important d'être près du centre que de payer un peu moins, n'est-ce pas, Annie?

Annie: Beaucoup plus important, oui. Elle sera très contente d'être près du jardin des Tuileries. Et s'il fait beau, ce sera encore mieux.

Marc: Quel temps fait-il normalement en Grande-Bretagne, Annie?

Annie: Il fait moins beau en Angleterre qu'à Paris. En ce moment, il pleut énormément. Mais, en Écosse, il fait du brouillard un moment, puis du soleil. On ne sait jamais! Le temps est très variable.

Marc: Il pleut plus à Londres qu'ici, j'imagine.

Annie: Je ne suis pas sûre. Hier, il a fait un temps de chien à Paris. Il a plu presque toute la journée.

Marc: Mais, en été, il fait moins de soleil ou plus de soleil en Angleterre qu'ici, Annie?

Annie: C'est sûr que dans le sud de la France il fait plus chaud et moins mauvais qu'à Londres. Mais est-ce qu'il y a une si* grande différence entre Londres et Paris?

Louise: Je pense que c'est plus ou moins la même chose. Le temps est très semblable.

**Si'means 'such' in this context.

▌ *COMMENT DIRE*

Parler du temps qu'il fait

Quel temps fait-il?

Il fait beau.

Il fait mauvais.

Il fait un temps de chien.

Il fait chaud.

Il fait froid.

Il gèle.

Le soleil brille.

Il pleut.

Il neige.

Quel temps va-t-il faire demain?

Il va faire du vent / du brouillard / très chaud / de l'orage / du soleil

Il va pleuvoir / neiger / geler

Il va y avoir des températures en hausse /des températures en baisse / de la pluie/

un temps orageux / un temps couvert / des averses / du beau temps.

❚❚ *POUR DIRE*

Le comparatif

Paris   Londres

Il fait **plus** de soleil à Paris **qu'**à Londres.
Il fait **moins** beau à Londres **qu'**à Paris.

Activité 1

1   Can you look at the dialogue, '*Plus ou moins d'accord*' (p. 196) and pick
out other similar examples relating to the weather?
2   Can you work out what the following examples mean?
   a.   *Il fait plus chaud à Rome qu'à Paris.*
   b.   *Il fait moins chaud à Lille qu'à Marseille.*
   c.   *Il neige plus souvent dans les Alpes que dans le nord de la France.*
   d.   *Il fait moins de vent à Paris que sur la côte ouest.*

As you have seen, to compare or contrast two ideas, French uses **plus**
(more) or **moins** (less) before the adjective, which still agrees with its
noun in the usual way.

Plus and *moins* can also be used with adverbs, which do not change their endings.

'Than' translates as *que*. For further examples, **see GG 4.1.**

⚠ **There are three irregular comparatives:**

meilleur	**better**	*mieux*	**better (adverb)**
pire	**worse**		

En ce moment le temps est meilleur en France qu'en Allemagne.
Le temps est pire en Russie.
D'après la météo il fera mieux demain.

Activité 2

(*Par paires*) Ajoutez les adjectifs ou les adverbes qui manquent dans les phrases suivantes. Choisissez-les dans la liste en caractères gras, mettez-les au comparatif et accordez-les si nécessaire. Ajoutez également **que** à l'endroit approprié.

haut, long, souvent, peuplé, chaud, bien, cher

1 Il fait _____ _____ dans le sud de la France _____ dans le nord.
2 La Loire est _____ _____ _____ la Seine.
3 Lyon est _____ _____ _____ Paris.
4 La vie à Paris est _____ _____ _____ à Metz.
5 Pour avoir du beau temps c'est _____ d'aller en vacances dans le sud de la France.
6 Il pleut _____ _____ en Bretagne _____ sur la Côte d'Azur.
7 Le Mont-Blanc est _____ _____ _____ le Grand-Saint-Bernard.

▌ *COMMENT DIRE*

Les voyages de ma tante

Nathalie: C'est la première fois que ta marraine vient en France?

Annie: Non, elle est déjà venue plusieurs fois. Elle voyage beaucoup avec son mari.

Philippe: Elle connaît donc Paris?

Annie: Pas très bien, non. Son mari est importateur de vins, donc ils visitent surtout les régions où on fait du vin. Ils vont souvent à Bordeaux, mais la région que ma tante a préférée, c'est la Loire.

Marc: Oh, le val de Loire, c'est formidable! Tu sais ce qu'on dit de la Loire? Que c'est le fleuve le plus long, le plus beau, le plus dangereux de France.

Louise: Pourquoi le plus dangereux?

Marc: Parce que c'est le moins navigable je crois. Dans le temps, les bateaux étaient la méthode de transport la plus courante. Le plus grand inconvénient c'est que c'est un fleuve difficile à naviguer. Les bateaux devaient faire face aux tempêtes les plus violentes et les bateaux les moins bien équipés étaient souvent en difficulté.

POUR DIRE

Le superlatif

Activité 3

1 Can you find expressions in the above dialogue with 'plus' and 'moins'?
2 Look more closely at the article which precedes them. Can you work out what the **le, la** or **les** is refering to?

☺ **The superlative form of the adjective/adverb is just the same as the comparative form with _le, la, les_ in front of it.**

Activité 4

Complete the following sentences with the appropriate form of the superlative. Use the adjective/adverb in brackets. For example:

*Paris est **la plus grande** ville de France.* (*grand*)　Paris is the biggest town in France

*C'est la personne **la moins aimable** du groupe.* (*aimable*)　S/he is the least friendly person in the group.

*Je crains **le pire**.* (*mauvais*)　I fear the worst.

*Ces acteurs sont parmi **les meilleurs**.* (*bon*)　These actors are amongst the best.

1 Le champagne n'est pas le vin _____ et _____ de France. (célèbre; cher)

2 Le casino _____ se trouve à Monte-Carlo. (connu)

3 Les gens _____ du monde y vont jouer. (riche)

4 Marc considère sa voiture _____ du monde, mais Philippe pense que c'est _____. (bon; mauvais)

5 Les truffes ne sont pas les champignons _____ du monde. (cher)

6 Les vacanciers choisissent rarement les pays _____. (ensoleillé)

7 C'est Annie qui parle français _____. (couramment)

8 C'est en parlant _____ que l'on apprend _____ une langue. (souvent, vite)

III COMMENT DIRE

Les régions de France

Activité 5

1 Associez les spécialités régionales ci-dessous aux expressions anglaises.
Par exemple:

24 et b, les crêpes = *pancakes*

1	la bière	a	red wine
2	le maroilles	b	pancakes
3	le champagne	c	champagne
4	la mirabelle	d	mineral water
5	le riesling	e	bean stew
6	le sylvaner	f	drink taken in between courses to aid digestion (calvados, cognac)
7	le muscat	g	ham
8	le comté	h	sweet white wine
9	la tomme	i	cherry liqueur
10	le Saint-Marcellin	j	beer
11	la chartreuse	k	green aromatic liqueur
12	la bouillabaisse	l	thick fish soup
13	le vin rouge	m	pungent soft cheese with orange crust
14	le cassoulet	n	dry white wine
15	le jambon	o	white wine made from very small grapes often thought of as German
16	le foie gras	p	white wine also produced in Germany, Austria and Switzerland
17	l'armagnac	q	goose liver pâté

18	l'entrecôte à la bordelaise	**r**	liqueur made from wine
19	le cognac	**s**	round hard cheese
20	les rillettes	**t**	sliced beef in wine
21	le fromage de chèvre	**u**	brandy
22	le muscadet	**v**	seafood
23	les fruits de mer	**w**	cheese very similar to gruyère
24	les crêpes	**x**	mixed white meat pâté
25	le trou normand	**y**	goat's cheese
26	l'eau minérale	**z**	small round soft cheese made from cow's milk

2

Écoutez la cassette intitulée: «Le Tour gastronomique de la France» (Recording No. 69) et écrivez les numéros correspondant aux spécialités sur la carte ci-dessous.

Activité 6

(*Par paires*) Êtes-vous déjà allé(e)(s) en France ou à l'étranger? Y êtes-vous allé(e) il y a longtemps?* Quelles spécialités avez-vous goûtées? Quelle est la meilleure?

   *Il y a se traduit par **ago** dans ce contexte. **Il y a** longtemps veut dire: *a long time **ago***.

IV COMMENT DIRE

Les vacances de Gérard et Alain en Savoie

Louise: Tu t'es donc bien amusé à Megève, Alain? C'était vraiment aussi joli que sur la carte postale?

Alain: C'était super, oui. On a eu de la chance, il faisait très beau presque tous les jours. On pouvait passer toute la journée à faire du ski. Pour moi, ces vacances étaient des vacances de rêve.

Louise: Et toi, Gérard, tu as accompagné Alain? Je ne savais pas que tu t'intéressais aux sports d'hiver.

Gérard: En effet, c'est la première fois que je suis allé en vacances de neige. Mais Alain fait du ski depuis très longtemps et il m'en parlait sans cesse, alors je voulais en faire l'expérience.

Annie: Tu as trouvé ça facile?

Gérard: Franchement, non! Au début, je tombais toutes les dix secondes, j'étais couvert de bleus. C'est incroyable comme la neige est dure. Le premier soir, j'ai dit à Alain que j'abandonnais, que je n'allais plus sur la piste. Ça faisait trop mal.

Louise: Mais Alain a réussi à t'encourager?

Gérard: Sa manière de m'encourager, ça a été de m'envoyer à l'école de ski. Là, j'étais entouré de gens aussi incompétents que moi, et c'était beaucoup mieux.

Alain: Tu t'es senti beaucoup mieux même avant le premier cours. Tu te rappelles cette petite Suédoise que tu as relevée, en route pour l'école de ski? Je suis convaincu qu'elle est tombée exprès, mais elle a très bien fait, elle a ravivé ton enthousiasme pour le ski.

Annie: C'était romantique les vacances, alors?

Gérard: Pas de ce côté-là, malheureusement. La belle Karen trouvait le moniteur de ski beaucoup plus séduisant que moi.

Louise: Mais les moniteurs de ski sont toujours séduisants, ou du moins ils ont cette réputation.

Gérard: C'est peut-être pour ça qu'Alain voudrait devenir moniteur!

POUR DIRE

L'imparfait

Activité 7

1   Try to pick out verbs in the above dialogue which end in the following imperfect endings:

-aient, -ais, -ait, -ions, -iez

There are eleven different verbs.
2   Can you work out which endings belong to which personal pronouns?

☺ **You already know the present tense, which will help you to find the stem for the imperfect tense.**

Activité 8

(*Par paires*) To make an imperfect stem, find the **nous** part of the present tense and remove the **-ons** ending.

Can you complete the following? The first verb has been done for you.

INFINITIVE	NOUS FORM	STEM	IMPERFECT
aller	nous allons	all-	j'allais
avoir			tu _____
boire			il _____
dire			elle _____
faire			nous_____
finir			vous_____
manger			ils _____
pouvoir			elles_____
vendre			je _____
voir			on _____
vouloir			vous_____

△ **The only verb with an irregular imperfect stem is *être*: ét-**

J'étais, tu étais, il/elle/on était, nous étions, vous étiez, ils/elles étaient.

The imperfect forms of *falloir, valoir, pleuvoir, neiger* are:

il fallait, il valait, il pleuvait, il neigeait

See GG 1.1 (d) (2).

Activité 9

(*Par paires*)
1   Parlez de votre enfance en vous servant des phrases ci-dessous. Le (la) partenaire peut poser des questions.

C'était comme ça . . .

Quand j'avais cinq ans,
nous habitions_____
j'allais _____
mon histoire préférée était _____
je croyais au Père Noël. (C'est vrai?) _____

Quand j'étais petit(e),
on passait les vacances _____
mes parents disaient souvent _____
j'aimais _____
je détestais_____

Quand j'avais onze ans,
je pensais_____
mes copains_____
je jouais_____
je lisais_____

Il y a trois ans,
je ne savais pas _____
j'étudiais _____
le samedi soir, je _____
mon ambition était_____

2   Chaque étudiant(e) doit ensuite poser quelques questions à son (sa) partenaire en se servant des mêmes thèmes et écrire la biographie de son (sa) partenaire.

Posez des questions à votre partenaire, pour écrire ci-dessous
La biographie de _____ en six phrases:

a. _____
b. _____
c. _____
d. _____
e. _____
f. _____

Mots utiles

abandonner	énormément	averse	froid
assurer	exprès	baisse	célèbre
avoir de la chance	franchement	bleu	ensoleillé
briller	même	brouillard	mauvais
coûter cher	sans cesse	hausse	orageux
faire beau/froid/chaud		orage	séduisant
faire mal		pluie	
geler		soleil	
neiger		tableau	
pleuvoir		temps de chien	
se sentir mieux			
valoir			

dans le temps, en route pour

Activité 10

Trouvez le genre des substantifs dans la troisième colonne des **Mots utiles**.

Activité 11

Bilan Douzième Étape

1   Ajoutez la terminaison des verbes à l'imparfait. Reliez les phrases de la colonne de gauche à celles de la colonne de droite. Par exemple:

a et 7: *Quand il neigeait, les enfants faisaient un bonhomme de neige.*

a Quand il neige ____	I j'ét ____ mouillé(e) jusqu'aux os.
b Il fais ____ du vent,	2 c'ét ____ parfait pour se promener.
c Il pleuv ____ à verse,	3 tu pouv ____ faire voler le cerf-volant.
d Il fais ____ du brouillard	4 vous n'av ____ ni gants ni bonnet.
e Il fais ____ beau, mais pas trop chaud	5 nous n'y voy ____ rien.
f Il fais ____ froid	6 il fall ____ mettre de l'huile solaire
g La neige fond ____, les arbres reverdiss ____	7 les enfants fais ____ un bonhomme de neige.
h Le soleil brill ____ très fort	8 c'ét ____ l'arrivée du printemps.

2   **a.**   Mettez les adjectifs entre parenthèses au superlatif dans la première partie du poème suivant. N'oubliez pas de les accorder.

Le voyage _____ beau de ma vie . . .

Je choisis . . .

le vol _____ (coûteux),
la destination _____ (exotique),
l'endroit _____ (ensoleillé),
l'île _____ (peuplé),
l'hôtel _____ (luxueux),
la partenaire _____ (fantastique),
les vêtements _____ (séduisant),
les activités _____ (stressant),
les boissons _____ (rafraîchissant),
la gastronomie _____ (bon),
Pour connaître _____ bonheur (grand),

   b.   Insérez les comparatifs dans la deuxième partie du poème. Utilisez les adjectifs donnés entre parenthèses.

Quand nous reviendrons, nous serons . . .

_____ (fatigué) _____ (bronzé),
beaucoup _____ (stressé)
_____ (heureux) et _____ (sage),
De _____ humeur (bon).
Mais, attendant avec impatience l'heure
d'un nouveau voyage . . .

        Vos _____ amis (bon),
        Marc et Annie

13

Les vacances

In this chapter you will:

I Plan a holiday using the conditional tense to talk
about what you would like to do; use the conditional
in a short informal letter

II Start using the telephone

III Learn about relative pronouns
(who, which, what/which, of which/of whom, etc.)

I COMMENT DIRE

Où voudriez-vous aller en vacances?

Philippe: Annie et Louise, quand est-ce que vous repartirez chez vous et pour combien de temps?

Louise: Nous comptons repartir au mois d'août et revenir mi-septembre. Avant cela, nous aimerions bien visiter le sud de la France.

Marc: Qu'est-ce que vous voudriez visiter? La Côte d'Azur, le Languedoc-Roussillon, les Pyrénées orientales . . .?

Annie: Moi, j'aimerais beaucoup visiter la Côte d'Azur.

Philippe: Moi aussi. C'est une région que j'aimerais beaucoup visiter. Nous pourrions peut-être y aller tous ensemble au mois de juin après les examens. Qu'est-ce que tu en penses Nathalie?

Nathalie: La Côte d'Azur, ça serait formidable. Mais comment est-ce qu'on pourrait y aller, en train peut-être?

Marc: Le moyen le plus pratique serait de prendre ma voiture.

Philippe: Ouai, ce serait le moyen qui serait sûrement le plus économique, si on devait pousser ta voiture tous les cent kilomètres. Tu devrais vraiment la faire réviser.

Marc: Elle doit passer au contrôle technique dans quelques semaines. Les petits problèmes seraient donc réglés avant notre départ.

Philippe: Dans ce cas-là, ce ne serait pas une mauvaise idée. Je suis doublement intéressé car je voudrais préparer un petit guide touristique sur la Côte d'Azur pour les bourses moyennnes. Quelqu'un pourrait déjà téléphoner au syndicat d'initiative de Nice et leur demander de nous envoyer les adresses de gîtes et de terrains de camping. Je pourrais emprunter le matériel de camping de ma sœur.

Annie: Ce serait vraiment sensationnel. Moi, je pourrais aller chercher des brochures à l'agence de voyages.

Philippe: Oui, on pourrait déjà faire un itinéraire, de Menton à Cassis. Ce que je voudrais montrer dans le guide touristique, c'est qu'on peut rester dans des endroits calmes et pittoresques tout en ayant l'occasion de visiter les villes célèbres, comme Nice, St. Raphaël, Monaco, St. Tropez, Toulon . . . Ce qui serait bien, c'est de tirer beaucoup de photos lors de nos visites. Marc, toi qui est spécialiste en photographie, tu pourrais peut-être tirer de jolies photos pour ce guide.

Nathalie: Qui se charge de téléphoner au syndicat d'initiative de Nice?

Louise: Je crois que ce serait un excellent exercice pour Annie.

Marc: De plus, les employés sont extrêmement gentils avec les étrangers.

Annie: D'accord, je téléphonerai demain.

▌ *POUR DIRE*

Le conditionnel

Activité 1

1   Can you identify the two verbs in the future tense in the first and last
    sentences of the above dialogue?
2   Conditional verbs have the same stem as future verbs but different end-
    ings. Can you identify the endings? Do they remind you of another tense?

☺ **As you have seen the conditional is made up of the future stem + imperfect
ending. Irregular stems are the same as for the future. See GG 1.1 (c).**

être   *je se**rais**, tu se**rais**, il/elle se**rait**, nous se**rions**, vous se**riez**, ils/elles
          se**raient**.*
avoir   *j'au**rais**, tu au**rais**, il/elle au**rait**, nous au**rions**, vous au**riez**, ils/elles
          au**raient**.*

1   The conditional is used to make polite requests, as in *je **voudrais**; **pour-
    riez-vous** . . .?* Or to talk about what you would like to happen.

    Pourriez-vous répéter, s'il vous plaît?
    *Est-ce que je **pourrais** parler à Monsieur Lemaître, s'il vous plaît?*
    *Je vous **serais** reconnaissant(e) si vous **pouviez** m'aider.*

2   The conditional tells us what **would**, **could**, **should** or **might** happen.

    *Marc **devrait** faire réviser sa voiture avant de partir en vacances.*
    *Marc **pourrait** illustrer le guide touristique.*

3   △ A '*si*' clause containing the imperfect indicates that the other half of
       the sentence *must* contain a verb in the conditional tense. You have
       come across '*si*' clauses in Chapter 12, Section II.

    *Si Marc <u>avait</u> beaucoup d'argent, il **habiterait** aux Antilles.*

*Nous **irions** plus souvent à la piscine si l'eau <u>était</u> moins froide.*
*Je lui **téléphonerais** si je <u>savais</u> son numéro.*

Activité 2

(*Par paires*) Qu'est-ce que vous feriez si vous gagniez à la loterie? Posez des questions à votre partenaire. Remplissez la grille.

Questions	Vous	Votre partenaire
1 Est-ce que vous achèteriez une maison de luxe?		
2 Partiriez-vous en vacances autour du monde?		
3 Abandonneriez-vous vos études/votre travail?		
4 Offririez-vous des cadeaux à toute votre famille?		
5 Mettriez-vous tout votre argent dans votre compte en banque?		
6 Feriez-vous un don important à votre charité préférée?		
7 Épouseriez-vous votre partenaire idéal?		
8 Employeriez-vous un chauffeur, une bonne, un jardinier?		

Activité 3

Vous apprendriez plus vite le conditionnel si vous complétiez les phrases suivantes. Ça serait aussi plus amusant.

1 Si notre pays avait un climat tropical, _____
2 Je _____, si je voyais un éléphant dans la rue.
3 Si je pouvais dîner chez un personnage célèbre, _____
4 S'il n'y avait pas d'examens à la fin de l'année scolaire, _____
5 Je _____, si j'avais un tapis volant.

Quand vous aurez complété vos phrases, transformez ces suggestions en questions à votre voisin(e), en commençant par «Qu'est-ce que tu ferais si . . .?»
Par exemple:

    – Qu'est-ce que tu ferais si ton pays avait un climat tropical?
    – Eh bien, je prendrais des bains de soleil. Je mangerais beaucoup de fruits. etc.

Activité 4

Vous voulez habiter à la campagne, mais votre partenaire n'est pas convaincu(e). Écrivez-lui une courte lettre pour essayer de le (la) convaincre en utilisant le conditionnel et en vous servant du modèle ci-dessous.

(lieu, date)
Paris, le...

Cher Marc/Chère Nathalie/Chers amis,

Merci pour ta (votre) lettre/ton (votre) invitation./ Je te (vous) remercie de ta (votre) lettre/ton (votre) invitation/ tes (vos) nouvelles.
Je crois que ce serait une excellente idée de _____

En espérant recevoir bientôt de tes (vos) nouvelles/te (vous) voir bientôt.

Je te (vous) souhaite un joyeux Noël
                     un bon anniversaire
                     une bonne année
                     de bonnes vacances
                     bon voyage
                     bon courage pour les examens

Bien amicalement
Bien affectueusement
Amitiés,
Meilleures amitiés,
Je t' (vous) embrasse bien fort,
Bons baisers/gros bisous.

(votre nom.)

Activité 5

(Par groupes) Préparez un sondage sur les vacances/voyages. Sélectionnez 10 questions importantes contenant le conditionnel. Par exemple:

> *Où aimeriez-vous aller en vacances?*

Posez vos questions au reste de la classe. Faites le compte-rendu de votre sondage aux autres groupes. Comparez vos résultats.

▌▌ *COMMENT DIRE*

Annie téléphone au syndicat d'initiative de Nice

Activité 6

Écoutez la cassette, Recording No. 72, et répondez aux questions suivantes.
1 Où Annie doit-elle téléphoner pour avoir le numéro de téléphone du syndicat d'initiative de Nice?
2 Quels sont les deux numéros de téléphone donnés?
3 Quand Annie téléphone au syndicat d'initiative que veut-elle savoir? (x 2 réponses)
4 Quel est le nom de famille d'Annie et quelle est son adresse?
5 Qu'est-ce que l'employée va envoyer à Annie?

Activité 7

(*Par petits groupes*) Trouvez les expressions anglaises correspondant aux expressions téléphoniques ci-dessous. Servez-vous d'un dictionnaire.

1 Allô, je voudrais parler à _____ s'il vous plaît?
2 Allô, je voudrais le poste _____ .
3 Ne quittez pas, je vous le/la passe.
4 Ne quittez pas, je vous mets en ligne.
5 Vous êtes en ligne.
6 Qui est à l'appareil? C'est de la part de qui?
7 Vous pouvez épeler votre nom, s'il vous plaît?
8 Est-ce que vous pouvez laisser vos coordonnées?
9 Pourriez-vous répéter? La ligne est mauvaise.

a Please hold, I'll put you through to him/her
b Can you spell your name, please?
c Could you repeat that please? This is a bad line.
d Please hold, I am connecting your call.
e Hello, can I speak to _____ please?
f Who is on the phone?/Who is calling?
g Can you leave your address and telephone number please?
h You are through now.
i Hello, could I have extension number _____ ?

Activité 8

(*Par paires*) Vous travaillez comme employé(e) de bureau/secrétaire. Votre patron(ne) est absent(e). Le téléphone sonne. Vous prenez les coordonnées en vous servant de la fiche ci-dessous.
Notez également le message laissé.

Fiche téléphonique

M./Mlle/Mme: _____

Société: _____

Téléphone: _____

    → rappelez le/la

    → rappellera plus tard

    → urgent

Message:

_____

_____

_____

_____

Activité 9

(*Par paires*) Annie n'a pas le temps de se rendre à l'agence de voyages afin d'obtenir des brochures sur la Côte d'Azur. Elle téléphone.

Vous jouez le rôle d'Annie et votre partenaire joue le rôle de l'employé(e). Ensuite vous changez de rôle. Vous devez utiliser les expressions téléphoniques de l'activité 7.

À l'agence de voyages

LE (LA) CLIENT(E)	L'EMPLOYÉ(E)
Bonjour monsieur/madame/mademoiselle	Bonjour.
R. Je voudrais aller en _____/au (aux _____) /à _____	Q. Comment puis-je vous aider?
R. Je voudrais partir en _____/la première/ deuxième/troisième semaine de _____/au début de _____/à la fin de _____	Q. Quand voulez-vous partir?
R. C'est pour _____	Q. C'est pour combien de personnes?
R. Nous voudrions rester dans un gîte ou faire du camping.	Q. Désireriez-vous rester dans un appartement/dans un hôtel bon marché/de luxe?
Merci beaucoup.	Vous pourriez téléphoner aux gîtes de France. Voici leur numéro _____
R. Oui, bien entendu. Je m'appelle _____	Q. Je suis à votre service pour la réservation. Téléphonez-moi ou venez faire la réservation en personne. Pourriez-vous me donner vos coor- données?
Q. Avez-vous des brochures? Je consulterai les brochures. Je vous contacterai plus tard.	R. Je vous envoie les brochures dès ce soir.

Activité 10

(*Par paires*) Maintenant c'est votre tour de téléphoner à l'Office de tourisme des Champs Élysées à Paris (01.47.23.61.72) afin de demander une brochure sur les hôtels et les endroits à visiter. Utilisez les expressions dans la grille: «À l'agence de voyages». Laissez vos coordonnées (votre nom et votre adresse) et remerciez la personne. Si vous ne comprenez pas, demandez de répéter.

Activité 11

(*En petits groupes*) Annie voudrait se renseigner sur les tarifs pour aller de Paris à Nice en train. Philippe l'invite à utiliser le Minitel chez lui. Voici les instructions qu'il donne à Annie. Elles sont dans le désordre.
1   Trouvez les instructions équivalentes en anglais.
2   Donnez les instructions dans le bon ordre.
   a.   Tu composes le numéro d'appel. Pour les services pour le grand public, par exemple pour la SNCF, Air-France, la météo, etc., c'est le 3615.
   b.   À la deuxième tonalité, tu appuies sur la touche *connexion-fin* pour établir la communication et tu raccroches le combiné.
   c.   D'abord, tu décroches le combiné.
   d.   Tu choisis le service qui t'intéresse.
   e.   Puis, tu réponds aux questions.
   f.   Tu tapes le code du service et tu appuies sur *envoi*.
   g.   Voilà, c'est terminé. C'est vraiment pas compliqué!
   h.   Tu peux réserver ou commander selon le service.
   i.   Si tu veux faire une réservation ou passer une commande, tu peux taper le numéro de ta carte Visa.
   j.   Tu appuies sur *suite* si tu veux passer à la page suivante.

III *POUR DIRE*

Qui, que

☺ **You have already met the interrogative words *qui, que*. These relative pronouns can link two parts of a sentence or clauses together. See GG 3.4.**

Activité 12

1   Referring back to the introductory dialogue, « Où voudriez-vous aller en vacances?», can you find one sentence containing the relative pronoun **qui** and one containing the relative pronoun **que**?

2   The following examples could be broken down into two separate sentences. Can you identify the correct sentences and tick the appropriate boxes? The first one has been done for you.

    a.   Philippe pose des questions à Annie et Louise **qui** vont bientôt partir en vacances.
        ☑ Annie et Louise vont bientôt partir en vacances.
        ☐ Philippe va partir en vacances.
        ☑ Philippe pose des questions à Annie et Louise.

    b.   La sœur de Philippe a du matériel de camping qu'il peut emprunter.
        ☐ Philippe a du matériel de camping.
        ☐ La sœur de Philippe a du matériel de camping.
        ☐ Il peut emprunter ce matériel.

    c.   Le voyage que Philippe a prévu comprend une visite dans des endroits pittoresques.
        ☐ Philippe a prévu des endroits pittoresques.
        ☐ Le voyage comprend une visite dans des endroits pittoresques.
        ☐ Philippe a prévu un voyage.

    d.   Les amis ont téléphoné au syndicat d'initiative qui leur a donné des adresses.
        ☐ Le syndicat d'initiative a téléphoné aux amis.
        ☐ Le syndicat d'initiative a donné des adresses aux amis.
        ☐ Les amis ont téléphoné pour avoir des adresses.

Activité 13

1   Philippe pose des questions à Annie et Louise **qui** vont bientôt partir en vacances.

2   La sœur de Philippe a du matériel de camping **qu'**il peut emprunter.

3   Le voyage **que** Philippe a prévu comprend une visite dans des endroits pittoresques.

4   Les amis ont téléphoné au syndicat d'initiative **qui** leur a donné des adresses.

In 1 and 4 '**qui**'was used to link the two sentences.
In 2 and 3 '**que**'was used to link the two sentences.

5   Look at the sentences again. What are **qui** and **que/qu'** referring to?

6   Are the nouns or pronouns they are referring to subjects or objects of *their own clauses*?

7   Can you now work out when you use **qui** and when you use **que**?

Activité 14

Add **qui** or **que** to the following sentences.

1 J'ai trouvé l'adresse _____ tu cherchais.
2 Le moyen le plus pratique _____ Marc a trouvé c'était de prendre sa voiture.
3 On pourra chercher un terrain de camping _____ plaira à tout le monde.
4 Le contrôle technique _____ la voiture de Marc doit passer est dans quelques semaines.
5 Les amis _____ vont partir en vacances sont très enthousiastes.
6 La liste des gîtes et des terrains de camping _____ l'employée du syndicat d'initiative va envoyer sera très utile.

△ **As you have seen _qui_ (who, which, that) refers to a preceding noun or pronoun. It is the subject of the verb which follows.**
Les amis qui vont partir en vacances doivent téléphoner au syndicat d'initiative le plus proche.

Que (who, whom, which, that) also refers to a preceding noun or pronoun. It is the object of the verb that follows.

Le syndicat d'initiative que les amis doivent trouver n'est pas très loin.

Ce qui, ce que, de qui, de quoi, à qui, chez qui . . .

Activité 15

1 Can you find an example of **ce qui** and an example of **ce que** in the introductory dialogue, 'Où voudriez-vous aller en vacances?'?
2 What do **ce qui** and **ce que** refer to?
3 What do they mean?

Ce qui and **_ce que_** can be the subject or object of clauses which introduce another clause.

> **Ce qui** (subject) *est bizarre c'est qu'il n'a pas trouvé l'adresse.*
> **Ce que** (object) *vous demandez n'est pas du tout possible.*

If **qui** and **que** are preceded by a preposition they can also introduce clauses. For example:

*La personne **à qui** Annie téléphone n'est pas là.*
*Les amis **chez qui** ils vont ont des problèmes.*
*J'ai oublié **de quoi** je parlais.*
*J'ai oublié **de qui** je parlais.*

△ **Notice that** *que* **(what) when preceded by a preposition changes to** *quoi*. **If** *qui* **or** *quoi* **are preceded by a preposition in a question, they function as interrogative pronouns.**

Activité 16
• •

Relisez le dialogue: «Où voudriez-vous aller en vacances?» Pourriez-vous répondre aux questions suivantes?

1   À qui appartient le matériel de camping?
2   Chez qui Marc va-t-il conduire sa voiture?
3   De quoi parlent les amis?
4   De qui parlent les amis?

Activité 17
• •

(*Par paires*) Posez-vous des questions, à tour de rôle, sur les personnages figurant dans la première grille. Par exemple:

    Qui est Annie?

Le (la) partenaire répond en se servant des phrases données dans la deuxième grille. Par exemple:

    *Annie, c'est la personne/la fille/l'amie **qui** vient du Pays de Galles.*

Nathalie	Marc	Jean-Paul
Michel	**Louise**	**Annie**
Catherine	**Philippe**	**Poupette**
elle appartient à Jean-Paul et Michel.	elle est très coquette.	elle habite avec Annie.
sa tante lui rend visite à Paris.	il est le plus âgé des deux neveux de Philippe.	Annie et Philippe font du baby-sitting pour elle.
les amis le taquinent au sujet de sa voiture.	sa maman l'a grondé, car il a mangé tous les biscuits.	Catherine lui demande de garder ses enfants de temps en temps.

Mots utiles

abandonner quelque
chose
se charger de
compter faire qch
consulter
décrocher
emprunter
épouser
pousser
rappeler
régler
repartir
tirer

doublement
ensemble

annuaire (m)
code postal (m)
combiné (m)
compte en banque (m)
compte-rendu (m)
coordonnées (fp)
dépliant (m)
endroit (m)
guide touristique (m)
itinéraire (m)
photo (f)
photographie (f)
poste (m)
poste (f)
renseignement (m)
résultat (m)
ristourne (f)
sondage (m)
tapis (m)
tonalité (f)

économique
électronique
entendu
mauvais
sensationnel
volant

Activité 18
....

Bilan treizième étape

1   Annie retrouve une ancienne lettre, écrite il y a plusieurs mois. À
l'époque Annie ne savait pas très bien utiliser le conditionnel. Elle cor-
rige ses propres fautes. Pouvez-vous corriger les mots en italiques dans la
lettre ci-dessous? (Il y a **dix** fautes concernant le conditionnel.)

M. Luc Godard,
31 rue de Cîteaux
75017 PARIS.

Paris, le ——

Cher Luc,

Merci pour ta lettre. Je *voudrait* te rendre visite ce week-end mais cela m'est impossible. Si j'avais le choix je *préférerez* aller te voir, mais je dois terminer une dissertation importante. Elle *devrai* être rendue lundi. Il me reste beaucoup de recherches à faire. Nous *pourriont* peut-être nous rencontrer la semaine prochaine. *Pourrez-tu* venir me rendre visite? Toi et moi, nous *pourriez* aller au cinéma ensemble. Le film qui passe en ce moment s'appelle: «Délicatessen». J'*aimerait* beaucoup le voir. Est-ce que ça t'intéresse? On *pourrai* d'abord aller au restaurant et on *ira* ensuite au cinéma. Qu'est-ce que tu en penses?

Pourrait-tu me passer un coup de fil?
Je t'embrasse.
Ton amie Annie

---

2 Trouvez 13 mots concernant le téléphone dans la grille suivante.

D	R	A	P	P	E	L	E	R	T
O	E	E	M	E	S	S	A	G	E
O	A	Q	P	I	O	U	M	R	L
R	P	P	U	O	L	A	P	U	E
D	O	P	P	I	N	B	D	P	P
O	S	E	G	A	T	D	A	O	H
N	T	N	F	G	R	T	R	N	O
N	E	P	A	S	S	E	E	E	N
E	U	R	G	E	N	T	I	R	E
E	R	E	S	S	I	A	L	L	I
S	J	K	L	E	P	E	L	E	R

3 Insérez **qui, que, ce qui, ce que** dans le texte suivant.

_____ je voudrais faire après les examens, c'est me reposer. J'espère passer des vacances _____ sont agréables et distrayantes. Ce serait mieux de rester dans un gîte _____ se trouve à la campagne mais _____ n'est pas très éloigné de la ville. La chose _____ je souhaite avant tout c'est de me reposer au maximum et de faire de belles randonnées. La personne avec _____ je voudrais partir serait calme et quelqu'un _____ pourrait faire la cuisine, parce que c'est la chose _____ je déteste le plus dans la vie.

14

Le médecin – la pharmacie

In this chapter you will:

I Develop your telephone techniques

II Learn how to use demonstrative and interrogative pronouns

III Write an informal letter

IV Discover *dont* (of which, of whom) and *où* (where)

All of these will be looked at in the context of health.

▌ *COMMENT DIRE*

Annie est souffrante

Louise: Annie, il est l'heure de te lever. Tu n'as pas entendu le réveil sonner?

Annie: Laisse-moi tranquille. Je ne me sens pas très bien ce matin.

Louise: Tu as mal quelque part? Dis-moi ce qui ne va pas.

Annie: J'ai mal à la tête et à la gorge.

Louise: En effet, tu n'as pas l'air en forme. Je crois que tu as de la fièvre. Reste au lit. Je vais téléphoner au médecin. Je crois qu'il y a des visites à domicile vers 10h00. Est-ce que tu veux quelque chose à boire?

Annie: Euh . . . un verre d'eau peut-être. Merci Louise. Je suis désolée de t'embêter.

Louise: Tu ne me déranges absolument pas.

Louise: Allô, le cabinet du docteur Lefèvre?

L'employée: Allô, ici la secrétaire du docteur Lefèvre. Comment _____?

Louise: C'est Louise Erwin _____ Je voudrais un rendez-vous à domicile pour mon amie, Annie Morgan, qui est souffrante.

L'employée: Pouvez-vous _____ de la patiente? La ligne est _____ Je n'_____

Louise: C'est Annie Morgan.

L'employée: Pouvez-vous _____?

Louise: Ça s'épelle M-O-R-G-A-N.

L'employée: Je vous remercie. Le docteur commence les visites à 10h00. Il pourrait passer vers 10h15. Est-ce que cela vous _____?

Louise: Oui, cela me convient parfaitement.

L'employée: Pouvez-vous me rappeler votre adresse, s'il vous plaît?

Louise: C'est l'appartement 63, Résidence Rodin, rue Bonaparte, Paris, 75006.

L'employée: Quel est votre _____ de téléphone, s'il vous plaît?

Louise: C'est le 01 45 44 46 78.

L'employée: Alors je _____: Mlle Annie Morgan, appartement 63, Résidence Rodin, rue Bonaparte, Paris, 75006. Votre No. de _____: le 01 45 44 46 78. La _____ est donc à 10h15 aujourd'hui.

Louise: Je _____, madame.

L'employée: Je vous en prie, mademoiselle.

Activité 1

(*Par paires*)
Lecture
Relisez le dialogue ci-dessus et ajoutez les morceaux de phrases et les expressions téléphoniques qui manquent.

Activité 2

Écoutez la cassette, «La visite du médecin» (Recording No. 73), et répondez aux questions suivantes:

1   Quels sont les symptômes d'Annie?
2   Quel est le diagnostic du docteur?
3   Quel traitement donne-t-il à Annie et quelles sont ses recommandations?
4   Qui va à la pharmacie?
5   De quoi Annie a-t-elle besoin?

II *COMMENT DIRE*

À la pharmacie

Louise: Voici l'ordonnance madame.

L'employée: Merci mademoiselle . . . Alors, voici les antibiotiques. Une cuillerée à prendre trois fois par jour. Il ne faut pas interrompre le traitement. N'oubliez pas de coller la vignette sur l'ordonnance. Désirez-vous autre chose?

Louise: Oui, je voudrais une brosse à dents.

L'employée: Laquelle désirez-vous? Une dure, une souple?

Louise: Je voudrais **celle-ci**, s'il vous plaît.

L'employée: Voici. Et avec **ceci**?

Louise: Un tube de dentifrice.

L'employée: Lequel? Au fluor?

Louise: Oui, madame, **celui-là** est parfait. Je vous dois combien, madame?

L'employée: En tout, **cela** fait 145F (20, 71€), mademoiselle.

POUR DIRE

Les pronoms démonstratifs

Activité 3

1   Look at the demonstrative pronouns (in bold type) in the above dialogue, 'À la pharmacie'. What are these words referring back to?

☺ **You have already come across demonstrative adjectives (see Chapter 5) which accompany nouns. If you look at GG 3.3 (a) (b), you can see that there are also demonstrative pronouns which replace nouns and which agree in gender and number in the same way as demonstrative adjectives.**

2   Using the list of words below, can you find the questions using the interrogative adjectives *quel, quelle, quels, quelles* and write them in the left-hand side column of the grid?

| pansements | aspirines | crème solaire |
| coton hydrophile | sirop | semelles orthopédiques |

3 Now write the corresponding answers using demonstrative pronouns. Write the answers in the right-hand side column of the grid below. The first example has been done for you.

Quelle brosse à dents désirez-vous?	Je voudrais celle-ci/celle-là.

4 Look at the above dialogue, 'À la pharmacie', again. Can you find some interrogative pronouns which mean 'which one'?
5 By referring to **GG** 3.6, 3.3 (b) and by identifing the various forms of 'which one', can you ask more questions using the appropriate interrogative pronouns and the words in bold type? Fill in the grid below. The first example has been done for you.

sparadrap – Lequel désirez-vous?	Je voudrais celui-ci/celui-là.
pommade –	
pastilles pour la toux –	
brosse à dents	
dentifrice –	
peigne –	
bandages –	
cachets pour la digestion –	

Activité 4

(*Par paires*) Vous êtes à la pharmacie. Vous donnez votre ordonnance et vous achetez des pansements, de la ouate, une bouteille de sirop, de la crème solaire pour les vacances. Votre partenaire joue le rôle du pharmacien/ de la pharmacienne. Utilisez les pronoms interrogatifs et les pronoms démonstratifs.

III COMMENT DIRE

Écrire une lettre informelle

Annie: Louise?

Louise: Oui, qu'est-ce qu'il y a?

Annie: Peux-tu me rendre un service?

Louise: Oui, bien entendu. Qu'est-ce que c'est?

Annie: Yvette m'a invitée à une surprise-partie d'anniversaire, demain soir. J'aimerais lui écrire un petit mot pour lui envoyer mes excuses. Peux-tu m'aider? Ce serait gentil si tu pouvais le lui donner aujourd'hui.

Louise: Oui, avec plaisir. Attends, je vais chercher du papier et un stylo. . . . Allons-y! Qu'est-ce que tu veux dire?

Annie: Je veux dire que je ne peux pas venir et m'excuser . . .

Activité 5

Complétez la lettre d'Annie en utilisant les mots/expressions ci-dessous:
ta surprise-partie, angine, Chère, ne me sens pas, invitation, occupe, à la pharmacie, les médicaments, me reposer, des antibiotiques, bien me soigner, gros bisous, ton amie

> Paris, le _____
>
> _____ Yvette,
>
> Merci pour ton _____ J'aurais beaucoup aimé aller à _____, mais malheureusement je _____ bien. J'ai une _____ et le docteur m'a donné _____ à prendre. J'espère que je vais pouvoir reprendre les cours dans deux ou trois jours. Heureusement, Louise s' _____ bien de moi. Je ne sais pas ce que je ferais sans elle. Elle est allée _____ chercher _____ dont j'avais besoin.
>
> Je dois _____ et _____
>
> Je te souhaite un très bon et heureux anniversaire.
> Amusez-vous bien!
>
> _____,
>
> Annie

IV *POUR DIRE*

Dont

Activité 6

1 Pick out the sentence containing '*dont*' in the above letter.
2 Write out the verb constructions in the sentence you have just picked
   out and those in the following sentences in full. Par exemple:

> *Je suis allé(e) à la bibliothèque photocopier les articles dont j'ai discuté.*
> – **discuter de**

> *La personne **dont** il parle ne m'est pas inconnue.*
> *C'est bien elle **dont** je me souviens.*
> *Les choses **dont** Annie a envie ne sont pas permises en ce moment.*

3 Does this help you to understand when **dont** is used?
4 What is **dont** immediately preceded by?

Où

Activité 7

1 If someone asked you what **où** is, would you be able to give it a grammatical
   label?
2 Give one example of each of its uses. **See GG 3.4.**

Activité 8

Écoutez la cassette (Recording No. 76).
Annie n'arrive pas à dormir et elle décide d'écrire une lettre à une amie
canadienne en français et elle la lit à haute voix. Voici la lettre d'Annie.
Insérez la date et les pronoms relatifs qui manquent.

Paris, le _____

Chère Sylvia,

Cela fait très longtemps _____ je ne t'ai pas écrit. Depuis presque neuf mois je suis à Paris _____ j'étudie dans une école de tourisme. Mon français s'est beaucoup amélioré et j'ai donc décidé de te donner de mes nouvelles en français. J'espère que je ne ferai pas trop de fautes.

Au début j'ai trouvé mes études très difficiles, mais après quelques mois je me suis adaptée. Quand on est obligé ou motivé on apprend vite les choses _____ on a besoin. Mes amis m'ont beaucoup aidée. Je ne suis pas sûre de réussir tous mes examens mais je vais essayer.

Après les examens nous irons passer quelques semaines sur la Côte d'Azur. Nous partirons en voiture avec Marc _____ est un copain super sympa. Nous ferons du camping ou bien nous resterons dans des gîtes. J'attends les vacances avec impatience.

En ce moment, je ne me sens pas très bien. Le docteur est venu ce matin. J'ai une angine et je dois prendre des antibiotiques. J'espère retourner à l'école de tourisme dans deux ou trois jours. Mon amie Louise _____ je t'ai déjà parlé va me passer ses notes.

Dans l'attente d'avoir de tes nouvelles.
Je t'envoie de gros bisous,
Ton amie
Annie

Activité 9

(*Par paires*)
À l'aide de la lettre à Yvette, p. 230, et du modèle de lettre informelle dans le chapitre 13, p. 214, répondez aux questions suivantes.

1   Où mettez-vous le nom de la ville où vous vous trouvez?
2   Où inscrivez-vous la date?
3   Quelles sont les formules d'introduction et de conclusion?

Activité 10

À votre tour. Vous écrivez une lettre à un(e) ami(e) français(e). N'oubliez pas la date, le nom de la ville! Vous parlez de vos études, de vos projets.

Activité 11

C'est le moment d'utiliser votre dossier d'images/de photos tirées de journaux, magazines, etc. Sélectionnez quelques images/photos. Écrivez quelques paragraphes au sujet de celles-ci.

Mots utiles

s'adapter	bandage	orthopédique
avoir besoin de	cachet	solaire
avoir mal (à)	coton hydrophile	souffrant
déranger	crème solaire	souple
embêter	dent	
parler de	dentifrice	
rappeler	diagnostic	
se sentir	ordonnance	
se souvenir de	pansement	
	pastille	
	peigne	
	ouate	
	pommade	
	semelle	
	sparadrap	
	sirop	
	traitement	
	vignette	

Activité 12

Bilan quatorzième étape

1   Regardez les Mots Utiles. Trouvez le genre des noms, par exemple: crème solaire (f).

2   Complétez le dialogue entre le médecin et Annie.

Dr: Qu'est-ce qui ne va pas aujourd'hui? _____ est le problème?

A: J'ai _____ à la tête. J'ai acheté du sirop pour la toux, mais je ne l'aime pas du tout.

Dr: _____ avez-vous acheté?

A: _____-ci.

Dr: Vous avez besoin d'antibiotiques et de pastilles plus fortes. _____ pastilles préférez-vous? Au citron, miel ou fraise? Je sais que vous aimez bien les choses sucrées.

A: _____ me conseillez-vous?

Dr: Je trouve _____ au citron et miel très efficaces.

A: D'accord, je prends _____

3   Amusez-vous bien en faisant les mots croisés.

Horizontal

3 Un dromadaire en a une
5 Le contraire de «plein»
7 Un autre mot pour «copain» (familier)
8 Adjectif possessif. Qui est à moi, __ table
10 La même chose que **4 vertical**
12 Papier collé à une voiture attestant le paiement d'un impôt
14 Le contraire de «rapide» au masculin singulier
15 Ce petit mot introduit une condition
16 Prescription d'un médecin
19 Première personne du singulier du verbe «rire» au présent
20 Le squelette est constitué d'__ Les chiens les adorent
22 Je _____ le journal tous les matins
23 Un synonyme du mot «grandeur»
25 Pronom personnel indiquant que la personne est homme/mâle
26 Collision
27 Petit pansement
32 C'est obligatoire jusqu'à 16 ans
33 Ce mot se trouve dans le mot «voici»
34 Une abréviation du mot «télévision»
35 Troisième personne du singulier du verbe «mettre» au présent
36 Relatif au soleil. Le système _____
38 Masculin singulier du mot «hôtesse»
39 Adjectif possessif. Qui est à lui/elle. _____ oncle
41 Les Dupont? Je _____ connais bien
42 Apéritif avec du vin blanc et du cassis
46 Troisième personne du singulier du verbe «dire» au futur
47 Synonyme d' «ennuyer fortement»
50 Un studio en a une ou deux. Ma chambre en est une
52 Ne _____ pas! Ce n'est pas drôle
53 Ce mot rime avec l'infinitif de **52 horizontal**
54 Il y a plus de cervelle dans deux _____ que dans une.

Vertical

1 Le verdict d'un médecin
2 Adjectif possessif. Qui est à toi. _____ appartement
3 La nécessité
4 Un acrobate doit l'être
6 Un _____ de confiture
9 Posséder
11 Masculin singulier de «longue»
13 Les hôtels en ont plusieurs
17 Quand Annie est arrivée à Paris, elle avait des tas de choses dans son sac à _____
18 Cette femme est vieille mais _____ homme est jeune
21 On en prend quand on a mal à la tête
23 On utilise ce genre de coton pour nettoyer la peau
24 On mange du _____ au curry
28 Fruits de forme oblongue
29 Faire connaître une personne à une autre
30 Ce verbe rime avec «venir» mais commence par un «t»
31 J'ai besoin de nouvelles chaussures. Les _____ sont usées
37 Le contraire de «beau»
40 La fille de ma sœur c'est ma _____
43 Ce mot rime avec **5 horizontal** mais commence par un «r»
44 Nom familier pour «père»
45 Annie avait _____ à la tête dans le Chapitre 14
48 Le matin je mets _____ chaussettes (adjectif possessif)
49 Sport pratiqué par Guillaume Tell. Le _____ à l'arc.
51 Mot qui lie d'autres mots

15

L'emploi

In this chapter you will:

I Learn how to telephone for information on employment

II Learn more about special agreements with *avoir* in the *passé composé*

III Write a formal job application letter

IV Learn about special agreements with reflexive verbs in the *passé composé*

▌ *COMMENT DIRE*

Nathalie cherche un emploi

Nathalie: Mon compte en banque est complètement à sec et mes parents refusent de me prêter de l'argent pour les vacances. Je le regrette vraiment, mais je ne pourrai pas partir avec vous sur la Côte d'Azur. Je dois chercher un emploi dans un bar ou dans un magasin.

Louise: C'est vraiment dommage. Attends, j'ai le journal d'hier. Regardons ce qu'il y a dans les petites annonces, sous la rubrique «Offres d'emplois». Et bien, voyons . . . Regarde, cette annonce-ci offre un emploi à temps partiel de juillet à septembre. C'est pour travailler dans un bar, le soir de 8h à 00h00. Qu'est-ce que tu en penses?

Nathalie: C'est dans quel arrondissement?

Louise: C'est est marqué: 17 ème arrondissement.

Nathalie: C'est un peu loin et ça me ferait rentrer trop tard le soir. Regarde celle-ci, c'est un peu plus près. C'est dans le 14 ème. Qu'est-ce qu'on dit exactement dans cette annonce? Voyons:

> Hôtel/restaurant, 14 ème arrondissement
> recherche étudiant(e)s pour
> travail à temps partiel ou complet
> pour juillet, août, septembre.
> Heures négotiables. Anglais souhaité.
> Tél.: 01.43.31.98.11 (de 10h à 19h).

Louise: Cela me semble parfait. Tu devrais téléphoner pour demander des renseignements supplémentaires.

Nathalie: Je vais le faire tout de suite.

Activité 1
··

(*Par paires*) Vous cherchez vous aussi un emploi pendant les vacances. Expliquez à votre partenaire:
– quel emploi vous aimeriez avoir: type d'emploi, expérience, qualifications appropriées.
– quand vous aimeriez travailler: combien de mois, à temps partiel/complet, le jour/le soir.

❚❚ *COMMENT DIRE*

Nathalie téléphone pour un emploi

Nathalie: Alors je fais le 01.43.31.98.11. Ça sonne occupé. Je recommence. Cette fois-ci, ça sonne. Allô, est-ce que je pourrais parler au propriétaire, s'il vous plaît? C'est au sujet de la petite annonce que <u>j'ai lue</u> dans Le Parisien.

L'employé: Je regrette. Il est en voyage d'affaires. Il sera de retour demain matin. Est-ce que je peux prendre vos coordonnées?

Nathalie: Oui, je m'appelle Nathalie Varingot. Mon adresse est 4 rue Alphonse Daudet, Paris, 75014. Mon numéro de téléphone est le 01.45.56.67.88

L'employé: Pourriez-vous écrire afin de nous donner plus de détails sur vos qualifications et votre expérience? M. Sergent vous téléphonera dès son retour.

Nathalie: Pouvez-vous me donner votre adresse, s'il vous plaît?

L'employé: Vous écrivez donc à M. Sergent, Hôtel Royal, 212 boulevard Raspail, Paris, 75014.

Nathalie: Je vais le faire dès à présent. Je vous remercie beaucoup pour votre aide monsieur.

L'employé: Je transmettrai les coordonnées que vous m'<u>avez données</u> à M. Sergent.

POUR DIRE

Accords spéciaux avec avoir

☺ **You have already met agreements with the perfect tense with *avoir* in Chapter 10, Section V.**

Activité 2

1   Look at the underlined verbs in the perfect tense in the above dialogue. What do you notice about the past participles?

2   What do these past participles agree with?

Here is an example to help you:

> *Voici les journaux que Nathalie et moi avons achetés hier.*

In this example the past participle **acheté** refers to **que**, which refers to **les journaux**, which is the direct object of the verb and is placed before the verb. The past participle agrees with the direct object as it is placed before the verb. **Les journaux** is masculine plural, therefore the past participle **acheté** changes to **achetés** (masculine plural).

△ **In a question form where the direct object comes *before* the verb, there is also agreement. Par exemple:**

Quelle annonce *as-tu choisie?*

Activité 3
· ·

Accordez les participes passés dans les phrases suivantes si nécessaire.

1   Combien de petites annonces as-tu choisi__?
2   Voici l'annonce que Nathalie et moi avons lu __.
3   Les journaux, je ne les ai pas lu __ ce matin.
4   Est-ce que tu as eu __ des entrevues pour plusieurs emplois?
5   Les entrevues que j'ai eu __ se sont très bien passées.
6   As-tu téléphoné __ à l'agence de l'emploi?
7   L'agence de l'emploi, que j'ai contacté __ hier, m'a donné __ plusieurs numéros de téléphone utiles.
8   J'ai envoyé __ plusieurs lettres de demande d'emploi.
9   Les réponses que j'ai reçu __ ne sont pas très positives.

❚❚❚ *COMMENT ÉCRIRE UNE LETTRE FORMELLE*

Mademoiselle Nathalie Varingot
Rue Alphonse Daudet
75014 PARIS

Monsieur Sergent
Hôtel Royal
212 bd Raspail
75014 PARIS

Votre réf.:
P.J.: c.v.

Paris, le _____

Objet: demande d'emploi

Monsieur,

En réponse à votre annonce parue dans _____ (nom du journal) le _____ (date) concernant des emplois à temps partiel ou complet pour la période de juillet à septembre inclus, je me permets de poser ma candidature.

Née à _____, le _____ (date de naissance) je suis actuellement en troisième année à l'école de tourisme du boulevard des Capucines. J'ai déjà travaillé comme serveuse dans plusieurs restaurants durant les vacances et je suis en mesure de vous fournir quelques lettres de référence. Je suis dynamique, ordonnée et j'ai un bon sens relationnel. Veuillez trouver ci-joint mon curriculum vitae.

J'espère que vous voudrez bien considérer ma candidature avec bienveillance et je me tiens à votre disposition pour une entrevue à la date et à l'heure qui vous conviendraient.

Je vous prie d'agréer, Monsieur, l'expression de mes salutations les plus distinguées,

Activité 4

1 Relisez la lettre informelle (Chapitre 13, p. 214).
   (*Par paires*)
2 Comparez-la avec la lettre ci-dessus. Notez les différences au sujet des formules d'introduction et de salutations dans la grille ci-dessous. Inscrivez des exemples si vous voulez.

	Lettre professionnelle	Lettre personnelle
Présentation: **formule d'appel** **formules d'introduction à la lettre** **formules finales**		
Corps de la lettre: **longueur des phrases** **temps utilisés** **vocabulaire**		
Formalité: **style particulier** **registre** **ton**		

Activité 5

Lisez les expressions suivantes. Celles-ci pourraient remplacer certaines expressions dans la lettre formelle à M. Sergent. Lesquelles?

1 Comme suite à votre annonce
2 J'ai l'honneur de vous faire savoir que je suis intéressée par _____
3 J'espère vivement que _____
4 Je vous prie de croire _____ à l'assurance de mes sentiments distingués.

IV *POUR DIRE*

Accords spéciaux avec être (verbes pronominaux)

Nathalie: Je n'ai pas exactement dit la vérité dans ma lettre de candidature. Je suis assez maladroite et je <u>me suis coupé les mains</u> plusieurs fois en faisant la vaisselle ou en ramassant les verres, quand j'étais serveuse. Heureusement, mes références ne le mentionnent pas. Ce n'était jamais grave. <u>Je me suis bien lavé la plaie et mis de l'alcool</u> pour désinfecter. J'ai été exemptée de faire la vaisselle pendant plusieurs jours.

Activité 6

1   Look at the above underlined sentences. Do you notice something unusual as far as the agreement of the past participles is concerned?
2   Now compare the following examples:

> *Nathalie s'est lavée.*
> *Nathalie s'est lavé les mains.*

What is the difference between the two sentences?
3   Look again at the above underlined sentences. Why doesn't the past participle agree with the reflexive pronoun, in this case referring to Nathalie (fem sing)?

△ **When the reflexive pronoun acts as a direct object, there is agreement with the subject. Par exemple:**

Nathalie s'est levée et s'est lavée tôt pour son entretien.
(Nathalie got herself up and washed herself early before her interview.)

But when the reflexive pronoun acts as an indirect object, there is no agreement. Par exemple:

Nathalie s'est lavé le visage et s'est fait un café avant de partir.

Nathalie washed her face (i.e. did something to herself, indirect object) and made a coffee (for herself, indirect object) before leaving.

Activité 7
· ·

Complétez les phrases suivantes au passé composé. Ajoutez les terminaisons
des participes passés. Certains s'accordent. D'autres ne s'accordent pas.

1   Nathalie _____ de bonne heure pour préparer son entrevue. (se lever)
2   Elle _____ toutes sortes de questions possibles. (se poser)
3   Ensuite Nathalie _____. (se préparer)
4   Elle _____ du parfum. (se mettre)
5   Elle _____ les cheveux. (se brosser)
6   Elle _____. (se maquiller)
7   Elle _____ à son entrevue bien habillée et à l'heure. (se présenter)

Mots utiles

exempter	dès	annonce (f)	maladroit
convenir à		bienveillance (f)	partiel
fournir		candidat (m)	relationnel
ordonner		candidate (f)	souhaité
transmettre		candidature (f)	
		compte (m)	
		entrevue (f)	
		formule (f)	
		journal (m)	
		plaie (f)	
		propriétaire (f,m)	
		rubrique (f)	

à sec
à temps partiel
à temps complet

Activité 8

Bilan Quinzième Étape
1. Lecture

À la cafétéria

Philippe: Je viens de voir Marc qui bossait comme un fou sur les données de son sondage. C'est pour demain, sa dissert. Vous croyez qu'il la finira à temps? Moi, j'en doute. J'ai l'impression qu'il a choisi un thème trop large et trop ambitieux. Ce qui lui arrive assez souvent, d'ailleurs.

Louise: Cette fois-ci, je te trouve un peu injuste. N'oublie pas que nous avons contribué à son sondage, Annie et moi. Je crois qu'il l'a très bien organisé.

Philippe: Ah, bon? Je m'excuse alors. On ne devrait vraiment pas critiquer les idées de Marc sans en savoir plus long. Il est toujours capable de nous étonner. Comment a-t-il obtenu ses renseignements? Il a vraiment abordé des touristes dans la rue?

Louise: Demande à Annie, c'est elle qui l'a accompagné.

Philippe: Ah, oui? Raconte donc, Annie, ça m'intéresse. Comment avez-vous fait?

Annie: Nous avons visité trois endroits où il y a toujours des touristes. Un jour, nous étions devant la Pyramide du Louvre, puis nous sommes allés à Notre-Dame, et dimanche, au Sacré-Cœur. Marc a demandé aux gens ce qu'ils pensaient de l'endroit où on se trouvait. Il avait sa liste de questions sur les autres monuments de Paris et il a coché les cases selon leurs réponses. C'était super, il a rempli énormément de feuilles, et les gens étaient très sympa.

Philippe: Vous avez parlé à des Français alors, ou à des étrangers? Est-ce que tout le monde comprenait le français?

Annie: Pas tout le monde, non. Il y avait des Français et beaucoup d'autres nationalités. Si les gens ne comprenaient pas la première question en français, on essayait en anglais. Ceux qui ne parlaient ni français ni anglais n'ont pas pu participer.

Philippe: C'est bien le genre de Marc, de faire croire aux gens qu'ils participent à quelque chose de passionnant, tandis que c'est lui qui profite d'eux pour écrire sa dissert! Mais au fait on pourrait peut-être utiliser ces renseignements pour notre projet de guide touristique?

Louise: Oh oui, absolument. Il nous en faudra beaucoup plus, bien sûr, mais c'est un bon point de départ. On devrait être très reconnaissant à Marc et Annie de leurs efforts. Tiens, quand on parle du loup on en voit la queue!

a. Soulignez tous les verbes dans le dialogue ci-dessus.
b. Choisissez et insérez dans la grille suivante:
     cinq verbes au présent
     cinq verbes au passé composé
     trois verbes à l'imparfait
     deux verbes au futur
     deux verbes au conditionnel
     un verbe à l'impératif
Insérez les verbes avec le pronom sujet approprié (sauf dans le cas de l'impératif).

Pronom sujet	Verbe	Temps
je	viens	présent
		passé composé
		imparfait

		futur
		conditionnel
		impératif

2 Vous écrivez une liste des choses que vous avez faites/que vous devrez faire pour votre projet. Vous pouvez réutiliser certains verbes figurant dans votre grille, pas nécessairement au même temps.

3 Relisez le dialogue ci-dessus, «À la cafétéria», et trouvez:

> cinq noms féminins
> cinq noms masculins
> cinq adjectifs
> cinq adverbes
> deux adjectifs possessifs

4

Écoutez la cassette (Recording No.79) et remplissez les trous.

Marc arrive à la cafétéria

Marc: Voilà, j'ai analysé mes données et j'ai fini ma dissert, mais j'en ai marre de penser (1) _____ _____ _____ _____ _____! Je te remercie infiniment de ton aide, ma petite Annie. Je n'aurais jamais réussi (2) _____ _____ _____ _____ tout seul. J'ai fait un séjour en Angleterre à l'âge de dix-sept ans, mais maintenant je suis un peu rouillé en anglais.

Annie: Ah bon, je ne savais pas. C'était où en Angleterre?

Marc: À Billingshurst, dans le Sussex. Avant d'y aller, je ne (3) _____ _____ _____ _____ _____ _____ de la ville. Mais en un mois là-bas j'ai fait énormément de progrès, surtout en conduite.

Annie: En conduite? Tu veux dire que tu as appris les bonnes manières en Angleterre?

Marc: Oh, les bonnes manières j'en avais déjà plein! Non, je veux dire que j'ai appris à conduire une voiture. J'ai trouvé ça super. On peut commencer à conduire à dix-sept ans en Angleterre. Mon correspondant avait déjà son permis et on empruntait une vieille bagnole au voisin. Il était fermier, il nous permettait de nous (4) _____ _____ _____ dans un champ.

Annie: Alors la voiture que tu as maintenant, tu l'as choisie parce qu'elle ressemble à cette vieille voiture anglaise?

Marc: Parce qu'elle (5) _____ _____ _____ _____, tu veux dire? Ma chère Annie, tu commences vraiment à avoir la bosse du français! Tu ne devrais pas te moquer de ma pauvre bagnole. C'est elle qui va nous emmener en vacances.

Louise: Au fait Philippe tu as parlé à Catherine au sujet de (6) _____ _____ _____ _____? Elle veut bien nous prêter une tente?

Philippe: Oui, c'est même mieux que ça. Elle nous en offre deux. Il s'agit d'une tente familiale et de celle de mes neveux qui est toute petite, mais elle suffira à Marc et à moi pour dormir.

Marc: Franchement ma voiture va être três chargée. Je (7) _____ _____ _____ on va faire avec quatre personnes, les bagages et le matériel de camping. Je pourrais peut-être emprunter la remorque de mes parents mais je n'y tiens pas vraiment pour une longue route.

Louise: Attention les copains! Voici Nathalie qui arrive. On devrait parler d'(8) _____ _____ _____ _____ _____, puisqu'elle ne peut pas nous accompagner.

5   Écoutez la deuxième partie de l'enregistrement intitulé, «Marc arrive à la cafétéria» (Recording No. 80). À partir du dialogue, résumez en français les projets d'été de tous les amis (Nathalie, Marc, Annie, Philippe et Louise).

6   Terminez votre projet. Écrivez la conclusion en vous concentrant sur les points suivants:

> – Pourquoi avez-vous choisi ce thème (région, ville, monuments, personnalité)?
> – Les aspects qui vous intéressent le plus.

7   (*En groupes de 3 ou 4*) On peut bosser en s'amusant! Pourquoi ne pas terminer ce bilan en jouant? Il vous faut un dé par groupe et un pion par personne.

Chaque joueur jette le dé et avance son pion de x cases. Une fois sur la case, il faut inventer une phrase ou une question en utilisant les mots de la case.

Décidez entre vous si la phrase est claire et compréhensible. En cas de doute, consultez votre professeur.

1 Départ	**2** Je _____ la semaine dernière	**3** Nous _____ français	**4** Ils _____ la même maison depuis six mois	**5** Les vacances _____ bientôt
6 Tu me _____ au café ce soir?	**7** Je _____ rester un mois	**8** Vous _____ des progrès!	**9** Nathalie _____ un emploi pour l'été	**10** Elles _____ il y a trois ans
11 Vous _____ épeler votre nom?	**12** On _____ au centre-ville	**13** Philippe _____ chez Catherine demain	**14** Comment _____-vous?	**15** Je _____ bientôt au supermarché
16 Annie _____ une lettre de sa marraine	**17** Nous _____ les gâteaux	**18** Où _____-tu?	**19** Louise _____ où sont ses clés	**20** Marc _____ son séjour en Angleterre
21 Tu _____ les copains d'Annie?	**22** Vous _____ la cuisine française?	**23** Qui _____ à l'appareil?	**24** Je _____ parler au propriétaire	**25** Tu _____ les tâches ménagères?
26 Vous _____ en France cette année?	**27** Quel temps _____ demain?	**28** Que _____ vous de ce cours?	**29** Elles _____ la cathédrale	**30** Catherine _____ une tente aux copains
31 Quand _____-tu partir en vacances?	**32** Nous _____ notre cours de français	**33** Le chien _____ tous les gâteaux	**34** Encore une case et je _____	**35** Fin

ÇA Y EST! JE SUIS TOUT À FAIT FRANÇAISE!

ANSWERS TO GRAMMAR ACTIVITIES AND BILANS

INTRODUCTION

Activité 4

Verb: is learning   Verb: eats   Verb: adores
Subject: Annie   Subject: she   Subject: Philippe
Object: French   Object: sweets   Object: snails

Activité 5

1   a.   How are you?
    b.   I am fine.
    c.   Can you repeat that please?
    d.   I am learning French.
    e.   Where is the college?

2   a.   Subject: you. Verb: are
    b.   Subject: I. Verb: am
    c.   Subject: you. Verb: can repeat
    d.   Subject: I. Verb: am learning
    e.   Subject: the college. Verb: is

Sentences c and d contain an object

Activité 8

Bilan Introduction

1   a.   Vous pouvez répéter plus lentement, s'il vous plaît? *or* Répétez plus lentement s'il vous plaît?
    b.   Comment dit-on . . . en français?
    c.   Tu peux m'aider, s'il te plaît?
    d.   Vous pouvez m'aider s'il vous plaît?
    e.   Qu'est-ce que ça veut dire?
    f.   Merci beaucoup.

If you found this difficult, check Introduction, Section I.

2   Check sounds on your cassette (Recording No. 3)

3   a.   quinze, vingt-six, trente-trois, dix-neuf, trente-deux, cinquante-trois, soixante-neuf, soixante-dix. (Recording No. 4.)

b.   Au revoir!

If you found this difficult, check Introduction, Sections I and IV

△ **If you couldn't remember some of these things, go back and try to assimilate them before you move on.**

At this stage it doesn't really matter if you have used *vous pourriez* instead of *vous pouvez*. The difference is the same in English, could instead of can.

If you have written something different, check with your teacher. For example: if you have written: *Peux-tu m'aider/Est-ce que tu peux m'aider?* for number I c. and *Pouvez-vous m'aider/Est-ce que vous pouvez m'aider?* for number I d., these are right too!

CHAPITRE 1

Activité I

1   No.1 The majority are not pronounced. You should have underlined the following:

me<u>s a</u>mis/de<u>s é</u>tudes/Va<u>s-y</u>/de<u>s a</u>mis/mo<u>n a</u>mie

Activités 3/4

<u>je</u> **j' in front of a vowel sound**	<u>I</u>
tu	you
<u>il</u>	<u>he</u>
<u>elle</u>	<u>she</u>
on	one
<u>nous</u>	<u>we</u>
vous	you
<u>ils</u>	<u>they</u> (m.plural)
elles	they (f.plural)

Activité 5

As Philippe said in the Introduction, **tu** is used when friends are talking to each other. It is normally used when adults are talking to children and when students are talking to each other, even though it may be the first time they have met.

Vous is used as a mark of respect. The first time you meet somebody you should use **vous**, unless at some point you agree to use **tu**.

For example, you would not use **tu** when addressing a shop assistant, a doctor, etc. In this respect French is more obviously formal than English and register is therefore very important.

Activité 8

Check Transcription, Recording No. 8

Activité 9

1   **A** est une femme.
2   **B** est une femme.
3   **C** est un homme.
4   **D** est un homme.
5   **E** est une femme.
6   **F** est un homme ou une femme.
7   **G** est un homme.
8   **H** est un homme.

Activité 10

a et 6, b et 1, c et 7, d et 5, e et 3, f et 2, g et 4.

Activité 17

Bilan Première Étape
1   a.   Bonjour, je m'appelle (**Dupont Philippe**).
    b.   Je m'**appelle** x. Comment **allez**-vous?
    c.   Je vais (**très**) **bien**, merci.
    d.   Je vous **présente** un(e) ami(e).

    If you found this difficult, check Chapitre 1, Activité 2 and Section II

e. Il est **anglais**.
    Elle est **anglaise**.
f. Il est **étudiant en droit**.
    Elle est **étudiante en droit**.

If you found this difficult, check Chapitre 1, Section IV

2 a. Je suis étudiant(e)
   b. Tu es avocat(e)
   c. Il est médecin.
   d. Elle est comptable.
   e. Nous sommes écossais. Nous sommes écossaises.
   f. Vous êtes irlandais. Vous êtes irlandaise. Vous êtes irlandaises (fe-
       males).
   g. Ils sont anglais. Elles sont anglaises.
   h. Je suis gallois. Je suis galloise.
   i. Elle est britannique.

If you found this difficult, check Chapitre 1, Section IV

3 a. J'**ai** trente-cinq ans.
   b. Nous **avons** des amis à Paris.
   c. Vous **êtes** seul(e) à Paris.
   d. Annie **a** un sac à dos.

If you found this difficult, check Chapitre 1, Sections V and VI

4 a. Dans son sac, il y a **un** dictionnaire, **une** carte d'étudiant, **un** porte-
       monnaie, **un** passeport, **une** enveloppe et **des** photos.
   b. J'aime **les** pommes, **le** coca, **les** bijoux.
   c. J'étudie **la** médecine.
   d. J'aime **le** français, **la** politique et **les** études européennes.

If you found this difficult, check Chapitre 1, Section VI

5   cinq, treize, trente, quinze, cinquante, cinquante-sept, soixante-
       huit, soixante-dix.

Check Recording No. 4

CHAPITRE 2

Activité 1

Qu'est-ce qu'on fait ce soir?

Marc: Alors, on fait quoi ce soir? Il y a un film de Jacques Tati au cinéma. Ça t'intéresse, Nathalie?

Nathalie: Oh oui, bien sûr. J'adore les films de Tati. Ils sont très amusants. Et toi, Louise?

Louise: Moi, j'aime bien, mais je ne suis pas libre ce soir.

Marc: Et Annie? Est-ce que tu aimes les comédies?

Annie: Oui, j'aime bien. C'est difficile à comprendre?

Marc: Non, avec les images et les actions on devine facilement.

Philippe: Moi, je garde les enfants de ma sœur. Aimes-tu les enfants, Annie?

Annie: Euh, oui . . . les enfants . . . sympa, oui.

Philippe: Alors tu vas aussi au cinéma?

Annie: Non, je préfère rencontrer les enfants.

Philippe: Alors, Nathalie et Marc, vous allez au cinéma, et moi, j'emmène Annie chez mes neveux. Ils ont sûrement des magazines et des photos utiles pour ton projet.

Marc: Et toi, Louise, qu'est-ce que tu fais?

Louise: J'ai un rendez-vous important. Je vous raconte ça demain.

Activité 2

There are three main ways of asking questions.
1 – Ça t'intéresse, Nathalie?
   Et toi, Louise?
   C'est difficile à comprendre?
   Tu vas aussi au cinéma?
2 – Est-ce que tu aimes les comédies?
3 – Aimes-tu les enfants, Annie?

Activité 10

| 1 Aller au cinéma | Faire du ski |
| Jouer au football | Jouer de la guitare |

Aller au théâtre | Écouter de la musique
Aller à la piscine | Faire de la planche à voile
Jouer au tennis |

2   *Faire **du** ski:*'ski' is masculine and when 'le' is combined with 'de', this
contracts to 'du'.
*Aller **au** cinéma:* 'cinéma' is masculine and when 'le' is combined with 'à'
this contracts to 'au'.

Activité 11

jouer à is used with ball games, e.g. *Je joue au football, au rugby, au tennis . . .*
jouer de is used with musical instruments, e.g. *Je joue du piano, de l'accordéon,
de la flûte.*
(*jouer à* is also used with card games, e.g. *Je joue au poker.*)

Activité 19

Bilan Deuxième Étape

1   a.   Tu vas au cinéma? Oui, je vais au cinéma.
    b.   Je suis professeur. Et vous, qu'est-ce que vous faites?
    c.   Hélène fait sa dissertation. Et toi, qu'est-ce que tu fais?
    d.   J'adore les escargots. Tu manges les escargots de Bourgogne?
    e.   Il est français. Vous êtes français?
    f.   Je vais à la piscine.
    g.   Nathalie écoute la radio. Et vous, vous regardez la télévision?

2   a.   Est-ce que vous avez faim?/Vous avez faim?/Avez-vous faim? Oui, j'ai
         faim.
    b.   Est-ce que tu écoutes la musique classique?/Tu écoutes . . .? Écoutes-
         tu . . .? Non, je n'écoute pas la musique classique.
    c.   Est-ce qu'elle aime le cinéma? Elle aime . . .?/Aime-t-elle . . .? Elle
         n'aime pas le cinéma.
    d.   Est-ce que vous jouez au football?/Vous jouez . . .? Jouez-vous . . .?
         Nous ne jouons pas au football.
    e.   Est-ce que tu aimes le français?/Tu aimes . . .? Aimes-tu . . .? Bien
         sûr, j'adore le français!

If you found this difficult, check Chapitre 2, Activités 2 to 7 and Section III

3   a.   Philippe collectionne des photos? Non, il **ne** collectionne **pas** de
         photos.
    b.   Marc garde les neveux de Philippe? Non, il **ne** garde **pas** les neveux
         de Philippe.

If you found this difficult, check Chapitre 2, Section IV

4   Treize, trente, quarante-cinq, soixante-neuf, soixante-quinze, quatre-vingt-quatre, quatre-vingt-dix-neuf, cent.

Check Recordings Nos 4 and 15

CHAPITRE 3

· ·

Activité 4

je vais regarder (le tournoi)/tu vas faire (ce soir)/Mes neveux vont venir/je vais venir (chez toi)

Activité 6

1   Vous aimez les escargots?/Tu aimes les escargots?
    Est-ce que vous aimez les escargots?/Est-ce que tu aimes les escargots?
    Aimez-vous les escargots?/Aimes-tu les escargots?

2   *où*   where | *combien*   how much, how many
    quand   when | *comment*   how
    qui   who | *que/qu'est-ce que*   what
    pourquoi   why | *quel(le)(s)*   what, which

Activité 8

1

	Venir	Tenir	Dire
je			dis
tu			
il/elle/on	vient		dit
nous	venons	tenons	
vous	venez		
ils/elles	viennent	tiennent	disent

Activité 10

1   Annie calls Philippe.   I am called . . .
     Jean-Paul and Michel walk the dog.   They go for a walk.
     How do you spell Jean?   It is spelt J-e-a-n.
     Both parents love Julienne.   They do not like each other.
     I tell the truth.   I say to myself: French is great!

2   This means that the verb is reflexive. See GG 1.4a and b.

Activité 11

mon, ma, mes, ton, ta, tes, son, sa, ses

Activité 19

Bilan Troisième Étape
1 a.   Vous êtes marié(e)? Est-ce que vous êtes marié(e)? Êtes-vous
        marié(e)?
   b.   Vous êtes d'où? Vous venez d'où?
   c.   Il y a combien de personnes dans votre famille?
        Combien de personnes y a-t-il dans votre famille?
        Combien de personnes est-ce qu'il y a dans votre famille?
   d.   Quelle est la profession de votre père/votre mère?
        Que fait votre père/votre mère? Votre père, que fait-il?
        Votre mère, que fait-elle?
        Qu'est-ce que votre père/votre mère fait?
        Qu'est-ce que vos parents font?
   e.   Comment s'appellent vos frères et sœurs?
        Quels sont les prénoms de vos frères et sœurs?
   f.   Quelles sont vos activités sportives?
        Qu'est-ce que vous faites comme sport(s)?
   g.   Quel est votre plat préféré?
        Qu'est-ce que vous préférez/aimez manger?
   h.   Qu'allez-vous faire ce week-end? Qu'est-ce que vous allez faire ce
        week-end?
        Quels sont vos projets pour le week-end?

     If you found this difficult, check Chapitre 3, Sections II and III

2   soixante-dix-neuf, neuf cent quatre-vingt-dix-neuf, sept mille neuf cent
     soixante-quinze, le onzième, le trente-troisième, le cinquante-deuxième.
     Check your answers by listening to Recording No. 22

3   Check Recording No. 22

CHAPITRE 4

Activité 4

3   Sélection de questions possibles:

Quand déjeunes-tu?	*Tu déjeunes quand?*	*Quand est-ce que tu déjeunes?*
Où déjeunes-tu?	*Tu déjeunes où?*	*Où est-ce que tu déjeunes?*
Comment passes-tu l'après-midi?	*Tu passes l'après-midi comment?*	*Comment est-ce que tu passes l'après-midi?*
Quand termines-tu les cours?	*Tu termines les cours quand?*	*Quand est-ce que tu termines les cours?*

Activité 8

Les amis viennent d'arriver à l'école de tourisme

Annie et moi, nous **venons** d'arriver.
Et je **viens** à l'instant **de** voir passer la voiture de Marc . . .
Ma voiture **vient** encore **de** tomber en panne.
«Excuse-moi, je **viens de** me lever»
«Mes parents **viennent** à l'instant **de** me téléphoner.»
La cloche **vient de** sonner.

△ **Did you notice that the preposition *de* does not always *immediately* follow the verb *venir*? The verb and the preposition can be separated by an adverb or adverbial phrase.**

Activité 10

1   Depuis combien de temps es-tu ici? Je suis ici depuis 7h45.
2   The tense of the verb is the present tense in French whereas English would use a form of the perfect tense.

Activité 12
· ·

	Pouvoir	Vouloir	Devoir
je	peux	veux	dois
tu	peux	veux	
il, elle, on	peut		doit
nous	pouvons		devons
vous	pouvez	voulez	devez
ils/elles	peuvent	veulent	

The ones that are missing are: tu dois, il/elle/on veut, nous voulons, ils doivent. **See GG 1.1 (a) (2)**

Activité 19
· ·

Bilan Quatrième Étape

1 **a.** Aujourd'hui, on est/c'est le 12 décembre 1999/200_.
        On est/c'est le mercredi . . . mai 1999/200_.

    b. La date de mon anniversaire est le 28 septembre.
        Je suis né(e) le 26 mai 1984.

If you found this difficult, check Chapitre 4, Activité 16

2 **a.** Oui, je veux bien. Oui, je peux prendre un pot avec toi. Je suis libre mercredi soir.

    b. Non, je regrette. Je ne peux pas. Je ne suis pas libre. Je dois aller à la bibliothèque.

    c. Tu veux aller au cinéma avec moi le 16 décembre?

If you found this difficult, check Chapitre 4, Section VI

3 **a.** À quelle heure est-ce que tu te lèves?
        À quelle heure te lèves-tu?
        Tu te lèves à quelle heure?

    b. À quelle heure est-ce que tu te laves?
        À quelle heure te laves-tu?
        Tu te laves à quelle heure?

    c. Est-ce que tu te dépêches le matin/le soir?

    d. À quelle heure est-ce que tu arrives à l'école de tourisme?

    e. À quelle heure termines-tu les cours?

    f. Tu dînes à quelle heure?

    g. Tu te couches à quelle heure?

If you found this difficult, check Chapitre 4, Section II
À quelle heure can be replaced with **quand** in the above examples.

4   a.   Depuis combien de temps étudiez-vous le français?
    b.   Depuis quand est-ce que tu habites ici?
    If you found this difficult, check Chapitre 4, Section IV

5   Check Recording No. 29

CHAPITRE 5

Activité 4

1   Je finis vite **cette** dissertation.
2   Je sors **ce** soir/C'est quelqu'un que je connais depuis **cet** hiver/avec **ces** chaussures.
3   **Ces** chaussures-**ci**.

Activité 6

1   An adjective qualifies a noun or pronoun.
2   a.   Je viens de terminer cette dissertation <u>facile</u>.
    b.   Nathalie va rencontrer un copain <u>séduisant</u>.
    c.   Annie va aider son amie Nathalie à choisir une robe <u>rouge</u>.
    d.   Nathalie va passer une soirée <u>intéressante</u>.
    e.   Annie préfère porter des vêtements <u>confortables</u>.
    f.   Marc aime porter des chemises <u>colorées</u> et <u>confortables</u>.
    g.   Annie trouve l'accord de l'adjectif <u>facile</u>.
    h.   Laurent va peut-être trouver Nathalie <u>séduisante</u>.
    i.   Marc trouve les gilets <u>rouges</u> très <u>chic</u>.
    j.   Nathalie pense que Laurent est un garçon très <u>intéressant</u>.
    k.   Annie trouve les garçons <u>français</u> très <u>séduisants</u>.
    l.   Les soirées chez Marc sont toujours très <u>intéressantes</u>.

Activité 7

a   Il porte des lunettes.
    Il a les cheveux **blonds**.
    Il est de taille **moyenne**.
    Il a l'air **intellectuel**.

b   Elle a les cheveux **bruns** et **courts**.
    Elle est très **chic**.
    Elle est **mince**.
    Elle a les yeux **marron**.

c   Elle est **grande** et **brune**.
    Elle a les cheveux **frisés**.
    Elle est toujours **souriante**.
    Elle est **jolie**.

d   Il n'a pas les cheveux **longs**.
    Il est **brun** et **bronzé**.
    Il est **beau** et **charmant**.
    Il mesure 1,85m.

e   Elle est **belle**.   f   Elle est **petite**.
    Elle est **blonde**.   Elle a les cheveux **roux** et **bouclés**.
    Elle a les cheveux **longs**.   Elle a des taches de rousseur.
    Elle a les yeux **bleus**.   Elle est **mignonne**.

Activité 8

1   an *e* is added
2   masc pl – *s* is added; fem pl, – *es* is added
3

masc sing	fem sing	masc pl	fem pl
facile	facile		
séduisant	séduisante	séduisants	
rouge		rouges	
intéressant	intéressante		intéressantes
français			colorées
		confortables	confortables
		chic (inv)	

Activité 9

1   They come after the noun.
2   jeunes, court, petit, joli, gros, beau, grand

Activité 10

1   **a.**   his own shoes
    b.   clean socks
2   **a.**   former pupil
    b.   ancient castles
3   **a.**   next year in the sense of following
    b.   next exam
4   **a.**   great monument
    b.   tall person
5   **a.**   an expensive dress
    b.   darling Laurent
6   **a.**   poor Marc (in the sense of unfortunate)
    b.   poor (in the sense of impoverished)

Activité 12
. . . .

1   finir/partir/raccourcir/éclaircir
2   finis/choisissez/choisis

Activité 14
. . . .

1   venir/tenir/devenir
2   sortir/dormir/servir/se sentir

Activité 16
. . . .

Bilan Cinquième Étape
1   **Annie:** Qu'est-ce que tu préfères, Nathalie? **Cette** robe-ci ou **ce** pantalon-là?

   Nathalie: Cette robe-ci. Elle est **jolie**. J'aime la couleur **rouge**, mais elle est peut-être trop **grande** pour moi.

   Annie: Elle est **parfaite**. Est-ce que tu veux choisir des chaussures? **Ces** chaussures-**ci/là** sont très **belles** aussi.

   If you found this difficult, check Chapitre 5, Sections II and III

2   La coiffeuse **éclaircit** les cheveux de Nathalie.
       Elle dit: « Qu'est-ce que vous **choisissez** comme mèches, mademoiselle?»
       Elle **raccourcit** les cheveux de Nathalie de quelques centimètres.
       Elle **ouvre** la bouteille de produit. Elle doit **porter** des gants. Elle ne **se souvient** pas où ils sont. Nathalie demande: «Pourquoi est-ce que vous **réfléchissez**?» La coiffeuse dit: « Ces produits **salissent** les mains et je dois porter des gants en plastique.»

   If you found this difficult, check Chapitre 5, Section V

3   Check Recording No. 35

CHAPITRE 6
. . . .

Activité 1
. . . .

1   à, de, dans, en, au, derrière, près de, chez, pour, sur, sans, par, contre, comme

2   Intro: I am a beginner **in** French.
                    He lives **in** Paris.
                    There is a street map **of** Paris **in** Annie's backpack. (literally the backpack **of** Annie)

    Ch 1:   Philippe lives **in** France.
                    Philippe**'s** nephews are called Michel and Jean-Paul. (literally the nephews **of** Philippe)
                    Louise speaks French **with** her mother.

    Ch 2:   The friends are going **to** the pictures.
                    Marc is going **to** the bakery.
                    Marc is going **to** the baker's.

    Ch 3:   Marc**'s** mother does everything **for** him. (literally the mother **of** Marc)

    Ch 4:   The students have **between** three and five hours of classes per day.
                    They go home **before** seven in the evening.
                    Nathalie has dinner **at about** seven.

    Ch 5:   There is is a beautiful castle **next to** this family.

As you have seen, prepositions are not always used in the same way in French. The ''s' in English does not exist in French and is translated by **'de'**.

Activité 12

See the dialogue 'Les directions' in Chapter 6, III.

Activité 14

In this extract the verbs giving direction stand on their own. They are not preceeded by a subject pronoun.

Activité 17

connaître	il connaît
perdre	il perd
promettre	il promet
conduire	conduire
prendre	elles prennent
rendre	elles rendent
dire	elles disent

Activité 19

Bilan Sixième Étape
1

Louise: Et si on réorganise un peu l'appartement avant de peindre?

Annie: Oui. Alors, si je **mets** la plante **sur** la table. Qu'est-ce que tu penses?

Louise: Elle est trop grande. Si tu **mets** la plante **près de/à côté de** la fenêtre, c'est bien.

Annie: Si tu **prends** le pot **par** ce côté-là. Moi je me **mets** ici et on va placer la plante **près du/à côté du** placard.

Louise: On peut aussi bouger la lampe.

Annie: On **met** la lampe où? Si nous **mettons** la table **entre** le radiateur et la porte et la lampe **sur** la table, ça va.

Louise: D'accord.

If you found this difficult, check Chapitre 6, Section I

2   **Vous prenez** l'ascenseur. **Vous montez** jusqu'au deuxième étage.
           Vous sortez de l'ascenseur. **Vous allez** tout droit jusqu'au bout du
           couloir. **Vous tournez** à gauche et le bureau du prof responsable est
           en face de vous.

If you have chosen the formal imperative form, the answers are the same as above but without the personal pronoun **vous**.

As Marc is talking to a fellow student it is acceptable to use the **tu** form

           Tu prends l'ascenseur. **Tu montes** jusqu'au deuxième étage. **Tu
           sors** de l'ascenseur. **Tu vas** tout droit jusqu'au bout du couloir. **Tu
           tournes** à gauche et le bureau du prof responsable est en face de <u>toi</u>.

If you found this difficult, check Chapitre 6, Section V

3   Check Recording No. 40

CHAPITRE 7

Activité 1

se réveille/se réveiller, se lève/se lever, se lave/se laver, se brosse/se brosser, s'habille/s'habiller, se coiffe/se coiffer, se rend/se rendre, se rencontrent/se rencontrer, s'amusent/s'amuser, se perfectionner, se repose/se reposer, se sert/se servir, se met/se mettre, se rend/se rendre, se couche/se coucher, s'endort/s'endormir.

se réveille/se réveiller, s'imagine/s'imaginer, se rend/se rendre, se met/se mettre, s'étend/s'étendre, se faire bronzer, s'offre/s'offrir, s'amuser, se baigner, se remettre, se douche/se doucher, se rase/se raser, s'habille/s'habiller, s'en va/s'en aller

Activité 7

se garer, s'arrêter, s'énerver

Activité 8

2

	A	B
a.	*Tu peux arrêter la voiture.*	*Tu peux t'arrêter devant le garage.*
	You can stop the car	You can stop in front of the garage.
b.	*Marc gare sa voiture.*	*Il se gare.*
	Marc parks his car.	He parks.
c.	*Marc énerve les deux filles.*	*Il s'énerve facilement.*
	Marc is annoying the two girls.	He gets annoyed easily.
d.	*Louise maquille Annie.*	*Louise se maquille.*
	Louise makes Annie up.	Louise puts on her make-up.
e.	*Annie ouvre la porte.*	*La porte s'ouvre.*
	Annie opens the door.	The door opens.

Activité 9

2   The extra pronoun remains attached to the verb.

Activité 11

1   Je l'ai/la voici/tu le vois/je le trouve/je les déteste/je le sais/Louise la fait/On le fait quand?/Je le prends/

2   Je **l'**ai. **L'** refers to *la monnaie* in the previous sentence.
     la voici. **La** refers to *ma clef* in the previous sentence.
     Comme tu **le** vois. **Le** refers to *c'est* in the previous sentence which refers to *notre appartement*.

     Je **le** trouve trop petit. **Le** refers to *notre appartement* at the beginnning of the sentence.
     Les tâches ménagères, je **les** déteste. **Les** refers to *les tâches ménagères* at

the beginning of the sentence.

Ça je **le** sais! ***Le*** refers to <u>ça</u>, which refers to the idea expressed in the previous sentence (not liking doing housework)

Mais la cuisine, Louise **la** fait très bien. ***La*** refers to <u>la cuisine</u> at the beginning of the sentence.

On **le** fait quand? ***Le*** refers to <u>décorer l'appartement</u> in the previous sentence.

Je **le** prends noir et sans sucre. ***Le*** refers to <u>du café.</u>

3   They come before the verb.

Activité 14

Louise: Annie, tu n'entends pas quand on **t'**appelle?

Annie: Pardon, Louise? Je ne **t'**entends pas. Ta stéréo marche trop fort.

Louise: Et si je parle plus fort, est-ce que tu **m'**entends mieux?

Annie: Oui, je **t'**entends mieux, mais tu peux aussi baisser le volume.

Louise: Le prof d'histoire de l'art veut **nous** voir demain pour discuter de notre projet sur Paris.

Annie: À quelle heure est-ce que vous allez **la** rencontrer?

Activité 16

	+ masc noun + noun beginning with a vowel	+ fem noun	fem and masc nouns, plural
my	**mon** classeur	**ma** recette **ma** cousine	**mes** recettes
your (fam)	**ton** classeur	**ta** recette	**tes** recettes
his/her/its	**son** classeur	**sa** recette	**ses** recettes
our		**notre** recette **notre** grand-mère	
your			
their			

Activité 19

● ●

Bilan Septième Étape

1 Annie et Louise **s'entendent** assez bien normalement, mais parfois elles **se disputent**. Quand Annie trouve une nouvelle recette, elle **la** met dans **son** classeur. Une de **ses** recettes **se trouve** par erreur dans le classeur de la cousine de Louise.

2

Marc: Heureusement on **s'entend** assez bien, Philippe!

Philippe: Mais on ne partage pas le même appartement, Marc. Quand vous partagez, vous **vous mettez** plus facilement en colère. Il faut **se mettre** à **leur** place.

Marc: Moi, je mets toujours **mes** affaires dans **ma** chambre. Tu **t'organises** de cette façon, Philippe? **Tes** affaires ne sont pas toujours très organisées, il me semble.

Louise: Ils vont **se disputer** dans une minute! Annie, on doit partir. Où sont **mes** clefs?

Annie: Je **les** ai quelque part. Et **mon** sac? Où est-il?

Louise: Je **le** vois là, sur le divan.

Annie: Vous voyez, Louise et moi, nous **nous entendons** bien d'habitude!

If you found this difficult, check Chapitre 7, Sections II, III, IV

3   Check Recording No. 45

CHAPITRE 8 ●

Activité 1

● ●

1   Qu'est-ce qu'il faut acheter?
Alors, il faut un kilo de veau.
Il faut aussi deux pommes, . . .
D'accord, mais il faut m'aider.
Il faut le récompenser.

2   **il faut** +verb   **il faut** + noun
Il faut acheter   Il faut un kilo de veau
Il faut m'aider   Il faut aussi deux pommes
Il faut le récompenser

3   **il faut** is followed by the infinitive.

4   **il faut** means either:

    one has/needs to do something
    you have/need to do something
    we have/need to do something
    they have/need to do something
    it has/needs to be done

Activité 2

1   des légumes, des oignons, des carottes, des poireaux, des fruits, des pommes, de l'ananas, du veau.

    In this context all of these articles mean 'some'.

2   **de** on its own means 'of' with a noun in expressions like *un kilo de veau, trois cents grammes de carottes, un décilitre de rhum, deux décilitres de crème fraîche*.

    de is also used in certain fixed expressions such as *avoir besoin de* (to need): *on a besoin de sel et de poivre*.

    de with an infinitive simply means 'to': *C'est l'occasion d'employer ton français*.

Activité 6

1   On n'en a pas trouvé
    Il y en a beaucoup à Paris
    Oui, j'en ai mangé avec des . . .
    Qu'est-ce que tu en penses?
    Oui, j'en ai mis.
    On en utilise beaucoup à la Martinique.

2   des bananes plantain
    les restaurants nord-africains
    du couscous
    le veau de Louise
    de l'alcool
    de l'alcool

Activité 8

1 j'ai **dû** adapter les ingrédients.
   on n'en **a** pas **trouvé**.
   J'ai **fait** le plat avec des bananes ordinaires.
   Tu **as** déjà **mangé** des plats exotiques?
   Tu **as** déjà **mangé** du couscous aux merguez?
   Oui, j'en **ai mangé**.
   Tu **as aimé** ça?
   Oui, j'**ai trouvé** ça assez bon.
   J'**ai eu** soif.
   Tu **as mis** de l'alcool dedans?
   Oui, j'en **ai mis**.
   Vous m'**avez** vraiment bien **servi**
   J'**ai bu** du bon vin.
   Tu l'**as mérité**.
   Tu **as** très bien **repeint** l'appartement.
   Tu n'**as** jamais **pensé** à devenir décorateur.

2 It should remind you of the present tense of **avoir**. Look back at Chapter
   2 if you need to.

4

infinitive	past participle
faire	**fait**
manger	mangé
aimer	aimé
avoir	**eu**
mettre	**mis**
repeindre	**repeint**
devoir	**dû**
dire	**dit**
servir	servi
boire	**bu**

Activité 12

1 fait, eu, mis, repeint, dit, dû, bu
2 I had an appointment. I have been ill. Marc drank some coffee. He drove
   his car. He knew Nathalie at university. The champion ran well. The
   naughty children were frightened of Father Fouettard (*according to French*

tradition, he comes and takes the toys away from children who have been naughty after Christmas). She didn't believe his/her story.

The veal *à la créole* cooked for an hour. He had to wait. He said: 'it is delicious'. Annie wrote 24 postcards. The weather was nice yesterday. They had to buy some rum. Did you read this recipe? Annie set the table for dinner. The butcher opened the butcher's shop at eight o'clock in the morning. Annie liked the couscous. It rained for 40 days and 40 nights. Did you manage to complete this exercise? Nathalie caught the bus. We had a telephone call. Michel and Jean-Paul laughed at Annie's French. I knew how to fill out the form. Louise followed the recipe. Marc kept his promise. Louise and Annie lived in Scotland. Have you seen *Germinal* (*the film about mining life at the turn of the century in France, starring Depardieu*)? Marc wanted to see the flat.

Activité 15

ne plus, ne . . . ni . . . ni, ne que, ne jamais, personne ne . . ., ne rien

ne . . . plus	no longer
ni . . . ni	neither . . . nor
ne . . . que	only
ne . . . jamais	never
personne ne	nobody
ne . . . rien	nothing

Activité 17

Bilan Huitième Étape

1 **a.** Il faut des œufs, de la farine, du lait, du beurre ou de la margarine et du sel.

   b. On les mange avec du citron, de la confiture, avec du beurre et du sucre.

2 1 et c, 2 et a, 3 et d, 4 et g, 5 et f, 6 et b, 7 et e

If you found this difficult, check Chapitre 8, Section III

3 **a.** J'**ai acheté** de la limonade et j'**ai** tout **bu**.

   b. Marc **a conduit** sa voiture au garage. Il **a dû** s'arrêter en route, car il **a eu** une panne d'essence.

   c. Philippe **a couru** très vite pour ne pas rater son bus.

   d. Annie **a reçu** une lettre de sa tante et elle n'**a** jamais **répondu**.

If you found this difficult, check Chapitre 8, Section IV

4 **a.** Marc n'a jamais mangé **de** coupes martiniquaises.
   b. Personne n'a aimé les merguez.
   c. Philippe n'a rien fait pour aider Louise et Annie à décorer leur appartement.

5 Il n'y a que des truffes et des coupes martiniquaises comme dessert.

   If you found this difficult, check Chapitre 8, Section V

6 Check Recording No. 52

CHAPITRE 9

Activité 1

1 On **est allé** chez les cousins de ma mère
   On y **est arrivé** juste à temps
   La voiture de Marc **est tombée** en panne
   On **est resté** une demi-heure dans un embouteillage
   Vous **êtes allées** voir la cathédrale?
   Nous **sommes sortis** avec ses copains
   Où **êtes-vous allés**?
   Nous **sommes allés** au restaurant
   On y **est resté** jusqu'à onze heures, puis on **est parti** chez Alain pour continuer la fête
   On **est descendu** en vitesse . . . on **est arrivé** trop tard.
   La police **est venue**.
   Les voisins **sont venus** se plaindre

2 The auxiliary **être** is conjugated in the present tense <u>in agreement with the person</u>.

3 **a.** The past participle **all*ée*** agrees with **elle** and is feminine and singular
   b. The past participle **allé** agrees with **il** and is masculine and singular
   c. **Vous** refers to Annie and Louise in the case of *Vous êtes allées voir la cathédrale?* They are both girls and consequently the past participle is feminine and plural.
   d. **Vous** means Annie, Louise, Gérard, Alain, in the case of *Où êtes-vous allés?* As there are male participants the past participle is masculine and plural. If it were just Louise and Gérard, the masculine gender would still apply, i.e. one would say: *Où êtes-vous allés?*

Activité 2

1   These are verbs of state or movement. It may help you to remember them as pairs of opposites (come & go, arrive & leave, go up & go down, change of, etc.)

2   We have been to Paris. I came on foot. Louise and Annie came back by train. Annie has become good at French grammar. The train arrived at six o'clock. Marc left by car. Louise stayed with her cousins. They came back on Sunday evening.

Activité 3

9   Annie et Louise sont entrées dans la cathédrale.
10 Ils sont rentrés très tard de chez Alain.
11 Les amis sont sortis samedi soir.
12 Annie et Louise sont montées dans le train.
13 Elles sont descendues à Chartres.
14 Albert est tombé de l'échelle.
15 Napoléon est né en Corse.
16 Il est mort à Sainte-Hélène.

Activité 5

1   The reflexive pronoun comes immediately before the auxiliary *être* in its conjugated form.

2   *ne* comes before the reflexive pronoun and *pas/jamais* just after the auxiliary *être.* The reflexive pronoun remains attached to the verb.

Activité 9

1   On y est arrivé juste à temps/Il y a eu un accident/mais on s'y habitue/On y est resté jusqu'à onze heures

2   We arrived there just in time/There was an accident
    but one gets used to this */we stayed there until 11 o'clock.
    *This is a different usage of **y**

3   **y** immediately precedes the verb or the first part of the verb it refers to.

Activité 11

Tu **me** donnes ton parapluie?/Elle **nous** a amené des bonbons/Je **vous** donne autre chose/Vous allez **me** l'apprendre/Ma mère **m'**a envoyé des photos de ma famille/On **lui** apprend/On **te** raconte plus tard/Je **vous** souhaite bonne soirée

pronoms sujets	pronoms objets directs	pronoms objets indirects
je	me	**me, m'**
tu	te	**te**
il/elle/on	le/la	**lui**
nous	nous	**nous**
vous	vous	**vous**
ils/elles	les	**leur**

2   **leur**
3   Most of them are the same except for the third person singular and plural. Whereas there are two direct object pronouns according to the gender there is only one indirect pronoun **lui** irrespective of gender.

   Indirect object pronouns also come before the verb they are associated with.

Activité 13

1   Vous allez **me l'** apprendre.
2   The indirect object pronoun **me** comes before the direct object pronoun **le**.

Activité 17

1   C'est toi, chez toi, chez moi, chez eux, à côté de toi, devant nous, à côté de lui
2

Pronoms personnels sujets	Pronoms accentués
je	**moi**
tu	**toi**
il/elle/on	**lui/elle/soi**
nous	**nous**
vous	**vous**
ils/elles	**eux/elles**

Activité 20

Bilan Neuvième Étape

1 a. Paris vous a plu?
   b. Elle est sortie avec ses copains.
   c. Vous êtes allées voir la cathédrale?
   d. Les copains sont sortis samedi soir.
   e. Annie et Louise ont été dans un embouteillage.
   e. Les voisins sont venus se plaindre à cause du bruit.
   f. Nous y sommes restés très tard le soir.

2 Louise et Annie sont arrivées juste à temps à la gare. Elles ont pris le train pour Chartres. Elles sont allées à Chartres pour rendre visite aux cousins de la mère de Louise. Louise y est allée assez souvent. Annie a voulu mettre son français en pratique et elle a eu envie de visiter la cathédrale de Chartres. Elles se sont bien amusées.

   If you found this difficult, check Chapitre 9, Sections 1 and 2

3 a. Je te remercie. Tu **m'**as donné un cadeau magnifique.
   b. Quand Gérard est venu chez elle, Louise **lui** a offert un verre.
   c. Nous sommes allées à Chartres chez les cousins de Louise pour **leur** rendre visite.

4 a. Mes parents ont vu mes photos de vacances. Je **les leur** ai montrées hier.
   b. Nous **vous l'**avons dit la semaine dernière.
   c. Je vais **te les** donner demain matin.
   d. Cette valise est à moi. Est-ce que tu peux **me la** passer?

   If you found this difficult, check Chapitre 9, Section III and GG 3.1 (f)

5 Check Recording No. 56

CHAPITRE 10

Activité 1

1 Allez/aide-nous/Commençons/trie les cartes/distribue-les/Vas-y/Demande à quelqu'un/Essayons/Adresse-toi/Tiens/Ne crie pas/Tiens/ Sois patient/Continue/Laissez-moi/Va/Continuons à jouer

2 The imperative is used for the second person singular and the first and second person plural. The pronouns that have been removed are: *tu*, *nous*, *vous*.

Activité 2

1

Infinitive	Tu form	Nous form	Vous form
aller	**va**	allons	**allez**
aider	**aide**	aidons	aidez
commencer	commence	**commençons**	commencez
trier	**trie**	trions	triez
distribuer	**distribue**	distribuons	distribuez
demander	**demande**	demandons	demandez
essayer	essaie	**essayons**	essayez
adresser	**adresse**	adressons	adressez
tenir	**tiens**	tenons	tenez
crier	**crie**	crions	criez
être	**sois**	soyons	soyez
continuer	**continue**	**continuons**	continuez
laisser	laisse	laissons	**laissez**

2   Verbs in –er, (including *aller*), drop the final –s from the singular form. For example:

   Va dans ta chambre!

   You only add an *s* for pronunciation purposes in front of **y**: *Vas-y!*

Activité 7

1   Donnez-**moi*** une récompense/Montre-**les-nous**/Donnons-**lui** à manger/ Donne-**la-lui** s'il te plaît/Lis-**le** s'il te plaît

   *Note that *me* becomes *moi*.

2   donne-lui, donne-leur
3   *lui* refers to masculine or feminine singular (to him, to her).
   leur refers to masculine or feminine plural (to them).
4   In the imperative mode the pronouns come after the verb, whereas in the indicative mode the object pronouns come before the verb.

Activité 8

le refers back to *un petit mot*.

Activité 9

1 montre-les-nous
  donne-la-lui
2 With the imperative the direct object pronoun always comes before the
  indirect object pronoun.

△ **These pronouns are preceded by a hyphen, unless they refer to
a verb that follows, e.g. *Allez lui ouvrir*. (*lui* refers to *ouvrir*, not
to *allez*) and *Va la chercher*. (*la* refers to *chercher*, not to *va*)**

Activité 15

In the negative, pronouns are placed before the verb in the imperative e.g.
Ne me dérange pas!

Activité 17

1 and 2: refer to table below

IMPERATIVE	INFINITIVE	PRESENT TENSE
Tais-toi!	se taire	Tu te tais
Dépêche-toi!	se dépêcher	Tu te dépêches
Asseyez-vous!	s'asseoir	Vous vous asseyez
Amusez-vous bien!	s'amuser	Vous vous amusez
Allez-vous-en!	s'en aller	Vous vous en allez
Calmons-nous!	se calmer	Nous nous calmons

3 The reflexive pronoun follows the verb and becomes stressed. See GG
  3.1. **Nous** and **vous** remain the same but **te** is replaced by **toi**:

  Lèves-**toi**! Tais-**toi**!

A hyphen separates the verb from the pronoun.

Activité 19
• •

1 a. ils **l'**ont sortie
   b. on **l'**a trouvé
   c. on **l'**a mangé
   d. on **l'**a apprécié
   e. il **les** a dévorés
   f. il ne **les** a pas partagés
   g. ils **les** ont cassées

2 The past participles agree with the direct object pronouns placed before the verb.

Activité 20
• •

1 *mangés* agrees with *les* which stands for *ses escargots*
2 *trouvés* agrees with *les* which stands for *les biscuits*
3 *jetées* agrees with *les* which stands for *ses cartes*
4 *avalées* agrees with *les* which stands for *les huîtres*

Activité 21
• •

1 ***ils l'ont sortie*** : – *l'* refers to *Poupette*, which is feminine singular – sort**ie** agrees with *l'* and therefore the ending is feminine singular.
2, 3 et 4 ***on l'a trouvé/mangé/apprécié***: – *l'* refers to *le reste,* which is masculine singular – the past participles agree with *l'* and therefore the endings are masculine singular.
5, 6 ***il les a dévorés***: – **les** refers to *les biscuits*, which are masculine plural – *dévorés* agrees with **les** and therefore the ending is masculine plural. (Same with *partagés*)
7 ***ils les ont cassées*** : – **les** refers to *les assiettes*, which are feminine plural – *cassées* agrees with **les** and therefore the ending is feminine plural.

Activité 23
• •

Bilan Dixième Étape
1. a. Tu vas être en retard. **Lève-toi** vite! Ne **reste** pas au lit!
   b. Tu n'as pas le temps de déjeuner. **Prends** ce paquet de biscuits.
   c. Si tu veux du jus de fruits, **sers-toi**.
   d. Avant de donner les cartes, **mélange-les** bien.
   e. Pour compléter les familles, **demandez** les cartes manquantes aux autres joueurs. N'**oubliez** pas les questions des autres joueurs.
   f. Nous ne savons pas comment faire des truffes au chocolat, **suivons** la recette.

g. Si tu veux nous aider, **dis-le-nous**.

If you found this difficult, check Chapitre 10, Sections I, II, III

2 **a.** *Il n'a pas **été** gentil avec moi.*
  b.,c. *je **ne les ai pas mangé**s.*
  d.,e. *il **l'a** sortie.*
  f. *On s'est disputé parce qu'il **lui** a donné à manger.*
  g., h. *je **ne les ai pas trouvé**s.*
  i. *je ne **l'ai pas** du tout aimé .*
  j. *Michel a **cassé** les assiettes.*
  k. *Je sais où il les a **mises**.*

If you found this difficult, check Chapitre 10, Section V

3 Check Recording No. 61

CHAPITRE 11

Activité 1

1 falloir*   faudra
  choisir   choisiras
  aider   aiderai
  avoir (x 2) auras, auront
  dépendre dépendra
  rendre rendra
  rester restera
  pouvoir pourrons
  être sera
  rencontrer rencontrerez
  arriver arrivera

The four irregular verbs in the above list are: **falloir, avoir, être, pouvoir**

*You have already met the verb *falloir* in other tenses. As you know, it can only be conjugated with *il*. **See GG 1.4 (d)**

2 The future endings are **ai** with *je*, **–as** with *tu*, **–a** with *il/elle/on*, **–ons** with *nous*, **–ez** with *vous*, **–ont** with *ils/elles*

These endings are like the present tense of **avoir**

Activité 6
. . . .

2   With *si*, the present tense is used in the '*si*' clause, and the future tense is used in the main clause.

With *quand*, when talking about the future, the future tense is used in both clauses.

Activité 13
. . . .

1   dialogue:

très, bien, très bien, très, plutôt, sûrement, maintenant, plutôt, tout, beaucoup, bien, bien, beaucoup

Carte postale:

très, encore, suffisamment, bien sûr

2   They normally come after the verb or auxiliary that they modify.
3   *Suffisamment de* is an expression of quantity like *pas de*, *peu de*, *beaucoup de*. These expressions are followed by the noun without the article. However, you would say: *Il y a encore de **la** neige*.

In English, adverbs usually end in –*ly*, in French usually in –*ment*. Their stem is usually an adjective (<u>principale</u>ment – mainly; <u>*heureuse*</u>*ment* – happily). **See GG 5**

Activité 16
. . . .

Bilan Onzième Étape
1   a.   S'ils **font** une réservation pour la tante d'Annie, elle **viendra** leur rendre visite à Paris.
    b.   Sa tante **pourra** lui rendre visite plus facilement si elle **se loge** dans un hôtel dans le 1er ou le 2ème arrondissement.
    c.   Vous **serez** bien contente si vous **avez** une chambre avec salle de bains.
    d.   Si Cécile **change** ses habitudes, elle en **profitera**.
    e.   Quand ma tante **arrivera**, nous **aurons** beaucoup de choses à nous dire.

If you found this difficult, check Chapitre 11, Sections I and II

2

Adjectifs	Adverbes
suffisant	suffisamment
vrai	vraiment
intelligent	**intelligemment**
normal(e)	**normalement**
courant	**couramment**
autre	**autrement**
sûr(e)	sûrement
probable	probablement

If you found this difficult, check Chapitre 11, Sections V and GG 5.1

3   Check Recording No. 66

CHAPITRE 12

Activité 1

1   Il fait **moins** beau en Angleterre **qu'**à Paris.
Il pleut **plus** à Londres **qu'**ici.
Il fait **moins** de soleil ou **plus** de soleil en Angleterre **qu'**ici?
Il fait **plus** chaud et **moins** mauvais **qu'**à Londres.

2   **a.**   It is hotter in Rome than in Paris.
b.   It is less hot in Lille than in Marseilles.
c.   It snows more often in the Alps than in the north of France.
d.   It is less windy in Paris than on the west coast.

Activité 3

1   La Loire, c'est le fleuve **le plus long, le plus beau, le plus dangereux** de
France.
Pourquoi **le plus dangereux**?
C'est **le moins navigable**
Les bateaux étaient la méthode de transport **la plus courante**
Le plus grand inconvénient c'est que . . .
Les bateaux devaient faire face aux tempêtes **les plus violentes**
Les bateaux **les moins bien équipés** étaient souvent en difficulté.

2   In *le plus long, le plus beau, le plus dangereux, le moins navigable, le*
refers to *le fleuve*.

In *la plus importante*, *la* refers to *la méthode*.
In *le plus grand*, *le* refers to *l'inconvénient*
In *les plus violentes*, *les* refers to *les tempêtes*
In *les moins bien équipés*, *les* refers to *les bateaux*

Activité 4

1 Le champagne n'est pas le vin **le moins célèbre** et **le moins cher** de France.
2 Le casino **le plus connu** se trouve à Monte-Carlo.
3 Les gens **les plus riches** du monde y vont jouer.
4 Marc considère sa voiture **la meilleure** du monde, mais Philippe pense que c'est **la pire**.
5 Les truffes ne sont pas les champignons **les moins chers** du monde.
6 Les vacanciers choisissent rarement les pays **les moins ensoleillés**.
7 C'est Annie qui parle français **le moins couramment**.
8 C'est en parlant **le plus souvent** que l'on apprend **le plus vite** une langue.

Activité 7

1 C'était/c'était/il faisait/on pouvait/ces vacances étaient/je ne savais pas/tu t'intéressais/il m'en parlait/je voulais/je tombais/j'étais/j'abandonnais/ je n'allais plus/ça faisait/j'étais entouré/c'était/c'était/Karen trouvait
2 **ais** with **je**, **ais** with **tu**, **ait** with the third person singular, **aient** with the third person plural. You have probably guessed: **ions** with **nous**, and **iez** with **vous**.

Activité 8

Infinitive	Nous form	Stem	Imperfect
aller	nous allons	**all–**	j' allais
avoir	nous avons	**av–**	tu avais
boire	nous buvons	**buv–**	il buvait
dire	nous disons	**dis–**	elle disait
faire	nous faisons	**fais–**	nous faisions
finir	nous finissons	**finiss–**	vous finissiez
manger	nous mangeons	**mange–**	ils mangeaient
pouvoir	nous pouvons	**pouv–**	elles pouvaient
vendre	nous vendons	**vend–**	je vendais
voir	nous voyons	**voy–**	on voyait
vouloir	nous voulons	**voul–**	vous vouliez

Activité 11

Bilan Douzième Étape

1 **b** Il fais**ait** du vent.

    c Il pleuv**ait** à verse.

    d Il fais**ait** du brouillard.

    e Il fais**ait** beau, mais pas trop chaud.

    f Il fais**ait** froid.

    g La neige fond**ait**, les arbres reverdiss**aient**.

    h Le soleil brill**ait** très fort.

3 Tu pouv**ais** faire voler le cerf-volant.

1 J'ét**ais** mouillé(e) jusqu'aux os.

5 Nous n'y voy**ions** rien.

2 C'ét**ait** parfait pour se promener.

4 Vous n'av**iez** ni gants ni bonnet.

8 C'ét**ait** l'arrivée du printemps.

6 Il fall**ait** mettre de l'huile solaire.

If you found this difficult, check Chapitre 12, Section III

2 **a.** **Le voyage le plus beau de ma vie** . . .
      Je choisis . . .

      le vol **le moins coûteux**,
      la destination **la plus exotique**,
      l'endroit **le plus ensoleillé**,
      l'île **la moins peuplée**,
      l'hôtel **le plus luxueux**,
      la partenaire **la plus fantastique**,
      les vêtements **les plus séduisants**,
      les activités **les moins stressantes**,
      les boissons **les plus rafraîchissantes**,
      la gastronomie **la meilleure**,

      Pour connaître **le plus grand bonheur.**

    b. Quand nous reviendrons, nous serons . . .

      moins fatigués, plus bronzés,
      beaucoup **moins stressés**,
      plus heureux et **plus sages**,
      De **meilleure** humeur,
      Mais, attendant avec impatience l'heure
      d'un nouveau voyage . . .

      Vos **meilleurs** amis,
      Marc et Annie

If you found this difficult, check Chapitre 12, Section II

CHAPITRE 13

Activité 1

1 vous repartirez, je téléphonerai
2 Les verbes au conditionnel:

> Voud**riez**-vous, nous aime**rions**, vous voud**riez**, j'aime**rais** (x 2), nous
> pour**rions**, ça se**rait**, on pour**rait**, ce se**rait** (times 3), tu dev**rais**,
> se**raient**, ce ne se**rait** pas, je voud**rais**, quelqu'un pour**rait**, je pour**rais**,
> ce se**rait**, je pour**rais**, on pour**rait**, je voud**rais**, ce se**rait**, tu pour**rais**,
> ce se**rait**.

The endings are the same as the imperfect.

Activité 12

1 Ce serait le moyen qui serait le plus pratique/Marc, toi qui est spécialiste
en photographie/C'est une région que j'aimerais beaucoup visiter/Je crois
que ce serait un excellent exercice pour Annie.

   b. La sœur de Philippe a du matériel de camping – Il peut emprunter ce
matériel.
   c. Le voyage comprend une visite dans des endroits pittoresques –
Philippe a prévu un voyage.
   d. Les amis ont téléphoné pour avoir des adresses – Le syndicat
d'initiative a donné des adresses aux amis.

Activité 13

5 **a.** *qui* refers to *Annie et Louise.*
   b. *qu' (que)* refers to *le matériel de camping.*
   c. *que* refers to *le voyage.*
   d. *qui* refers to *le syndicat d'initiative.*

6 In sentence a. *Annie et Louise* are the subject of *vont bientôt partir en
vacances.*
   In sentence d. *le syndicat d'initiative* is the subject of *qui leur a donné des
adresses.*
   In sentence b. *le matériel de camping* is the object of *emprunter.*
   In sentence c. *le voyage* is the object of *prévoir (a prévu)*

7   **a.**   *qui* replaces a noun or a group of words which are subjects and is therefore the subject of the verb
    b.   *que* replaces a noun or a group of words which are objects and is therefore the object of the verb.

Activité 14

1   J'ai trouvé l'adresse **que** tu cherchais.
2   Le moyen le plus pratique **que** Marc a trouvé c'était de prendre sa voiture.
3   On pourra chercher un terrain de camping **qui** plaira à tout le monde.
4   Le contrôle technique **que** la voiture de Marc doit passer est dans quelques semaines.
5   Les amis **qui** vont partir en vacances sont très enthousiastes.
6   La liste des gîtes et des terrains de camping **que** l'employée du syndicat d'initiative va envoyer sera très utile.

Activité 15

1   **a.**   **Ce que** je voudrais montrer dans le guide touristique.
    b.   **Ce qui** serait bien c'est de tirer beaucoup de photos . . .
2   **a.**   *ce que* refers to the next clause, i.e. *c'est qu'on peut rester dans des endroits calmes et pittoresques* and is the object of *voudrais montrer*.
    b.   *ce qui* refers to the next clause, i.e. *c'est de tirer beaucoup de photos* and is the subject of *serait*.
3   They both mean **what**.

Activité 18

Bilan Treizième Étape
1   La lettre d'Annie:

Cher Luc,

Merci pour ta lettre. Je voud**rais** te rendre visite ce week-end mais cela m'est impossible. Si j'avais le choix je préfére**rais** aller te voir, mais je dois terminer une dissertation importante. Elle dev**rait** être rendue lundi. Il me reste beaucoup de recherches à faire. Nous pour**rions** peut-être nous rencontrer la semaine prochaine. Pour**rais**-tu venir me rendre visite? Toi et moi nous pour**rions** aller au cinéma ensemble. Le film qui passe en ce moment s'appelle «Délicatessen». J'aime**rais** beaucoup le voir. Est-ce que ça t'intéresse? On pour**rait** d'abord aller au restaurant et on i**rait** ensuite au cinéma. Qu'est-ce que tu en penses? Pour**rais**-tu me passer un coup de fil?

Je t'embrasse.
Ton amie Annie

If you found this difficult, check Chapitre 13, Section I

2   Les mots sont:

quitter, passe, ligne, poste, message, téléphone, appareil, coordonnées, rappeler, urgent, laisser, épeler, répondre

If you found this difficult, check Chapitre 13, Section II

3   **Ce que** je voudrais faire après les examens, c'est me reposer. J'espère passer des vacances **qui** sont agréables et distrayantes. Ce serait mieux de rester dans un gîte **qui** se trouve à la campagne mais **qui** n'est pas très éloigné de la ville. La chose **que** je souhaite avant tout c'est de me reposer au maximum et de faire de belles randonnées. La personne avec **qui** je voudrais partir serait calme et quelqu'un qui pourrait faire la cuisine, parce que c'est la chose **que** je déteste le plus dans la vie.

If you found this difficult, check Chapitre 13, Section III

CHAPITRE 14

Activité 3

1   *celle-ci* means 'this one' and refers to ***la brosse à dents*** /*ceci* means 'this' and in this case refers back to ***la brosse à dents*** /*celui-là* means 'that one' and refers to ***le dentifrice*** /*cela* means 'that' and refers to everything bought.

2 et 3
Quels pansements désirez-vous? Je voudrais **ceux-ci/ceux-là**.
Quel coton hydrophile désirez-vous? Je voudrais **celui-ci/celui-là**.
Quelles aspirines désirez-vous? Je voudrais **celles-ci/celles-là**.
Quel sirop désirez-vous? Je voudrais **celui-ci/celui-là**.
Quelle crème solaire désirez-vous? Je voudrais **celle-ci/celle-là**.
Quelles semelles orthopédiques désirez-vous? Je voudrais **celles-ci/celles-là**.

4   laquelle, lequel

5   laquelle désirez-vous?   . . . celle-ci/celle-là
    lesquelles   . . . celles-ci/celles-là
    laquelle   . . . celle-ci/celle-là

lequel   . . . celui-ci/celui-là
lequel   . . . celui-ci/celui-là
lesquels   . . . ceux-ci/ceux-là
lesquels   . . . ceux-ci/ceux-là

Activité 6

1   Elle est allée à la pharmacie chercher les médicaments <u>dont</u>/ce <u>dont</u>
    j'avais besoin.

2   The verb constructions are:
        avoir besoin de (lettre d'Annie)
        parler de
        se souvenir de
        avoir envie de

For other examples of verb constructions, **see GG 1.4 (c)**

3   **dont** is used with verbs constructed with **de**
4   It is preceded by a noun or a pronoun

Activité 7

1   *où* can be used as an interrogative pronoun meaning where.
2   Où se trouve Nice?

Où can also be used as a relative pronoun connecting two clauses:
Je ne sais pas où j'ai laissé la brochure.

Activité 12

Bilan Quatorzième Étape

1   Le genre des noms:

        bandage (m), cachet (m), coton hydrophile (m), crème solaire (f),
        dent (f), dentifrice (m), diagnostic (m), ordonnance (f), pansement
        (m), pastille (f), peigne (m), ouate (f), pommade (f), semelle (f),
        sparadrap (m), sirop (m), traitement (m), vignette (f)

2   Le dialogue entre le médecin et Annie:

Dr: Qu'est-ce qui ne va pas aujourd'hui? **Quel** est le problème?

A: J'ai **mal** à la tête. J'ai acheté du sirop pour la toux, mais je ne l'aime pas du tout.

Dr: Lequel avez-vous acheté?

A: Celui-ci.

Dr: Vous avez besoin d'antibiotiques et de pastilles plus fortes. **Quelles** pastilles préférez-vous? Au citron, miel ou fraise? Je sais que vous aimez bien les choses sucrées.

A: Lesquelles me conseillez-vous?

Dr: Je trouve **celles** au citron et miel très efficaces.

A: D'accord, je prends **celles-là**.

If you found this difficult, check Chapitre 14, Section II

3

Crossword grid (numbers indicate clue cells):

- Row 1: (1) D · (2) T · (3) B O (4) S S E
- Row 2: (5) V I D E · (6) P · (7) P O T E · O
- Row 3: (8) M (9) A · A · O · N · (10) S O U P (11) L E
- Row 4: (12) V I G (13) N E T T E · O · P · O
- Row 5: O · N · T · I · (14) L E N T
- Row 6: (15) S · (16) O R (17) D O N N A N (18) C E · G
- Row 7: (19) R I S · I · (20) O S · E
- Row 8: (21) C · T · (22) L I S · (23) H A U T E U (24) R
- Row 9: A · I · E · Y · (25) I L
- Row 10: (26) C H O C · (27) S (28) P A R A D R A (29) P · Z
- Row 11: H · (30) T · O · R · R · (31) S
- Row 12: (32) E C O L E · (33) I C I · O · (34) T E L E
- Row 13: T · N · R · P · S · (35) M E T
- Row 14: (36) S O (37) L A I R E · (38) H O T E · E
- Row 15: A · (39) S O (40) N · I · N · (41) L E S
- Row 16: (42) K (43) I (44) R P · I · L · T · L
- Row 17: (45) M (46) D I R A · E · (47) E (48) M B E (49) T E R
- Row 18: A · D · (50) P I (51) E C E · E · (52) R I S
- Row 19: (53) L I R E · A · (54) T E T E S · R

CHAPITRE 15

Activité 2

1 and 2 They agree in number and gender:

*C'est au sujet de la petite annonce que **j'ai lue** dans le Parisien.*

*Je transmettrai les coordonnées que vous m'**avez données** à M. Sergent.*

In the first example above, the past participle **lu** refers to **que**, which refers to **l'annonce** which is the direct object of the verb and is placed before the verb. The past participle agrees with the direct object as it is placed before the verb. **L'annonce** is feminine singular, therefore the past participle **lu** changes to **lue** (feminine singular).

In the second example above, the past participle **donné** refers to **que**, which refers to **les coordonnées** which is the direct object of the verb and is placed before the verb. The past participle agrees with the direct object as it is placed before the verb. **Les coordonnées** is feminine plural, therefore the past participle **donné** changes to **données** (feminine plural).

Activité 6

1 They do not agree with the subject of the verb
2 In the first sentence the verb is reflexive and agrees with the subject. In the second sentence the verb is reflexive but does not agree with the subject.
3 In these cases the reflexive pronoun is the indirect object and therefore does not agree. The direct object follows the verb.

Activité 8

Bilan Quinzième Étape
1 **b.**
Au présent:
je viens/c'est/vous croyez/je doute/j'ai/ça arrive/je trouve/je crois/ je m'excuse/il est/ça m'intéresse/il y a/c'est/ils participent/c'est/ il pro-fite/on parle/on voit

Au passé composé:
il a choisi/nous avons contribué/il a organisé/il a obtenu/il a abordé/elle a accompagné/vous avez fait/nous avons visité/nous sommes allés/il a demandé/il a coché/il a rempli/vous avez parlé/on a essayé/ils ont pu

ANSWERS

À l'imparfait:

il bossait/nous étions/il bossait/nous étions/ils pensaient/on se trouvait/il avait/c'était/ils étaient/il comprenait/il y avait/ils comprenaient/on essayait/ils parlaient

Au futur:

il finira/il faudra

Au conditionnel:

on devrait/on pourrait

À l'impératif:

n'oublie pas/demande/raconte

2   Comme il n'y a pas de réponses courtes ou précises, nous faisons appel à vos compétences. Si vous n'êtes pas sûr(e), demandez à votre prof.

3   Les noms, adjectifs, adverbes et adjectifs possessifs du dialogue:

fém	masc	adj	adv	adj poss
les données	le sondage	large	trop	sa
la dissert (dissertation)	un thème	ambitieux(se)	assez	son
l'impression	les renseignements	injuste	souvent	leurs
la fois	les endroits	capable	d'ailleurs (loc adv)	notre
les idées	les touristes	autres	très	
la pyramide	un jour	super	bien	
la rue	le dimanche	sympa	alors	
la liste	les monuments	tout	toujours	
les cases	les Français	première	vraiment	
les réponses	les étrangers	passionnant	long*	
les feuilles	le monde	reconnaissant	plus	
la question	les gens	touristique	énormément	
les nationalités	le français	bon	beaucoup	
une chose	l'anglais		absolument	
les familles	le genre		bien sûr	
la queue	le projet			
	le guide			
	un fou			
	le point			
	le départ			
	l'effort			
	le loup			

*Used as an adverb in the text, often used as an adjective

4   Les 8 trous du dialogue:
   1   aux monuments touristiques de Paris!

2   à interviewer tant d'étrangers
3   savais même pas prononcer le nom
4   exercer en voiture
5   tombe souvent en panne
6   nos projets de vacances
7   me demande comment
8   d'autre chose que des vacances

5

Nathalie a trouvé un emploi comme réceptionniste qui commence début juillet. Elle partira en vacances avec les autres.

Marc se fait du soucis parce qu'il devra conduire sa voiture avec tout le matériel de camping et ses amis.

Louise et Annie partiront en train parce qu'elles ont acheté une carte-Europe, donc elles retrouveront les autres plus tard.

Philippe partira donc en vacances avec Nathalie et Marc.

6   Voir Bilan Quinzième Étape, Activité 2

TRANSCRIPTIONS OF RECORDINGS

Please note: recorded dialogues which appear in this Book are not repeated in the Transcriptions chapter.

INTRODUCTION

Activité 7

Recording No. 5

1	Bonjour monsieur	10	Salut!
2	Bonsoir messieurs	11	Bienvenue en France!
3	Bonjour madame	12	Vous êtes d'où?
4	À bientôt mesdames	13	Vous êtes anglais, monsieur?
5	Merci mademoiselle	14	Vous êtes britannique, madame?
6	Merci mesdemoiselles	15	À bientôt!/À tout à l'heure!
7	Au revoir messieurs-dames	16	Bonne soirée!
8	Bienvenue monsieur et mesdames	17	Bonne journée!
9	Vous désirez, madame et messieurs?	18	À plus tard!

CHAPITRE 1

Activité 2

Recording No.7

L: Bonjour! Je m'appelle <u>Louise</u>.
Je suis moitié anglaise, moitié martiniquaise.
Je parle français avec ma mère, et anglais avec mon père.
J'ai 26 ans.
Je suis étudiante.

P: Bonjour! je m'appelle <u>Philippe</u>.
Je suis français.
Je parle assez couramment l'anglais.
Je suis étudiant en tourisme à Paris.
J'ai 22 ans.

M: Bonjour! Je m'appelle <u>Marc</u>.
   Je suis l'ami de Philippe.
   Je suis français.
   Je parle un peu d'anglais et un peu d'allemand.
   J'étudie le tourisme à Paris.
   J'ai 22 ans.

A: Bonjour. Je m'appelle <u>Annie</u>.
   Je suis l'amie de Louise.
   Je suis britannique.
   Je parle anglais,
   J'apprends le français.
   J'ai 19 ans.

N: Bonjour! Je m'appelle <u>Nathalie</u>.
   Je suis française.
   J'habite à Paris, chez mes parents.
   Je parle anglais et italien.
   Je suis étudiante en tourisme.

M et J–P:
   Salut! Moi, je suis <u>Michel</u>. J'ai 7 ans. Ça, c'est mon frère.
   Salut! Moi, je suis <u>Jean-Paul</u>. J'ai 4 ans.
   Notre oncle, c'est Philippe.
   Nous sommes français.
   Nous habitons à Paris.

Activité 8

Recording No. 8

Philippe: Alors, on commence avec le nom. Tu n'es pas mariée, Annie?

Annie: Non, je ne suis pas mariée.

Philippe: Alors on laisse le nom de jeune fille. Et ta date d'anniversaire?

Annie: le 26 . . . Comment dit-on: 'May'.

Philippe: Mai. C'est facile le français. Tu as 19 ans, n'est-ce pas? Tu es née où?

Annie: À Manchester en Angleterre.

Philippe: Et ta profession?

Annie: Je suis étudiante.

Philippe: Alors, ta nationalité?

Annie: Je suis anglaise.

Philippe: Domicile habituel . . . ça veut dire: tu habites où normalement?

Annie: 6 Standford Avenue, Chester.

Activité 9

Recording No. 9
1   **A** est écossaise.
2   **B** est espagnole.
3   **C** est gallois.
4   **D** est irlandais.
5   **E** est hollandaise.
6   **F** est belge.
7   **G** est anglais.
8   **H** est suédois.

Activité 10

Recording No.10
1   M. Dupont est psychologue.
2   Mme Renard est professeur.
3   Sophie est médecin généraliste.
4   Pierre est sociologue.
5   Mlle Dujardin est juriste.
6   Jean-Louis est hôtelier.
7   Julienne est physicienne.

Activité 16 (1)

Recording No. 11(a)

Annie: Et toi, Louise. Il y a quoi dans ton sac à dos?

Louise: Et bien il y a de l'argent, des chèques de voyage bien sûr et aussi une trousse de toilette, une casquette, des chaussettes, des chaussures, des journaux, des magazines anglais et un livre sur le tourisme. Comme toi, j'ai un baladeur, des cassettes et des piles.

CHAPITRE 3

Activité 16

Recording No. 20(b)
Qu'est-ce que tu étudies?

Annie: Qu'est-ce que vous étudiez?

Marc: Moi, je fais un BTS en tourisme. Je suis en première année.

Philippe: Comme tu sais, moi je suis en deuxième année dans la même section.

Nathalie: Moi, je suis en première année du BTS.

Marc: Toi et Louise vous faites une année professionnelle de marketing touristique. C'est bien ça? Et Julienne, elle étudie toujours les beaux-arts.

Nathalie: Oui, elle est en troisième et dernière année.

CHAPITRE 4

Activité 4 (1)

Recording No. 24
1   Louise, à quelle heure est-ce que tu quittes la maison?
     Je quitte la maison à 7h35.
2   Tu arrives à quelle heure?
     J'arrive juste après 8h00.
3   Quand déjeunes-tu?
     Je déjeune à midi à la cafétéria.
4   Quand est-ce que tu recommences les cours?
     Les cours recommencent à 14h00. Je vais à la bibliothèque le mercredi de
     14h00 à 17h30.
5   Termines-tu avant 17h00?
     Je ne termine pas avant 18h00.
6   Tu rentres chez toi après 18h00?
     Je rentre chez moi vers 19h00.

Activité 13

Recording No. 27

1 Nathalie **veut** aller chez Marc mais elle ne **peut** pas.
2 Marc **veut** préparer un couscous, mais d'abord il **doit** aller au super-marché.
3 Ils **veulent** tous aller passer la soirée chez Marc.
4 Pour aller chez Marc elles **doivent** prendre le métro.
5 Nous ne **pouvons** pas aller à la boum de Nathalie parce que nous sommes en vacances.
6 – **Veux**-tu aller au cinéma avec moi?
   – Non, je ne **peux** pas. Je ne suis pas libre.
7 – **Pouvez**-vous m'aider, s'il vous plaît? J'ai un problème.
   – Bien sûr. Qu'est-ce que vous **voulez** savoir?

Activité 16

Recording No. 28

1	lundi 6 janvier	7	jeudi 27 février
2	mercredi 12 mars	8	dimanche 14 décembre
3	vendredi 25 juillet	9	mercredi 16 avril
4	samedi 17 mai	10	mardi 24 juin
5	lundi premier septembre	11	samedi 12 octobre
6	dimanche 3 août	12	vendredi 21 novembre

CHAPITRE 5

Activité 2

Recording No. 31
Elle porte une robe noire, des chaussures à talons noires, des bijoux.
Il porte un survêtement, un sac à dos, des chaussures de marche.
Elle porte un jean, un long chemisier, une casquette de baseball et des baskets.

Elle porte une jupe courte, un pull blanc à manches courtes.
Il porte un gilet, un jean et une longue chemise.

Activité 15

Recording No. 34
1   Louise **maigrit** parce qu'elle fait un régime.
2   Philippe **réussit** toujours aux examens.
3   Marc **vient** d'arriver. Il **ouvre** la porte et **s'excuse**.
4   Nathalie **sort** à 7 heures et demie le matin, et elle **revient** chez elle à 6
     heures et demie le soir.
5   Et vous, vous **sortez** et **revenez** à quelle heure?
6   Qu'est-ce que tu **offres** à tes parents comme cadeau de Noël?
7   Marc **dort** jusqu'à midi le samedi.

CHAPITRE 6

Activité 7

Recording No. 38

Annie: Où habites-tu Nathalie?

Nathalie: Eh bien moi, j'habite chez mes parents, rue Alphonse Daudet, près
de l'avenue du Général Leclerc. C'est un pavillon moderne jumelé, avec un
garage attenant. Il y a 4 pièces principales: un salon spacieux, 3 chambres, deux
grandes et une plus petite, qui sert de bureau. Il y a aussi une jolie cuisine
équipée et une belle salle de bains. J'aime beaucoup la situation.

Annie: Et toi, Philippe?

Philippe: Et bien moi j'habite dans un immeuble rénové qui date de 1930 dans
le 10 ème arrondissement, près du canal St. Martin, pas très loin de la place de
la République. C'est très petit. Il y a une grande pièce, une petite cuisine et une
salle de bains. Mon studio est au deuxième étage. C'est la première fenêtre à
droite. C'est très clair mais pas très calme. L'appartement de Marc est beaucoup plus spacieux. C'est un appartement de très grand standing, absolument
formidable pour les boums, n'est-ce pas, Marc?

Marc: Oui, c'est pas mal. C'est rue Louis David dans le 16 ème, pas très loin de l'avenue Paul Doumer. Il y un salon, une salle de séjour, 2 chambres, une belle cuisine équipée, des WC et un très grand balcon. J'habite au septième étage et heureusement il y a un ascenseur. La sœur de Philippe a un très joli appartement situé près du Parc des Buttes-Chaumont.

Philippe: Catherine préfère la campagne. Elle va souvent passer le week-end en Normandie dans la maison de campagne de ses beaux-parents. C'est une jolie maison normande rénovée avec un toit de chaume. Il y a une grande salle de séjour avec cheminée et poutres, trois chambres spacieuses, une cuisine aménagée, un grenier aménageable.

CHAPITRE 7

Activité 7

Recording No. 42
S'arrêter, se garer
(*Louise, Annie et Marc se rendent à la rue Bonaparte en voiture*)

Louise: Tu dois tourner à gauche après le pont. C'est le début du boulevard St. Germain.

Marc: D'accord. Et on continue tout droit . . .

Louise: Quand tu arrives à la rue de Seine tu tournes à droite et tu prends la quatrième à droite. C'est la rue St. Sulpice.

Marc: Maintenant toujours tout droit jusqu'à la rue Bonaparte. Est-ce que je peux me garer?

Louise: Oui, tu peux arrêter la voiture en face de l'immeuble, mais tu dois prendre un ticket de parking, parce que les aubergines* sont très sévères. Tu peux t'arrêter ici.

Marc: Enfin arrivés! La circulation m'énerve beaucoup.

Annie: Moi, je ne conduis pas, donc je ne m'énerve pas. Merci beaucoup Marc. C'est très gentil.

Les aubergines are traffic wardens in Paris, so-called because of the colour of their uniform.

CHAPITRE 8

Activité 4

Recording No. 47
Marc dit ce qu'il faut acheter.

Je dois acheter du lait. Il n'y en a plus. Deux baguettes, parce qu'elles sont délicieuses avec du pâté ou du fromage. Alors . . . du pâté, car j'ai tout mangé. Un bouquet de fleurs pour ma tante; c'est son anniversaire. Une bouteille de vin pour apporter chez Annie et Louise . . . du café et des croissants pour le petit déjeuner . . . et ça suffit pour l'instant, je crois. Peut-être une tarte aux fraises. Décidément, je suis trop gourmand . . .

Activité 9

Recording No. 49
Annie raconte ce qu'elle a pris au resto universitaire, hier.

Comme entrée, j'ai eu le choix entre des carottes râpées et des œufs à la mayonnaise. J'ai choisi les carottes . . . Ensuite, j'ai eu envie de manger de la salade, mais il n'y en avait pas, donc j'ai pris des pâtes à la romaine. Après avoir mangé tout ça, je n'ai pas pris de dessert. Et pourtant c'était un gâteau au chocolat et normalement j'adore ça!

Activité 11 (1)

Recording No. 50
Catherine a réveillé la famille. Louise a préparé le dîner. Albert a lavé la vaisselle. Annie a visité le musée. Philippe a déjeuné au restaurant. Michel a choisi un bon livre. Catherine a puni les enfants. Michel et Jean-Paul ont pleuré. Marc a acheté deux baguettes. Nathalie a répondu à des lettres. Annie a téléphoné à sa tante. Marc a joué au football. Jean-Paul et Michel ont regardé la télévision. Marc a mangé des croissants. Michel a battu son frère. Jean-Paul a dessiné sur le mur. Louise a préparé un café.

CHAPITRE 9

Activité 15

Recording No. 55
Les vacances d'Annie

Annie: Qu'est qu'on fait d'abord? On regarde les photos ou bien on joue aux cartes?

Michel et Jean-Paul: Les photos, s'il te plaît.

Annie: Vous savez qui c'est?

Jean-Paul: C'est toi. Où es-tu? C'est chez toi, le château?

Annie: Mais non, ce n'est pas chez moi. Je n'habite pas un château. C'est le château de Caernarfon. On y a passé les vacances l'année dernière.

Michel: Et c'est qui sur cette photo-ci?

Annie: C'est ma mère et mon beau-père.

Jean-Paul: C'est pas ton papa?

Annie: Non, voici mon papa avec ma belle-mère devant leur maison. Je n'habite pas chez eux, mais j'y vais souvent.

Michel: C'est qui à côté de toi sur cette photo-là?

Annie: C'est mon frère Alex. C'est l'aîné. Et devant nous, ce sont mes petits frères. À gauche c'est Jonathan et à côté de lui, c'est Kevin.

Michel: Mais tu en as trois, n'est-ce pas?

Annie: Oui, il y a aussi Neil. Le voici à la plage.

Jean-Paul: Alors, tu habites au bord de la mer?

Annie: Non, c'est toujours en vacances. C'est à Llandudno.

Michel: Quel drôle de nom! C'est bizarre l'anglais.

Annie: Ce n'est pas en Angleterre. C'est au Pays de Galles.

Jean-Paul: J'aime bien cette plage. On peut y aller ce week-end?

Annie: Malheureusement, c'est trop loin. Mais si vous venez chez moi un jour, je peux vous y conduire.

Jean-Paul: Chez toi, c'est loin aussi?

Annie: Oui, c'est assez loin. Il faut y aller en avion ou on peut prendre le ferry ou le Tunnel et après ça le train ou la voiture. Vous avez déjà voyagé en avion?

Michel: Non, on voyage toujours en voiture quand on va en vacances. Mais Philippe a promis de nous emmener en TGV avec lui cette année.

Annie: Le TGV, ça veut dire quoi?

Michel: C'est le train à grande vitesse.

Jean-Paul: Il peut rouler à 300 km à l'heure!

Annie: Ça va beaucoup trop vite pour moi! Mais regardez le jeu de cartes. C'est un jeu sur le voyage. Il y a peut-être un TGV?

CHAPITRE 10

Activité 7 (1)

Recording No. 58
Les consignes pour la baby-sitter

Michel: J'ai gagné! Donnez-**moi** une récompense.

Philippe: Tu as combien de familles? Montre-**les-nous**.

Michel: Voilà! Quatre familles complètes.

(*Poupette saute sur les genoux d'Annie et gémit*)

Annie: Qu'est-ce qu'elle veut?

Jean-Paul: Elle veut son dîner. Donnons-**lui** à manger. Et moi aussi, j'ai faim.

Philippe: Michel, tu sais où est l'assiette de Poupette? Donne-**la-lui** s'il te plaît.

Jean-Paul: Et qu'est-ce qu'il y a pour moi?

Philippe: Il faut lire les consignes de Maman. Elle colle toujours une liste sur le frigo. Va la chercher, Jean-Paul ... Merci bien, tu es gentil. Voici, Annie. Catherine t'a laissé un petit mot. Lis-**le** s'il te plaît.

Activité 14

Recording No. 59
Donnons-leur à manager

Philippe: Michel, dis à Poupette de s'asseoir avant de lui donner son dîner. Ne le lui donne pas maintenant. Elle est trop excitée!

Michel: Assieds-toi, gourmande. Assise!

Philippe: Voilà, c'est bien. Donne-le-lui. Tiens voilà un paquet de biscuits pour partager avec ton frère. Ne les mangez pas tous. Ensuite tu peux nous montrer tes dessins d'Annie et de nous tous. Il dessine très bien, tu sais, Annie.

CHAPITRE 11

Activité 2

Recording No. 63

1   Philippe et Annie **trouveront** des brochures au syndicat d'initiative et Annie **choisira** un hôtel pour sa marraine.
2   La tante Béatrice **arrivera** à Paris la semaine prochaine.
3   Elle **prendra** l'avion et **descendra** sur Paris.
4   Annie la **rencontrera** à l'aéroport.
5   Annie **se rendra** à l'aéroport en métro.
6   Elles **visiteront** Paris ensemble.

Activité 10

Recording No. 65
Faire une réservation à l'hôtel

Philippe: Alors Annie, qu'est-ce que tu en penses?

Annie: Ça me semble très bien. C'est très bien situé, très près du Jardin des Tuileries.

Philippe: On entre pour voir l'intérieur?

. . .

Dis-donc. C'est plutôt chic. Ça plaira sûrement à ta marraine. Qu'est-ce que tu en penses?

Annie: Oui, ça me semble super. Je vais essayer de réserver maintenant.

. . .

Philippe et Annie: Bonjour madame.

La réceptionniste: Bonjour monsieur, madame. Comment puis-je vous aider?

Annie: Je voudrais réserver pour une personne, s'il vous plaît.

La réceptionniste: C'est pour quand?

Annie: C'est pour la semaine prochaine, du lundi au vendredi soir.

La réceptionniste: Inclus?

Annie: Pardon, madame, je n'ai pas compris.

La réceptionniste: La réservation est-elle pour vous?

Annie: Non, c'est pour ma tante. Elle est galloise.

La réceptionniste: Est-ce que votre tante va rester à l'hôtel vendredi soir?

Annie: Oh, oui. J'ai compris maintenant. Du lundi au vendredi incl . . .

Philippe: inclus.

La réceptionniste: Désirez-vous une chambre avec douche ou avec salle de bains?

Annie: Les chambres coûtent combien, s'il vous plaît?

La réceptionniste: Pour une chambre avec douche c'est 590F (84,28 €) par personne et par nuit, et pour une chambre avec salle de bains c'est 620F (88,57 €).

Annie: Ma tante voudrait plutôt une chambre avec salle de bains.

Philippe: Le petit déjeuner est-il inclus?

La réceptionniste: Oui, monsieur, c'est tout compris. C'est le petit déjeuner buffet. J'espère que ça conviendra à votre tante, mademoiselle.

Annie: Oh oui, ça lui plaira beaucoup.

La réceptionniste: C'est à quel nom, la réservation, s'il vous plaît?

Annie: C'est pour Mme Llewellyn-Jones.

La réceptionniste: Vous voulez bien épeler ça?

Annie: Deux L-e-w-e- deux l -y-n, trait d'union, J-o-n-e-s.

La réceptionniste: C'est bien un nom gallois? C'est joli, mais je vais avoir du mal à prononcer ça. Donc, on a réservé une chambre avec salle de bains pour Madame . . . (*elle hésite*) Llewellyn-Jones, pour cinq nuits à partir de lundi prochain. C'est ça?

Annie: C'est parfait. Merci beaucoup, madame.

La réceptionniste: Je vous en prie. Au revoir, monsieur et madame, et bonne journée!

Annie et Philippe: Au revoir, madame.

CHAPITRE 12

Activité 5 (2)

Recording No. 69
Tour gastronomique de la France

Dans le Nord on boit de la bière et on savoure le maroilles;
De là, on part en Champagne, où on visite les caves.
En passant par la Lorraine on goûte la mirabelle;
En Alsace on déguste un bon riesling, un sylvaner ou un petit muscat.
En Franche-Comté on se sert un morceau de comté,
Si on n'aime pas ça on peut choisir la tomme de Savoie
Ou le St. Marcellin du Dauphiné, arrosé de chartreuse.
En descendant en Provence on se trouve dans le pays de la bouillabaisse.
Un petit coup de rouge dans le Languedoc-Roussillon,
Et on s'en va dans les Pyrénées –
Pourquoi ne pas goûter ce délicieux cassoulet de Toulouse et le jambon de Bayonne?
Ou alors on peut se gaver de foie gras en Aquitaine,
Ça se digérera bien avec un petit verre d'armagnac.
On fait une pause et on s'en va en Poitou-Charentes,
Où on peut apprécier l'entrecôte à la bordelaise et bien sûr le cognac.
Dans les Pays de la Loire où il y a les rillettes et le fromage de chèvre, sans oublier le muscadet.
On arrive en Bretagne, célèbre pour les fruits de mer et les crêpes,
Puis on remonte vers le Nord par le trou normand.
À la fin du voyage on a sûrement besoin d'un verre d'eau minérale de Saint-Amand au sud de Lille!

CHAPITRE 13

Activité 6

Recording No. 72
Annie téléphone au syndicat d'initiative de Nice

Annie: Louise, comment est-ce que je peux trouver le numéro du syndicat d'initiative de Nice?

Louise: Nous n'avons pas l'annuaire téléphonique de cette région. Ce qu'il y a de plus simple c'est de passer par les renseignements ou d'utiliser l'annuaire électronique sur le Minitel. Les parents de Marc ont un Minitel. Il pourrait donc te renseigner.

Annie: Je crois que Marc est toujours à l'école de tourisme. Je vais demander au Service des Renseignements.

L'employé: Allô, ici les renseignements.

Annie: Euh . . .

L'employé: C'est pour quelle ville?

Annie: C'est Nice. Je voudrais le numéro du syndicat d'initiative s'il vous plaît?

L'employé: Il y a deux numéros. Vous pouvez faire le 04.93.87.07.07 ou le 04.93.87.60.60

Annie: Merci beaucoup monsieur.

L'employé: À votre service mademoiselle.

Annie: Allô.

L'employée: Allô, ici le syndicat d'initiative. Mlle Santini à l'appareil.

Annie: Bonjour mademoiselle. Mes amis et moi aimerions visiter la Côte d'Azur en juin. Pourriez-vous nous envoyer la liste des gîtes et des terrains de camping de la région s'il vous plaît?

L'employée: Certainement. Quelles sont vos coordonnées?

Annie: Pardon? Pouvez-vous répéter? Je n'ai pas compris.

L'employée: Quel est votre nom?

Annie: C'est Annie Morgan.

L'employée: Ça s'épelle comment?

Annie: Ça s'épelle M-O-R-G-A-N.

L'employée: Merci. Quelle est votre adresse?

Annie: C'est Résidence Rodin, Appartement 63, rue Bonaparte, Paris.

L'employée: Quel est votre code postal?

Annie: C'est 75006

L'employée: Je vous remercie. Je vous enverrai les dépliants et les brochures dès demain.

Annie: Merci beaucoup mademoiselle.

L'employée: De rien, mademoiselle. N'hésitez pas à nous contacter si vous avez besoin d'autres renseignements.

CHAPITRE 14

Activité 2

Recording No. 73
La visite du médecin

Louise: Entrez docteur! Annie est dans sa chambre, première porte à gauche.

Le docteur: Bonjour Annie! Alors ça ne va pas aujourd'hui? Quel est le problème?

Annie: J'ai très mal à la tête et à la gorge. J'ai aussi très chaud.

Le docteur: Ouvrez la bouche bien grande! Ah oui, c'est très enflammé. Est-ce que vous toussez beaucoup?

Annie: Oui, j'ai beaucoup toussé pendant la nuit.

Le docteur: Avez-vous pris votre température?

Annie: Non, docteur.

Le docteur: Avez-vous un thermomètre?

Annie: Louise, tu as un thermomètre?

Le docteur: Et bien . . . vous avez 38.5. Ce n'est pas très élevé. Je vais vous ausculter. Pouvez-vous relever votre T-shirt? Toussez une fois. Encore une fois. C'est parfait. Vous n'avez pas d'infection pulmonaire. C'est le début d'une angine. Je vais vous donner des antibiotiques à prendre trois fois par jour. Peut-être préférez-vous des suppositoires?

Annie: Non merci, pas de suppositoires.

Le docteur: Vous devez rester au lit trois jours et boire beaucoup. Voici l'ordonnance. Cela fait . . .

Annie: Oh . . . C'est vrai . . . j'oublie toujours . . . on paie le docteur en France. Louise, tu as de l'argent? Je te rembourserai.

Louise: Attends, je vais chercher mon porte-monnaie . . . Merci docteur. Je vais aller chercher les médicaments à la pharmacie tout de suite.

Le docteur: Prenez bien soin de vous, Annie. Reposez-vous bien. Ne bougez pas, je connais le chemin.

Annie et Louise: Merci beaucoup docteur.

Louise: Annie, tu as besoin d'autre chose?

Annie: Peux-tu me rapporter une nouvelle brosse à dents et un tube de dentifrice?

Louise: D'accord. A tout à l'heure!

CHAPITRE 15

Activité 8 (4)

Recording No. 79
Marc arrive à la cafétéria (*première partie*)

Marc: Voilà, j'ai analysé mes données et j'ai fini ma disserte, mais j'en ai marre de penser aux monuments touristiques de Paris! Je te remercie infiniment de ton aide, ma petite Annie. Je n'aurais jamais réussi à interviewer tant d'étrangers tout seul. J'ai fait un séjour en Angleterre à l'âge de dix-sept ans, mais maintenant je suis un peu rouillé en anglais.

Annie: Ah bon, je ne savais pas. C'était où en Angleterre?

Marc: À Billingshurst, dans le Sussex. Avant d'y aller, je ne savais même pas prononcer le nom de la ville. Mais en un mois là-bas j'ai fait énormément de progrès, surtout en conduite.

Annie: En conduite? Tu veux dire que tu as appris les bonnes manières en Angleterre?

Marc: Oh, les bonnes manières j'en avais déjà plein! Non, je veux dire que j'ai appris à conduire une voiture. J'ai trouvé ça super, on peut commencer à conduire à dix-sept ans en Angleterre. Mon correspondant avait déjà son permis et on empruntait une vieille bagnole au voisin. Il était fermier, il nous permettait de nous exercer en voiture dans un champ.

Annie: Alors la voiture que tu as maintenant, tu l'as choisie parce qu'elle ressemble à cette vieille voiture anglaise?

Marc: Parce qu'elle tombe souvent en panne, tu veux dire? Ma chère Annie, tu commences vraiment à avoir la bosse du français! Tu ne devrais pas te moquer de ma pauvre bagnole. C'est elle qui va nous emmener en vacances.

Louise: Au fait Philippe tu as parlé à Catherine au sujet de nos projets de vacances? Elle veut bien nous prêter une tente?

Philippe: Oui, c'est même mieux que ça. Elle nous en offre deux. Il s'agit d'une tente familiale et de celle de mes neveux qui est toute petite, mais elle suffira à Marc et à moi pour dormir.

Marc: Franchement ma voiture va être très chargée. Je me demande comment on va faire avec quatre personnes, les bagages et le matériel de camping. Je pourrais peut-être emprunter la remorque de mes parents mais je n'y tiens vraiment pas pour une longue route.

Louise: Attention les copains! Voici Nathalie qui arrive. On devrait parler d'autre chose que des vacances, puisqu'elle ne peut pas nous accompagner.

TRANSCRIPTIONS

Activité 8 (5)

Recording No. 80
Marc arrive à la cafétéria (*deuxième partie*)

Nathalie: (*un peu essoufflée*) Salut tout le monde! Vous avez mangé?

Marc: Oui, mais je peux aller te chercher quelque chose, si tu veux?

Nathalie: Oh, une bonne tasse de café. Ce serait gentil.

Marc: Alors un café pour tout le monde, d'accord?

Tous: Oui, merci Marc.

Nathalie: Et bien les amis, j'ai de bonnes nouvelles à vous raconter.

Annie: Tu vas te marier avec Laurent?

Nathalie: Ne dis pas de bêtises! Tout marche bien entre nous, mais le mariage, c'est une autre histoire.

Philippe: Tu as eu une très bonne note à ta dernière dissertation?

Nathalie: Non, ce n'est pas ça. Le prof ne me l'a pas encore rendue.

Louise: Moi, je sais. Tu as eu une réponse positive de l'hôtel où tu voulais travailler?

Nathalie: Quel génie! C'est la première bonne nouvelle. J'ai un emploi pour l'été qui commence début juillet. Je ne devrai même pas trop faire la vaisselle. Le propriétaire a tellement été impressionné par mes études de tourisme et mes connaissances en langues qu'il m'a demandé d'être réceptionniste.

Philippe: Félicitations, Nathalie! Et la deuxième bonne nouvelle?

Nathalie: Eh bien, comme je ne commence qu'en juillet, mes parents ont accepté de me prêter de l'argent pour les vacances. Je peux donc partir avec vous.

Marc: (*de retour avec les tasses de café*) Voilà messieurs–dames, vos cafés. Service de première classe!

Tous: Merci, Marc.

Annie: Marc, Nathalie nous a annoncé deux bonnes nouvelles. Elle nous a dit qu'elle avait obtenu un emploi comme réceptionniste et comme elle ne commencera qu'en juillet elle pourra partir en vacances avec nous en juin. Ce n'est pas formidable?

Marc: C'est formidable, mais je crois que ma pauvre voiture a maintenant de sérieux problèmes. Cinq personnes et tout le matériel de camping . . .

Louise: Annie et moi avons une carte-Europe pour le train. On pourrait aller vous retrouver plus tard. Ce serait beaucoup mieux pour tous.

Philippe: Auriez-vous peur de faire une longue route dans la voiture de Marc? C'est donc moi qui devrais la pousser si elle tombait en panne. Merci les copines!

Marc: Déjà l'heure de retourner en cours. On peut se retrouver à cinq heures pour en discuter. Peut-être que Philippe préférerait prendre le train?

GRAMMATICAL GUIDE

· ·

This section will provide you with an overview of the grammar necessary for this course. Please note that it does not aim to replace a conventional grammar.

I VERBS

1. This is the vital word in a sentence. It tells you what happens or defines a state or an action.

Je lis le guide grammatical.	I am reading the grammatical guide.
Nous sommes étudiants.	We are students.
Elle pense qu'elle a compris l'explication.	She thinks she has understood the explanation.

If you look up a verb in the dictionary you will first be given the infinitive. In English it usually has 'to' in front of it. In French it ends in either *-er, -ir* or *-re*.

penser	to think
courir	to run
lire	to read

The **stem** changes according to the **tense** (1.1), telling you when the action happened, and the **mood** (1.2): indicative, subjunctive or imperative for the purpose of this guide.

Verbs can also be in one of two **voices:** active or passive.

1.1 Tenses

Verbs are conjugated (change their endings) in a conventional order. (Subject pronouns, 3.1a)

In French, the **ending** of the verb changes according to the **person**, the **tense** and the **mood**.

There is much less variation in English verb endings than in French, which is why Anglophones find French verbs alarming. There are logical patterns, and with plenty of practice, it all falls into place.

(a) The present tense (Chapters 1-8)

English has two **present** tenses, **simple** and **continuous**, which describe **now**:

> Brian <u>lives</u> in Chelmsford and <u>goes</u> to the University of Essex.

(Present simple: one word, lives or goes)

> He <u>is studying</u> European politics and <u>is taking</u> a crash course in French, because he <u>is hoping</u> to go to Paris.

(Present continuous: two words, is studying, is taking)

French only has one **present** tense.
It is one word, and translates both **does** and **is doing**:

> *Marcel <u>étudie</u> l'agronomie à l'université d'Orléans. Il <u>apprend</u> le swahili parce qu'il <u>espère</u> aller en Afrique.*

> Marcel <u>studies/is studying</u> agronomy at the University of Orléans. He <u>learns/is learning</u> Swahili because he <u>hopes/is hoping</u> to go to Africa.

The present tense is sometimes also used orally when talking about future actions.

La semaine prochaine, je <u>vais</u> à Paris.	Next week I am going to Paris.
Je <u>vais</u> à Monaco l'année prochaine.	I am going to Monaco next year.
Demain, on <u>fête</u> l'anniversaire d'Annie	Tomorrow we <u>will celebrate</u> Annie's birthday.

(a) (1)   *-er* verbs
The majority of *–er* verbs are **regular**

Present tense of *-er* verbs:
For example:

> stem   = infinitive minus *-er*
> endings = *e, es, e, ons, ez, ent* (according to the person: je, tu, il/elle/on, nous, vous, ils/elles) (Subject pronouns 3.1 a)

> Present tense of *jouer*

> stem   =   jouer minus *-er* = *jou-*
> endings =   *e, es, e, ons, ez, ent*

je joue, tu joues, il/elle/on joue, nous jouons, vous jouez, ils/elles jouent

Nous jouons au tennis le samedi.　　We play tennis on Saturdays.

Spelling changes of some regular -*er* verbs

acheter	*j'achète, tu achètes, il/elle/on achète, nous achetons, vous achetez,*
(to buy)	*ils/elles achètent*
appeler	*j'appelle, tu appelles, il/elle/on appelle, nous appelons, vous appelez,*
(to call)	*ils/elles appellent*
commencer	*je commence, tu commences, il/elle/on commence, nous com-*
(to begin)	*mençons, vous commencez, ils/elles commencent*
enlever (to	*j'enlève, tu enlèves, il/elle/on enlève, nous enlevons, vous enlevez,*
take off/out)	*ils/elles enlèvent*
envoyer	*j'envoie, tu envoies, il/elle/on envoie, nous envoyons, vous envoyez,*
(to send)	*ils/elles envoient*
essayer	*j'essaie, tu essaies, il/elle/on essaie, nous essayons, vous essayez,*
(to try)	*ils/elles essaient*
jeter	*je jette, tu jettes, il/elle/on jette, nous jetons, vous jetez, ils/elles*
(to throw)	*jettent*
préférer	*je préfère, tu préfères, il/elle/on préfère, nous préférons, vous*
(to prefer)	*préférez, ils/elles préfèrent*
promener	
(to take for	*je promène, tu promènes, il/elle/on promène, nous promenons, vous*
a walk)	*promenez, ils/elles promènent.*

Irregular verbs in -*er*

aller (to go)	*je vais, tu vas, il/elle/on va, nous allons, vous allez, ils/elles vont*
envoyer	*j'envoie, tu envoies, il/elle/on envoie, nous envoyons, vous envoyez,*
(to send)	*ils/elles envoient*

(a) (2) -*ir* verbs
Regular -*ir* verbs follow the same principle.

Present tense of -*ir* verbs:

> stem　　　 = infinitive minus -*ir*
> endings　 = *is, is, it, issons, issez, issent*

For example:
　　Present tense of ***finir***

　　　　stem　　=　　finir minus -*ir* = ***fin-***
　　　　endings　=　　*is, is, it, issons, issez, issent*

je finis, tu finis, il/elle/on finit, nous finissons, vous finissez, ils/elles finissent

Je finis cette dissertation.   I am finishing this essay

Irregular verbs
in *-ir*

courir (to run)	*je cours, tu cours, il/elle/on court, nous courons, vous courez, ils/elles courent*
cueillir (to gather pick)	*je cueille, tu cueilles, il/elle/on cueille, nous cueillons, vous cueillez, ils/elles cueillent*
dormir (to sleep)	*je dors, tu dors, il/elle/on dort, nous dormons, vous dormez, ils/elles dorment*
mentir (to lie)	*je mens, tu mens, il/elle/on ment, nous mentons, vous mentez, ils/elles mentent*
mourir (to die)	*je meurs, tu meurs, il/elle meurt, nous mourons, vous mourez, ils/elles meurent*
offrir (to offer)	*j'offre, tu offres, il/elle/on offre, nous offrons, vous offrez, ils/elles offrent*
ouvrir (to open)	*j'ouvre, tu ouvres, il/elle/on ouvre, nous ouvrons, vous ouvrez, ils/elles ouvrent*
partir[1] (to leave)	*je pars, tu pars, il/elle/on part, nous partons, vous partez, ils/elles partent*
sortir (to go out)	*je sors, tu sors, il/elle/on sort, nous sortons, vous sortez, ils/elles sortent*
souffrir (to suffer)	*je souffre, tu souffres, il/elle/on souffre, nous souffrons, vous souffrez, ils/elles souffrent*
tenir[1] (to hold)	*je tiens, tu tiens, il/elle/on tient, nous tenons, vous tenez, ils/elles tiennent*
venir[1] (to come)	*je viens, tu viens, il/elle/on vient, nous venons, vous venez, ils/elles viennent*

[1]And all the verbs with the same root, e.g. repartir, retenir, revenir, devenir

in *-oir*

avoir (to have)	*j'ai, tu as, il/elle/on a, nous avons, vous avez, ils/elles ont*
devoir (to have to)	*je dois, tu dois, il/elle/on doit, nous devons, vous devez, ils/elles doivent*
falloir* (to be necessary)	*il faut*
pouvoir (to be able to)	*je peux, tu peux, il/elle/on peut, nous pouvons, vous pouvez, ils/elles peuvent*
pleuvoir* (to rain)	*il pleut*

recevoir	*je reçois, tu reçois, il/elle/on reçoit, nous recevons, vous recevez,*
(to receive)	*ils/elles reçoivent*
savoir	*je sais, tu sais, il/elle/on sait, nous savons, vous savez, ils/elles savent*
(to know)	
s'asseoir	*je m'assieds, tu t'assieds, il/elle/on s'assied, nous nous asseyons,*
(to sit down)	*vous vous asseyez, ils/elles s'asseyent*
valoir*	*il vaut*
(to be worth)	
voir	*je vois, tu vois, il/elle/on voit, nous voyons, vous voyez, ils/elles*
(to see)	*voient*
vouloir	*je veux, tu veux, il/elle/on veut, nous voulons, vous voulez,*
(to want/	*ils/elles veulent*
wish)	

*The verbs marked with an asterisk are only conjugated with the 3rd person singular.

(a) (3) *-re* verbs

Present tense of *-re* verbs:

> stem = infinitive minus *-re*
> endings = s, s, –, **ons, ez, ent**

For example:

Present tense of **rendre**

> stem = rendre minus *-re* = **rend-**
> endings = s, s, –, **ons, ez, ent**

*je rend**s**, tu rend**s**, il/elle/on rend, nous rend**ons**, vous rend**ez**, ils/elles rend**ent***

Je <u>rends</u> ma dissertation demain. I <u>am handing in</u> my essay tomorrow.

Some verbs are so irregular that they have to be learned separately.

Irregular verbs
in *-re*

boire	*je bois, tu bois, il/elle/on boit, nous buvons, vous buvez, ils/elles*
(to drink)	*boivent*
conduire	*je conduis, tu conduis, il/elle/on conduit, nous conduisons, vous*
(to drive)	*conduisez, ils/elles conduisent*
connaître	*je connais, tu connais, il/elle/on connaît, nous connaissons, vous*
(to know)	*connaissez, ils/elles connaissent*
croire	*je crois, tu crois, il/elle/on croit, nous croyons, vous croyez, ils/elles*
(to believe)	*croient*

dire (to say) *je dis, tu dis, il/elle/on dit, nous disons, vous dites, ils/elles disent*

écrire *j'écris, tu écris, il/elle/on écrit, nous écrivons, vous écrivez, ils/elles*
(to write) *écrivent*

lire (to read) *je lis, tu lis, il/elle/on lit, nous lisons, vous lisez, ils lisent*

prendre *je prends, tu prends, il/elle/on prend, nous prenons, vous prenez,*
(to take) *ils/elles prennent*

suivre *je suis, tu suis, il/elle/on suit, nous suivons, vous suivez, ils/elles*
(to follow) *suivent*

vivre (to live) *je vis, tu vis, il/elle/on vit, nous vivons, vous vivez, ils/elles vivent*

(b) The future tense (Chapter 11)
....

The **immediate future** (Chapter 3), something that <u>is going to happen</u>, uses the present tense of **aller** to go, plus the infinitive, in both English and French:

> *Marcel <u>va travailler</u> en Afrique.* Marcel <u>is going to work</u> in Africa.

The **future** tense tells you what <u>will happen</u> (a single word in French);

> *Brian <u>sera</u> célèbre un de ces* Brian <u>will be</u> famous one of these days.
> *jours.*

Future tense of regular *-er, -ir* verbs:

stem	= infinitive
endings	= *ai, as, a, ons, ez, ont*

Future tense of *aimer*

stem	=	*aimer*
endings	=	*ai, as, a, ons, ez, ont*

*j'aimer**ai**, tu aimer**as**, il/elle/on aimer**a**, nous aimer**ons**, vous aimer**ez**, ils/elles aimer**ont***

Future tense of regular *-re* verbs
> *Marcel <u>travaillera</u> en Afrique.* Marcel <u>will work</u> in Africa.

stem	=	infinitive minus *e* + future endings (Chapter 11)

> *Il <u>aimera</u> beaucoup y vivre.* He <u>will like</u> living there a lot.

Future tense of irregular verbs

avoir	*j'aurai, tu auras, il/elle/on aura, nous aurons, vous aurez, ils/elles auront*
savoir	*je saurai, tu sauras, il/elle/on saura, nous saurons, vous saurez, ils/elles sauront*
aller	*j'irai, tu iras, il/elle/on ira, nous irons, vous irez, ils/elles iront*
s'asseoir	*je m'assiérai, tu t'assiéras, il/elle/on s'assiéra, nous nous assiérons, vous vous assiérez, ils/elles s'assiéront*
courir	*je courrai, tu courras, il/elle/on courra, nous courrons, vous courrez, ils/elles courront*
mourir	*je mourrai, tu mourras, il/elle/on mourra, nous mourrons, vous mourrez, ils/elles mourront*
cueillir	*je cueillerai, tu cueilleras, il/elle/on cueillera, nous cueillerons, vous cueillerez, ils/elles cueilleront*
devoir	*je devrai, tu devras, il/elle/on devra, nous devrons, vous devrez, ils/elles devront*
envoyer	*j'enverrai, tu enverras, il/elle/on enverra, nous enverrons, vous enverrez, ils/elles enverront*
voir	*je verrai, tu verras, il/elle/on verra, nous verrons, vous verrez, ils/elles verront*
être	*je serai, tu seras, il/elle/on sera, nous serons, vous serez, ils/elles seront*
faire	*je ferai, tu feras, il/elle/on fera, nous ferons, vous ferez, ils/elles feront*
falloir*	*il faudra*
valoir*	*il vaudra*
pleuvoir*	*il pleuvra*
pouvoir	*je pourrai, tu pourras, il/elle/on pourra, nous pourrons, vous pourrez, ils/elles pourront*
recevoir	*je recevrai, tu recevras, il/elle/on recevra, nous recevrons, vous recevrez, ils/elles recevront*
tenir	*je tiendrai, tu tiendras, il/elle/on tiendra, nous tiendrons, vous tiendrez, ils/elles tiendront*
venir	*je viendrai, tu viendras, il/elle/on viendra, nous viendrons, vous viendrez, ils/elles viendront*
vouloir	*je voudrai, tu voudras, il/elle/on voudra, nous voudrons, vous voudrez, ils/elles voudront*

*As in the present tense, the verbs marked with an asterisk are only conjugated with the 3rd person singular.

Future tense of some -er verbs with spelling changes:

acheter	*j'achèterai, tu achèteras, il/elle/on achètera, nous achèterons, vous achèterez, ils/elles achèteront*
appeler	*j'appellerai, tu appelleras, il/elle/on appellera, nous appellerons, vous*

	appellerez, ils/elles appelleront
enlever	*j'enlèverai, tu enlèveras, il/elle/on enlèvera, nous enlèverons, vous enlèverez, ils/elles enlèveront*
jeter	*je jetterai, tu jetteras, il/elle/on jettera, nous jetterons, vous jetterez, ils/elles jetteront*
promener	*je promènerai, tu promèneras, il/elle/on promènera, nous promènerons, vous promènerez, ils/elles promèneront*
se promener (to walk/go for a walk)	*je me promènerai, tu te promèneras, il/elle/on se promènera, nous nous promènerons, vous vous promènerez, ils/elles se promèneront*

(c) The conditional (Chapter 13)

This tells you what <u>could/would/should happen</u>.

Conditional tense of regular verbs:
Conditional tense of partir

> stem   = infinitive/future stem + imperfect endings
> endings = **ais, ais, ait, ions, iez, aient**

stem	=	*partir*
endings	=	**ais, ais, ait, ions, iez, aient**

je partirais, tu partirais, il/elle/on partirait, nous partirions, vous partiriez, ils/elles partiraient

Je <u>voudrais</u> partir en France.	I <u>would like</u> to go to France.
Il <u>devrait</u> utiliser son français régulièrement.	He <u>should practise</u> his French regularly.

The **irregular verbs** and **-er** verbs with spelling changes take <u>the same stems as those in the future tense</u>. **See GG 1.1b.** You just add the following endings to the stem: **ais, ais, ait, ions, iez, aient**
j'aurais, tu saurais, il/elle/on irait, nous mourrions, vous courriez, ils/elles devraient.

(d) The past tenses

To talk about the past, English has a two-word **perfect** tense (I have done) and a one-word **preterite** (I did), plus several versions of the **imperfect** (did, was doing, used to do, would always do).

(d) (1) The **perfect tense**

Use of the perfect tense:
French uses its **perfect** tense, *le passé composé* (Chapters 8–9) where English would choose between the perfect and preterite. It describes actions that are already completed, finished or can be located at an exact time in the past.

Formation:
An **auxiliary**, either *avoir* or *être*, is a verb that helps along a part of another

---

auxiliary *avoir* or *être* + past participle

---

verb. For the perfect tense the auxiliary is used in the present tense.

Most verbs take the auxiliary *avoir*.

Examples with *avoir*:

> J'*ai acheté* mon billet et j'*ai fait* ma valise.
>
> > Either: I <u>have bought</u> my ticket and I <u>have packed</u> my case;
> > or, I <u>bought</u> my ticket and <u>packed</u> my case.
>
> Nous <u>avons</u> déjà visité la France. We <u>have</u> already visited France.
> Nous <u>avons</u> visité la France.   We visited France.

Verbs which take the auxiliary *être* in the perfect tense:

aller	arriver	entrer	monter	rester	naître
venir	partir	sortir	descendre	tomber	mourir
to go/	to arrive/	to enter/	to go up/	to stay/	to be born/
to come	to leave	to go out	to go down	to fall	to die

And all reflexive verbs
And verbs with the same root as any of the above, i.e., **remonter**, **rentrer**, etc.

Examples with *être*:

> Nous <u>sommes</u> allés en France plusieurs fois.   We have been to France several times.
> Nous <u>sommes</u> sortis ensemble.   We went out together.
> Je me <u>suis</u> souvent promenée en ville.   I often walked around the town.

As you can see it is not always essential to translate the auxiliary by 'have'. For more examples on the differences between verbs taking *avoir* and verbs taking *être*, see Chapters 8 and 9.

Past participle
The **past participle** can be regular or irregular. The commonest ending for an English past participle is -<u>ed</u>.

In French the past participles of regular

-er verbs	= *é*	*monter*	=	*monté*
-ir verbs	= *i*	*sortir*	=	*sorti*
-re verbs	= *u*	*descendre*	=	*descendu*

See Chapter 8 for a list of irregular past participles which take the auxiliary *avoir*

Il a <u>eu</u> la grippe.	He <u>had</u> the flu.
Il a <u>dû</u> aller au lit.	He <u>had</u> to go to bed.
Il a <u>pris</u> des antibiotiques.	He <u>took</u> antibiotics.

See Chapter 9 for irregular past participles which take the auxiliary *être*.

Le docteur est <u>venu</u> le voir chez lui.	The doctor <u>came</u> to see him at home.
Il a <u>été</u> très gentil.	He <u>was</u> very nice.
Quand êtes-vous <u>né(e)</u>?	When <u>were</u> you <u>born</u>?

Unlike verbs which take **avoir** as their auxiliary in the perfect tense, verbs which take **être** agree in number and gender with the subject.

Elle est parti<u>e</u> à Paris pour étudier le français.	She went to Paris to study French.
Il est rentr<u>é</u> de Toulouse la semaine dernière.	He came back from Toulouse last week.
Comment sont-elles all<u>ées</u> en France?	How did they go to France?

In the case of verbs which take **avoir** the past participle agrees when the direct object pronoun is placed before the auxiliary. See Chapter 10, Section V.

Où avez-vous mis la télécommande? Nous l'avons mise derrière la télé.
Where did you put the remote control? We put it behind the telly.

*Les brochures qu'ils nous ont donn**ées** sont très intéressantes.*
The brochures they gave us are very interesting.

For other 'special' cases, see Chapter 15, Sections II and IV.

(d) (2) The **imperfect tense**
This is a one-word tense describing on-going past situations or circumstances where the beginning and end are not specified, and actions or events which happened often in the past. (see Chapter 12)

Imperfect tense of regular verbs:

stem	= first person plural of the present tense minus *-ons*
endings	= *ais*, *ais*, *ait*, *ions*, *iez*, *aient*

Imperfect tense of *prendre*

    stem   = first person plural of the present tense, *prenons* = *pren–*
    endings = *ais*, *ais*, *ait*, *ions*, *iez*, *aient*

    je prenais, tu prenais, il/elle/on prenait, nous prenions, vous preniez, ils/elles prenaient

The **imperfect**, or past continuous tense, translates three different past tenses in English:

1   it tells you what <u>was happening</u> in the background when something else happened;
2   what <u>used to happen</u> in the past, but no longer does;
3   or what <u>happened</u> – always, often, or repeatedly.

Examples of the above three

1   *Annie <u>prenait</u> sa douche quand le téléphone a sonné.*
    Annie <u>was taking</u> a shower when the telephone rang.
2   *Avant de se marier, la mère de Louise <u>habitait</u> en Martinique.*
    Before getting married, Louise's mother <u>used to live</u> in Martinique.
3   *Quand nous <u>étions</u> en Savoie, nous <u>faisions</u> du ski.*
    When we <u>were</u> in Savoie we <u>went</u> skiing.

(d) (3) The **past historic tense**
The **past historic**, or **le passé simple** is only used in writing, never orally, to replace the perfect. You will not meet it in this Book.
Nous <u>arrivâmes</u> à l'heure. We arrived on time.

(d) (4) The **pluperfect tense**
This is used for actions one step further back in the past than the main narrative.

Pluperfect tense

> imperfect of *avoir* or *être* + past participle
> past participle = as for the perfect tense

Example:

> *Annie a mis la lettre à la boîte aux lettres ce matin. Cet après-midi, elle s'est rendu compte qu'elle <u>avait oublié</u> d'y coller un timbre.*
> Annie put the letter in the letter box this morning. This afternoon she realised she <u>had forgotten</u> to stick a stamp on it.

1.2 Moods of verbs

In English, almost all verbs are in the **indicative**: they state a fact/an opinion.

(a) The subjunctive

The subjunctive mood in English has almost disappeared. It survives in a few old-fashioned or set expressions, e.g. 'If I were you', 'Be he alive or be he dead', 'Had I but known', 'May all your wishes be granted'.

In French, the subjunctive is alive and well. It must be used in certain situations, after the structure **il faut que** . . . for example and verbs of necessity, possibility, will, strong desire, emotion, doubt.

> *Il faut que vous <u>étudiez</u> pour réussir aux examens.*   You have to study to pass your exams.
> *J'aimerais que tu <u>viennes</u> plus tôt.*   I would like you to come earlier.

You will not need to deal with the subjunctive in this Book.

(b) The imperative

Both French and English have the **imperative**, used for giving an <u>order</u> or <u>instruction</u>, (Chapter 10):

> *Écoute!* (informal)   *Écoutez!* (formal/plural)   Listen!
> *Entre!* (informal)   *Entrez!* (formal/plural)   Come in!

or making a <u>suggestion</u>:

Allons au cinéma!   Let's go to the cinema.

The **imperative** is used without a subject pronoun.

1.3 Voices of verbs

(a) The active voice

In the **active** voice, the **subject** (the do-er) <u>does</u> something.

Philippe <u>lit</u>   Philippe <u>reads</u>.

Philippe lit <u>des romans policiers</u>.   Philippe reads <u>detective novels</u>.

(b) The passive voice

In the **passive** voice, the **subject** has something done to it. The main verb is the verb **to be**, plus **a past participle**:

The play <u>was performed</u>.

We may also be told who carries out the action using *by*:

The play <u>was performed by</u> the Royal Shakespeare Company.

The passive voice is less common in French than in English. French often prefers to use **on** (one/somebody/we/they)

En France, <u>on</u> lit beaucoup les aventures d'Astérix.

In France, the stories about Asterix <u>are read</u> a lot.

1.4 More about verbs

(a) Reflexive verbs (Chapters 3, 4 and 7)

You can identify reflexives in their infinitive form because they are always preceded by **se** or **s'**, e.g., *s'habiller, se lever, se laver* (to get dressed, to get up, to get washed). Reflexive verbs always have an extra pronoun in French. This extra pronoun indicates the idea that you are either doing something <u>to yourself</u> or <u>with another person or persons</u>.

Je <u>m'</u>habille à 7 heures.   I get dressed at 7 a.m. (i.e. I dress <u>myself)</u>

Tu <u>te</u> lèves à 7h30?   Do you get up at 7.30?

Il/elle <u>se</u> dépêche car il/elle est   He/she is rushing because he/she is late.
en retard.

Nous <u>nous</u> rencontrons souvent.   We often meet. (i.e. we often meet <u>each</u> <u>other)</u>

Vous <u>vous</u> amusez?   Are you enjoying <u>yourselves</u>?

Les enfants <u>s'</u>ennuient facilement.   Children easily get bored.

Reflexives are much more common in French than English. As you can see from the last example, the notion of self or one another does not always need to be translated into English.

(b) The passive

The reflexive form is often used in French where the passive form would be used in English.

> En France les aventures d'Astérix <u>se vendent</u> partout.
> In France, the Asterix stories <u>are sold</u> everywhere.

> En France les frites <u>se mangent</u> souvent avec de la moutarde.
> In France chips <u>are</u> often <u>eaten</u> with mustard.

On is also used to avoid the passive.

> En France <u>on ferme</u> beaucoup de bureaux de midi à deux heures.
> A lot of offices <u>are closed</u> in France from midday to 2 p.m.

> <u>On ne fait</u> pas ça.
> That (simply) <u>isn't done</u>.

(c) Verb constructions

Some verbs have to be learned as constructions including prepositions. It is very important to use your dictionary to check such verb constructions as the prepositions are rarely the same as they are in English.

Here is a list of common ones using *à* and *de*. These can be followed either by a noun or an infinitive, unless specified otherwise in brackets.

verb + à

aboutir à	to lead to
aider (qn) à (+ inf)	to help (s.o) to
s'amuser à	to play/to amuse oneself
apprendre à (qn) à (+ inf)	to learn to/to teach (s.o) to
avoir droit à	to be entitled to
avoir du mal à (+ inf)	to find it hard to
avoir mal à (+ noun)	to have a pain in
chercher à (+ inf)	to try to
commencer à (+ inf)	to begin (+ing)
consentir à	to consent to
consister à (+ inf)	to consist of
continuer à (+ inf)	to continue to
s'habituer à	to get used to

hésiter à (+ inf)	to hesitate to
inviter (qn) à	to invite (s.o.) to
offrir qch à qn	to present s.o with sth
penser à	to think of
réussir à (+ inf)	to succeed in

verb + de

s'arrêter de (+ inf)	to stop (+ing)
avoir l'air de	to look like/to seem to
avoir besoin de (qn/qch/+inf)	to need s.o/sth/to need to
avoir envie de	to want/to feel like
avoir peur de	to be afraid of
se contenter de	to be satisfied with
se dépêcher de (+ inf)	to hurry to
douter de (+ noun)	to doubt
en avoir assez de	to have had enough of
en avoir marre de	to be fed up with
éviter de (+ inf)	to avoid (+ing)
s'excuser de	to apologise for
finir de (+ inf)	to finish (+ing)
offrir de (+ inf)	to offer to
ordonner à qn de (+ inf)	to order s.o. to
parler de	to talk about
se passer de	to do without
se souvenir de	to remember

(d) Impersonal verbs/expressions

These verbs are only conjugated with the third person singular subject pronoun **il**.

il faut	one needs/one has to
il vaut	it is worth
il existe	there is/there are
il neige	it is snowing
il pleut	it is raining
il y a	there is/there are
il se passe	it is happening/it is going on
il est certain	it is certain
il est important	it is important
il est nécessaire	it is necessary
il est probable, important, etc.	it is likely

Impersonal verbs can be used in any tense. For example:

il a fallu	one had to
il vaudrait	it would be worth
il existait	there used to be
ll neigera	it will snow
il serait important	it would be important

2 *NOUNS*

Nouns are names:

> **concrete** nouns are: things, people, animals, anything tangible
> **abstract** nouns are: concepts, ideas or feelings, e.g. happiness, democracy, imagination.

All French nouns have a **gender**, i.e. they are either masculine or feminine, even if the reason for this is not always obvious.

The **gender** of a French noun is indicated by the article (Chapter 1).

(a) The definite article: le, la, l', les

The definitive article in English = the

le train	the train	*le professeur*	the teacher	*l'étudiant*	the student	→	*masculine*
la voiture	the car	*la personne*	the person	*l'étudiante*	the student	→	*feminine*
les étudiants	the students	*les billets*	the tickets	*les mots*	the words	→	*plural*

(b) The indefinite article: un, une , des

The indefinite article in French **un**, **une** = a/an; **des** = some

un train	a train	*un professeur*	a teacher	*un étudiant*	a student	→	*masculine*
une voiture	a car	*une pomme*	an apple	*une étudiante*	a student	→	*feminine*
des trains	trains/some trains	*des étudiant(e)s*	students/ some students	*des mots*	words	→	**plural**

(c) Plural endings

Regular nouns are made plural simply by adding an **s**.

les cartes	maps
des croissants	croissants

Some irregular endings

Words ending in -**al**, -**ail**, -**au**, -**eu** have a plural in -**x**:

un journal (newspaper) *un travail* (task)
des journaux *des travaux*

un château (castle) *un jeu* (game)
des châteaux *des jeux*

Words that already end in -**s**, -**x** or -**z** stay the same in the plural:

le dos (back) *la voix* (voice) *le nez* (nose)
les dos *les voix* *les nez*

Words ending in -**ou** usually add -**s** for the plural:
le trou (hole)
les trous
But there are a few that add -**x**:

(le) bijou	caillou	chou	genou	hibou	joujou	pou
(les) bijoux	cailloux	choux	genoux	hiboux	joujoux	poux
(jewels)	(stones)	(cabbages)	(knees)	(owls)	(toys)	(lice)

3 PRONOUNS

These are short words that stand in place of nouns. They always come before the verb except for emphatic pronouns. Here is a grid to help you compare these pronouns and remember them.

Note that the main differences are for the third person singular and plural.

3.1 Personal pronouns

(a) subject	(b) reflexive	(c) direct object	(d) indirect object	(e) stressed/emphatic
je	me	me	me	moi
tu	te	te	te	toi
il/elle/on	se	le/la	lui	lui/elle/soi
nous	nous	nous	nous	nous
vous	vous	vous	vous	vous
ils/elles	se	les	leur	eux/elles

(a) Subject pronouns (Chapter 1)

Subject pronouns are conventionally listed in this order when verbs are **conjugated**:

I	1st person singular	**je, j'** (in front of a vowel/vowel sound)
you	2nd person singular	**tu**
he, she, it	3rd person singular	**il, elle**
one		**on**
(we, they, people)		
we	1st person plural	**nous**
you	2nd person plural	**vous**
they	3rd person plural	**ils** (masc), **elles** (fem)

J'aime cette table. Elle est magnifique.   I like this table. It is gorgeous.
Je préfère ce livre. Il est plus intéressant.   I prefer this book. It is more interesting.

(b) Reflexive pronouns (Chapters 3, 4 and 7)

The *se* or *s'* in the infinitive of a reflexive verb become **me**, **te**, **se**, **nous**, **vous**, **se**, (1.4 (a)) depending on the part of the verb.
Il se souvient de ses anciens profs. – He remembers his old teachers.
Nous ne nous promenons pas souvent à la campagne. – We don't often go for walks in the countryside.
Est-ce que vous vous levez tôt le matin? – Do you get up early in the morning?

(c) Direct object pronouns (Chapter 7)

These represent the person(s) or thing(s) acted on by a verb:

me	me
te	you
le	him/it
la	her/it
nous	us
vous	you
les	them

In French they go before the verb:

Il la voit tous les matins.   He sees her every morning.
Ma mère m'appelle.   My mother is calling me.
Jean-Paul et Michel ne le voient pas souvent.   Jean-Paul and Michel do not see him often.

(d) Indirect object pronouns (Chapter 9)

These show the person or thing for/to whom/which the action is done:

me	to me
te	to you
lui	to him/her/it
nous	to us
vous	to you
leur	to them

Philippe <u>leur</u> lit des aventures d'Astérix.	Philippe reads stories about Astérix to them.
Mes parents <u>me</u> donnent de l'argent de poche.	My parents give me pocket money.

(e) Emphatic pronouns (Chapter 9)

Et <u>toi</u>?	and what about <u>you</u>?
<u>Moi</u>, je m'appelle . . .	<u>My</u> name is . . .
J'aimerais y aller avec <u>toi</u>	I'd like to go there with <u>you</u>.
D'après <u>lui</u>, ce n'est pas important.	According to <u>him</u> it is not important.

When French people want to stress the word 'oneself' they add the word *même(s)* to the stressed/emphatic pronoun:

Je veux le faire <u>moi-même</u>.	I want to do it myself.
Ils veulent y aller <u>eux-mêmes</u>	They want to go there themselves.

Emphatic pronouns can also be used to denote possession when preceded by the preposition *à*:

C'est à qui? C'est à <u>moi</u>.	Whose is it? It's mine.
C'est à <u>vous</u> ou c'est à <u>eux</u>?	Is it yours or theirs?

(f) Word order (Chapter 9)

When a sentence contains more than one pronoun, French has a strict word order.

me te se nous vous se	le la les	lui leur	y	**en**

Il lui en donne. — He gives him/her some.
Je la lui donne. — I give it to him/her.

In the negative, the **ne** comes before the object pronoun(s) and **pas** after the verb or first part of the verb.

Il <u>ne</u> la lui donne <u>pas</u>. — He doesn't give it to him/her.
Il <u>ne</u> le lui a <u>pas</u> donné. — He didn't give it to him/her.

Les deux amis <u>ne</u> se sont <u>pas</u> rencontrés parce qu'ils ont raté leur bus.
The two friends didn't meet (each other) because they missed their bus.

Ils <u>ne</u> s'étaient <u>pas</u> rendus compte de la difficulté de la tâche.
They hadn't realised (themselves) how difficult the task was.

(g) The pronoun y

This replaces the preposition à + a noun referring to places or things regardless of number and gender.

Ils vont <u>à Paris</u> souvent. — They often go to Paris.
Ils <u>y</u> vont souvent. — They often go there.

Tu penses <u>aux examens</u>? — Are you thinking about your exams?
Oui, j'<u>y</u> pense beaucoup. — Yes, I think about them a lot.

(h) The pronoun en

This replaces the preposition **de** + a noun regardless of number and gender.

Je voudrais <u>des tomates</u>. — I'd like some tomatoes.
J'<u>en</u> voudrais. — I'd like some of them.

Est-ce que tu m'as apporté <u>du lait</u>? — Did you bring me some milk?
Oui, j'<u>en</u> ai apporté. — Yes, I brought some.

Est-ce qu'il a offert <u>du parfum</u> à sa mère? — Did he give some perfume to his mother?
Oui, il lui <u>en</u> a offert. — Yes, he gave her some.

3.2 Possessive pronouns (Chapter 9)

Like nouns, these vary with gender and number.

> *Ce disque compact est <u>le mien</u>. Où est <u>le tien</u>?*
> This compact disc is mine. Where is yours?

Les pronoms possessifs	
le mien, la mienne, les miens, les miennes	mine
le tien, la tienne, les tiens, les tiennes	yours
le sien, la sienne, les siens, les siennes	his/hers
le nôtre, la nôtre, les nôtres	ours
le vôtre, la vôtre, les vôtres	yours
le leur, la leur, les leurs	theirs

3.3 Demonstrative pronouns (Chapter 14)

(a) Impersonal demonstrative pronouns: ce, ceci, cela, ça

Ce is most commonly found in expressions such as:

<u>*C'est étonnant.*</u>	It/that is surprising.
<u>*Ce*</u> *n'est pas important.*	It/that is not important.
<u>*Ceci*</u> *ne m'intéresse pas.*	This doesn't interest me.
<u>*Cela*</u>*, au contraire, est très intéressant.*	On the contrary that is very interesting.

ce means **it** or **that**
ceci means **this**
cela means **that**
ça is an abbreviation of **cela**

(b) Demonstrative pronouns

masc sing	fem sing	masc plur	fem plur
celui (+ de) the one (belonging to)	**celle (+ de)** the one (belonging to)	**ceux (+ de)** the ones (belonging to)	**celles (+ de)** the ones (belonging to)
celui-ci this one	**celle-ci** this one	**ceux-ci** these ones	**celles-ci** these ones
celui-là that one	**celle-là** that one	**ceux-là** those ones	**celles-là** those ones

Ce livre est celui de ma sœur.   That book is my sister's.
Ces cassettes sont celles d'Annie   These cassettes are Annie's.
Mon livre! C'est celui-ci pas celui-là.   My book! It's this one not that one.

3.4 Relative pronouns (Chapters 13 and 14)

qui (subject) **who, that, which**	*Les amis qui vont à l'école de tourisme s'entendent très bien.* **The friends who go to the School of Tourism get on very well.** *Je pense à l'ami(e) qui m'a téléphoné ce matin.* **I am thinking of the friend who rang me up this morning.**
que (object) **whom, that, which**	*Il dit que c'est important.* **He says that it is important.** *Tu ne penses pas que c'est amusant?* **Don't you think it's funny?** *La personne que j'ai rencontrée est très sympathique.* **The person whom I met is very nice.**
quoi **que becomes quoi when preceded by a preposition. (i.e. 'what' in a general sense)**	*Tu as besoin de quoi?* **What do you need?** *Je ne sais pas à quoi il pense.* **I don't know what he is thinking about.**
où **where**	*L'endroit où je suis allé(e) est magnifique.* **(indicating a place)** **The place I went to is wonderful (i.e. where I went).**
dont **replaces de qui/ de quoi, of whom/of which, when a noun, verb or adjective is accompanied by de**	*La personne/la chose dont je vous parle est . . .* **The person/the thing I am telling you about is . . .** *La dissertation dont j'étais fier (fière) a eu une bonne note.* **The essay I was proud of got a good mark.**

Whereas some of these demonstrative pronouns can be omitted in English, they must always be included in French.

3.5 Compound relative pronouns

	masc sing	fem sing	masc pl	fem pl
	lequel	laquelle	lesquels	lesquelles
+ de	duquel	de laquelle	desquels	desquelles
+ à	auquel	à laquelle	auxquels	auxquelles

Examples of relative pronouns:

Je ne sais pas _laquelle_ vous voulez.	I don't know <u>which one</u> you want.
Vous savez _desquels_ il parle.	You know <u>which ones</u> he is talking about.

Les sections <u>_auxquelles_</u> vous vous référez sont dans le guide grammatical.
The sections <u>to which</u> you are referring are in the grammatical guide.

In this book, however, you will only deal with **lequel**, **laquelle**, **lesquels**, **lesquelles** = which one, which ones, used as interrogative pronouns (Chapters 13 and 14 and **GG 3.6**)

3.6 Interrogative pronouns (Chapters 13 and 14)

The relative pronouns which can be used to ask questions are:

qui,* **que**, **lequel**, **laquelle**, **lesquels**, **lesquelles** (which can be preceded by prepositions) and **où**.

***Qui** does not change form when used with prepositions.	**Que** becomes **quoi**

See table above for **lequel** and its variant forms.

Avec _qui_ avez-vous travaillé?	<u>Who</u> did you work with?/ With <u>whom</u> did you work?
Avec _quoi_ avez-vous travaillé?	<u>What</u> did you work with?
Que faites-vous ce soir?	<u>What</u> are you doing this evening?
J'ai plusieurs livres. _Lequel_ préférez-vous?	I have several books. <u>Which one</u> do you prefer?
Vous étudiez plusieurs matières. _Laquelle_ préférez-vous?	You are studying several subjects. <u>Which one</u> do you prefer?
Vous avez vu plusieurs films français. _Lesquels_ avez-vous préférés?	You have seen several French films. <u>Which ones</u> did you prefer?

Avec <u>lesquelles</u> avez-vous travaillé?   <u>Which ones</u> did you work with?

There are other interrogatives (**GG 4**.5, Chapter 3)

<u>Comment</u> *vous appelez-vous?*   What is your name?
<u>Pourquoi</u> *n'avez-vous pas fait la*   Why didn't you do the washing-up?
vaisselle?
<u>Quand</u> *est-il arrivé?*   When did he arrive?

4 ADJECTIVES

Agreement

Adjectives qualify nouns, e.g., new, blue, true, talented, intelligent, expensive. Adjectives (Chapter 5) in French must *agree* in gender and number with their noun (i.e., their ending changes according to whether the noun is masculine or feminine, singular or plural).

Regular adjectives

un étudiant intelligent   an intelligent (male) student.
une étudiante intelligent<u>e</u>.   an intelligent (female) student.
un restaurant cher.   an expensive restaurant. (masc sing)
une robe chèr<u>e</u>.   an expensive dress. (fem sing)
des restaurants cher<u>s</u>   expensive restaurants. (masc pl)
des robes chèr<u>es</u>   expensive dresses. (fem pl)

Adjectives can also be formed from **past participles** of verbs, e.g. tired, broken, lost.

Je suis fatigué(e).   I am tired.
La tasse est cassé<u>e</u>.   The cup is broken.

They can also be formed from the **present participle** of a verb, signified by **-ing** in English and **-ant** in French.

C'est intéress<u>ant</u>.   It is interesting.
Cette émission est fascin<u>ante</u>   This programme is fascinating.

Irregular adjectives

Some commonly used adjectives are highly irregular (Chapter 5). Here is an additional list of irregular adjectives:

doux (soft,gentle)	*douce*	*doux*	*douces*
faux (false)	*fausse*	*faux*	*fausses*
fou (mad)	*folle*	*fous*	*folles*

frais (fresh)	*fraîche*	*frais*	*fraîches*
malin (shrewd)	*maligne*	*malins*	*malignes*
sec (dry)	*sèche*	*secs*	*sèches*

Position

English adjectives always come before their noun; French adjectives usually come after theirs, although there are a few important ones that come first.

> *C'est une belle femme.*   She is a beautiful woman.
> *C'est un joli appartement.*   It is a nice flat.

Some very common adjectives change their meaning depending on whether they come before or after the noun.

> *C'est un homme grand.*   He is a tall man.
> *C'est un grand homme.*   He is a great man.

4.1 Comparative of adjectives and adverbs (Chapter 12)

To compare or contrast two ideas, French uses **plus** (more) or **moins** (less) before the adjective, which still agrees with its noun in the usual way. 'Than' usually translates as **que**.

> *Marc est plus insouciant et moins travailleur que Philippe.*
> Marc is more carefree and less hard-working than Philippe.

> *Les maisons dans le centre de Paris sont plus chères que celles de banlieue.*
> Houses in the centre of Paris are more expensive than those in the suburbs.

Plus and **moins** can also be used with adverbs, which do not change their endings.

> *Les TGV roulent plus vite que les trains normaux.*
> TGV (fast trains) go faster than normal trains.
> *Les hôtels de banlieue coûtent moins cher que ceux du centre de Paris.*
> Hotels in the suburbs cost less than those in the centre of Paris

In the expression '*coûter cher*' (to be expensive) '*cher*' is an adverb and remains invariable.

There are three irregular comparatives:

> **meilleur** (adjective)   better   **mieux**   (adverb) better
> **pire** (adjective)   worse

L'anglais d'Annie est <u>meilleur que</u> son français, c'est-à-dire qu'elle parle <u>mieux</u> l'anglais <u>que</u> le français.
Annie's English is <u>better than</u> her French, i.e. she speaks English <u>better than</u> French.

Nathalie pense que son anglais est <u>pire que</u> son italien.
Nathalie thinks that her English is <u>worse than</u> her Italian.

4.2 Superlative of adjectives and adverbs (Chapter 12)

To say 'the most . . .'or 'the least . . .', French adds **le**, **la**, or **les** to the comparative form of the adjective.

Adverbs add **le** to the comparative form.

Nos voisins sont les gens <u>les moins</u> sympathiques de la rue. Ce sont <u>les pires</u> voisins du monde.
Our neighbours are <u>the least</u> friendly in the street. They are <u>the worst</u> neighbours in the world.

Le français est la matière que j'aime <u>le mieux</u>.
French is the subject I like <u>(the) best</u>.

Quelle est selon vous <u>la meilleure</u> spécialité française?
What do you think is <u>the best</u> French speciality?

4.3 Demonstrative adjectives (Chapter 5)

For example: <u>ce livre</u> – this/that book, <u>cette conférence</u> – this/that lecture, <u>ces dissertations</u> – these/those essays

Ce gars est vraiment très sympathique   This/that guy is really very nice.
Cet hôtel est moins cher.   This/that hotel is less expensive.
Cette dissertation est très intéressante. This/that essay is very interesting.
Ces étudiantes sont très motivées.   These/those students are very motivated.

4.4 Possessive adjectives (Chapter 3/7)

For example:<u>mon livre</u> – my book, <u>votre décision</u> – your decision, <u>son âge</u> his/her/its age, <u>notre examen</u> – our exam, <u>leurs résultats</u> – their results

+ masc noun + noun beginning with a vowel	+ fem noun	noun fem and masc pl	
mon	ma	mes	my
ton	ta	tes	your (fam)
son	sa	ses	his/her/its
notre	notre	nos	our
votre	votre	vos	your
leur	leur	leurs	their

Please remember that possessive adjectives agree in gender and number with the object being possessed. *The gender of the possessor is irrelevant.*

4.5 Interrogative adjectives

masc sing	fem sing	masc pl	fem pl	
quel	quelle	quels	quelles	which/what

Quel livre lisez-vous en ce moment?   <u>What</u> book are you reading at the moment?

Quelle chanteuse préférez-vous?   <u>Which</u> singer do you prefer?
Quels plats préférez-vous?   <u>What</u> are your favourite dishes?
Quelles matières étudiez-vous?   <u>What</u> subjects do you study?

5 ADVERBS

5.1 Function and formation

Adverbs can modify verbs, i.e. they describe *how*, *when* or *where* something happens:

vite	fast
lentement	slowly
complètement	thoroughly
toujours	always
souvent	often

In English they usually end in *-ly*, in French usually in **-ment**. Their stem is usually an adjective: <u>*principale*</u>*ment*, mainly; <u>*heureuse*</u>*ment*, happily.

They normally come after the verb or auxiliary that they modify.

Catherine parle <u>souvent</u> à ses enfants.	Catherine <u>often</u> talks to her children.

An adverb can also modify an adjective and it is usually placed before the adjective.

Louise est une amie <u>vraiment</u> sincère.	Louise is a <u>really</u> sincere friend.

An adverb can also modify an other adverb.

Ils s'absentent <u>trop</u> <u>souvent</u>.	They are absent <u>too</u> <u>often</u>.

5.2 Adverbial phrases

Do the same job as adverbs, but in more than one word: *avec plaisir*, gladly; *le samedi après-midi*, Saturday afternoons; *en retard,* late
This can also be expressed in the form of a present participle (**-ing** form).

<u>*En travaillant*</u> *régulièrement on apprend vite une nouvelle langue.*
<u>By working</u> regularly you learn a new language quickly.

6 PREPOSITIONS

(a) Function and position (Chapter 6)

Prepositions are used as connecting words in front of nouns or pronouns to connect them to the rest of the sentence. As the name suggests, they often indicate *position* in space or time: in, at, on, until, before, after, with, through, to, for, from, of, by

Il y a beaucoup d'objets <u>dans</u> cette pièce.	There are lots of things <u>in</u> this room.
La tasse est <u>sur</u> la table.	The cup is <u>on</u> the table.
Le livre est <u>sous</u> la chaise.	The book is <u>under</u> the chair.
L'étagère est <u>à côté de</u> la porte.	The bookshelf is <u>next to</u> the door.

(b) Prepositions and verbs

They frequently follow verbs. (See **GG 1.4 (c)**)

(c) À, de and other common prepositions (Chapter 2 and GG 1.4 (c))

The most common **prepositions** are *à* and *de* .

Here is a checklist of *commonly used* prepositions.

The prepositions on the right-hand side are used in different categories

There are many other prepositions and other ways of dividing these prepositions (prepositions of purpose such as *pour*, *dans l'intention de*, prepositions of condition such as *à condition de*, *dans le cas de*).

Prepositions of place

à	to/in/at	*devant*	in front of
chez	to/at someone's house	*derrière*	behind
dans	in	*avant*	before
de	of/from/by	*après*	after
en	to/in/made of		
à côté de	beside	*loin de*	far away from
à l'intérieur de	inside	*contre*	against
parmi	among	*sous*	under
près de	near	*sur*	on
en face de	opposite	*vers*	towards
entre	between		
jusqu'à	until		
au bord de	on the edge of		
au-dessus de	above/on top of		
au-dessous de	below/underneath		
autour de	around		

Prepositions of time

à	at
avant	before
après	after
depuis	since/for
jusqu'à	until
pendant	during/for

pour	for

Prepositions of manner/purpose

à cause de	because of
afin de	in order to
au lieu de	instead of
avec	with
comme	like, such as
par	by
pour	in order to (purpose/aim)
sans	without
sauf	except
selon	according to

7 SENTENCES

7.1 Phrases and sentences

When you put all these grammatical terms together you end up with lots of phrases and sentences.

phrases (groups of words which form a conceptual unit, but not a sentence)

encore des escargots	more snails
encore des escargots au beurre persillé	more of those snails in parsley butter

sentences (meaningful sequences of words which contain at least one verb)

Tous les Français mangent des frites avec de la moutarde et boivent du vin.
All French people eat chips with mustard and drink wine.

Le Pont Neuf est le plus vieux pont de Paris.
The Pont Neuf is the oldest bridge in Paris.

7.2 Sentence structure

The **verb** refers to the action performed or to the state experienced by the subject.

Il <u>est</u> très gourmand.	He is very greedy.
Il <u>a mangé</u> beaucoup de gâteaux et de chocolats.	He ate a lot of cakes and chocolates.

The **subject** performs the action or experiences the state to which the verb refers.

Tu fais beaucoup de progrès en français.	You are making good progress in French.
Ils sont contents.	They are pleased.
Elle a été nommée par l'université de Lille.	She has been appointed by the university of Lille.

The **object** is affected by the action to which the verb refers. (Chapter 9 and **GG** 3.1 (d))

Il mange des escargots persillés.	He is eating snails with parsley.
Il les mange.	He is eating them. (Chapter 7 and **GG** 3.1 (c))
Elle lui envoie des cartes postales.	She is sending postcards to him/her.

7.3 Different types of phrases/sentences

(a) Commands (Chapter 10 and GG 1.2)

Vite!	Quickly!
Finissez vos cuisses de grenouilles	Eat up your frogs' legs
Passe directement en prison sans passer par DÉPART	Go directly to jail without passing GO

These are also statements.

(b) Exclamations

Quelle surprise!	What a surprise!
Qu'est-ce que c'est surprenant!	How amazing!
Tu plaisantes!	You must be joking!
Qu'est-ce que le Musée d'Orsay a été bien restauré!	How well the Musée d'Orsay has been renovated!

These are also statements.

(c) Questions (Chapters 2 and 3)

Comment?	How?
Où exactement?	Where exactly?
Est-ce que les Français adorent le champagne?	Do French people love champagne?
Pourquoi doit-on apprendre toute cette grammaire?	Why do we need to learn all this grammar?

7.4 Negatives

Any of the above types of sentence can be either in the affirmative:

Il <u>aime</u> regarder la télévision par satellite.	He likes to watch satellite television.

Or in the negative:

Il <u>n'aime pas</u> les comédies musicales.	He doesn't like musicals.

Here is a checklist of French negatives:

ne . . . pas	no, not
ne . . . rien	nothing
ne . . . jamais	never
ne . . . plus	no longer/not any
ne . . . personne	nobody/not anybody
ne . . . que	only
ne . . . guère	hardly
ne . . . point	no, not (emphatic/literary)
ne . . . ni . . . ni	neither . . . nor

Je <u>ne</u> rate <u>jamais</u> le cours de français.	I never miss the French class.
Il <u>ne</u> connaît <u>personne</u> ici.	He doesn't know anybody here.
Elle ne mange <u>ni</u> chocolats <u>ni</u> gâteaux, car elle est au régime.	She doesn't eat either chocolates or cakes, because she is on a diet.

Note that **ne** can be omitted in *spoken* French.

Je rentre jamais tard.	I never come home late.
J'ai vu personne.	I didn't see anybody.

INDEX

....